Avant-propos

Dans ce roman, je ne prétends pas faire le tour complet et exhaustif du procès de mon père contre le Dr S. A., psychiatre et directeur d'hôpital à Tunis, loin de là. Le père Momo aurait vraisemblablement ressenti dans sa chair et souffert dans sa solitude carcérale l'injuste accusation de folie, dont ce dernier avait cherché à l'accabler. Une accusation dont les conséquences avaient entaché d'une manière inoubliable toute la famille de père Momo et marqué d'une mélancolie viscérale notre tendre enfance qui, bien que très lointaine maintenant, semble nous revisiter avec une acuité aussi dramatique que cocasse. Une enfance chargée de traumatismes indélébiles, de joies inattendues, et de découvertes surprenantes.

Loin de moi, aussi, l'idée de prétendre faire, dans ce roman, LE procès de mon père d'une manière définitive et équitable, car il y aurait toujours des zones d'ombre insondables dans le personnage du père Momo, d'une part, et bien des côtés insaisissables de moi-même et de mes proches dans cette narration, d'autre part. Je tâcherai tout au mieux de me débarrasser de l'ancien fardeau de ce drame familial et de me réconcilier avec moi-même et avec ce passé lourdement marqué par l'inoubliable procès contre Dr S. A. et par l'internement abusif de mon père à 'l'hôpital des fous de La Manouba' – telle est la désignation vulgaire que les Tunisiens donnent à l'asile psychiatrique de Tunis.

Plus de soixante-six ans après les événements dramatiques de cette histoire singulièrement troublante, je me pose toujours la même

Mansour Khelifa

Chapitre Premier
(Un père intellectuel)

'Zut et zut !' éructa le père Momo. Une autre grande feuille blanche à peine noircie de quelques mots de français roula sur les beaux carreaux multicolores de la chambre et s'immobilisa près d'autres boules de papier qui jonchaient le sol.

Le père Momo avait une sacrée manie d'écrire. Souvent vers la fin de l'après-midi, il s'asseyait devant l'unique grande table en bois de la maison aux pieds admirablement sculptés. Il semblait prendre l'activité de scribe très au sérieux car il s'y préparait cérémonieusement en plaçant soigneusement sur la table une pile de papiers, un buvard neuf, un encrier, et une plume avant de plonger dans son monde scriptural.

Après quelques minutes, il laissait échapper des soupirs profonds et répétés qui en disaient long sur sa concentration distraite et sa mauvaise humeur imminente. Son rituel nous impressionnait beaucoup, marquait insidieusement les contours de notre tendre enfance, et nous préparait inconsciemment peut-être à nous embarquer dans nos futures occupations d'enseignants, d'écrivains, de poètes, et d'artistes.

Penché sur son papier, le père Momo rédigeait on-ne-sait-quoi sans lever les yeux. Mais de temps à autre il s'arrêtait d'écrire, relevait la tête, regardait dans le vide sans nous voir, et poussait un grognement ou un soupir énigmatique. Quelques instants après, il froissait la page noircie de ses hiéroglyphes, en grommelant, et la jetait par terre d'un air contrarié. Son écriture reprenait de plus belle en attaquant une autre page blanche quadrillée finement en traits bleu ciel. Tête penchée, complètement absorbé, il continuait d'écrire… Mais, un soupir profond semblable à un râle caverneux rompit aussitôt le silence de la chambre. Rien à faire, il ne semblait pas content de ce qu'il venait d'accoucher. Il ne semblait pas être dans son assiette. Même geste, même grognement, une autre feuille, froissée, alla rejoindre les autres boules de papier jonchant les carreaux noirs, ocres, et rouges, appelés à tort zellige, sur lesquels se dessinait joliment une arabesque de feuilles de figuier et de vigne.

Jusqu'à la tombée de la nuit, père s'escrimait avec la page blanche de son cahier. Son pugilat avec la langue de Molière semblait sans fin. Il voulait écrire d'une seule traite, parfaitement, clairement, et vigoureusement, sans la moindre faute, sans la moindre hésitation, sans la moindre faiblesse. Dès qu'il soupçonnait une petite faille, une lourdeur de style, ou une ambiguïté dans ce qu'il rédigeait, il sacrifiait le tout et repartait à zéro. Que de feuilles froissées et jetées ! Et combien d'autres entamées sans fin ! Grognements, râles, et soupirs rythmaient le progrès rédactionnel de père Momo.

La maison familiale, à l'angle d'un vaste jardin où poussaient des figuiers, des oliviers, des pêchers, et des amandiers en fleurs qu'une épaisse haie de cactus dérobait aux regards indiscrets, se situait à limite nord du village de Médiouna, à l'orée d'une forêt dense d'oliviers, et au croisement de deux ruelles dont l'une se prolongeait sous forme d'un sentier rural en terre battue qui serpentait loin dans la campagne et l'autre s'arrêtait net sur le petit square devant l'ancienne porte de la maison.

Ainsi installé, le père Momo écrivait des lettres ; toutes sortes de lettres sur de grands papiers quadrillés appelés 'papier ministre' qui se vendaient dans les librairies et parfois même dans les débits de tabac. Il y avait les lettres destinées à ses fils partis poursuivre leurs études en France ou en Angleterre. Il y avait surtout les lettres de réclamation pour le compte d'une tierce personne, et en échange desquelles le père Momo touchait parfois un prix modique, lorsque leurs commanditaires en avaient les moyens. L'argent n'avait pas grand cours à cette époque-là et les gens pratiquaient volontiers le troc dans bien des transactions. Le père Momo rentrait parfois à la maison avec une demi-douzaine d'œufs frais ou un coquelet, ou bien encore, un paquet de poissons frétillants en échange de son travail de scribe. Il se faisait payer en nature. Mais souvent, il écrivait ces lettres gratuitement, au profit d'une petite veuve réclamant les indemnités de son mari victime d'un accident de travail tragique, par exemple, ou d'un vieux monsieur qui aurait perdu son fils à la guerre, ou d'une femme divorcée exigeant sa pension de divorce, ou d'un héritier ou d'une héritière voulant récupérer leurs parts de l'héritage familial, ou, en bref, au profit de toute autre personne ayant droit à des indemnités ou à se faire redresser un tort.

Pour ce genre d'occupation hautement intellectuelle et souvent bénévole – surtout que le père Momo n'écrivait ces lettres adressées aux autorités locales, régionales, et même nationales qu'en langue française – il aurait d'ailleurs donné n'importe quoi, tellement étaient grands son plaisir et son orgueil de se considérer, sinon l'unique personne du village qui pût rédiger en français 'châtié' des missives convaincantes et percutantes, du moins l'un des rares experts en la matière, aimait-il à le rappeler à qui veut bien l'entendre. C'était bien avant que la frénétique première vague d'arabisation ne s'emparât du pays au début des années 1980.

Il écrivait son courrier d'un air méditatif ou irascible, selon que la tournure rhétorique se laisserait capturer aisément ou non par sa plume, ou que le mot juste résisterait ou non à sa faconde gestative. Quoi que l'on dît, le père Momo avait une belle plume ; le tracé de ses lettres avait une allure harmonieuse ; elles sont légèrement penchées en avant – ressemblant à des caractères *italiques* – et forment des lignes régulières. Une ponctuation claire et bien saillante. Il lui arrive parfois de noircir le même mot en en retraçant les lettres plusieurs fois, ce qui lui donne l'allure d'être en caractère **gras**. Les lignes couvrent la largeur entière de la page sans laisser de marges nulle part. Une page couverte de signes disposés en rangs serrés de haut en bas et de gauche à droite. Une véritable prolifération de symboles finit par envahir alors la page blanche en la recouvrant de proche en proche, et en remplissant le moindre espace vide. 'Nul droit à l'erreur !' devait penser le père Momo. Pas de lacune par laquelle pourrait s'introduire plus tard un quelconque rajout apocryphe de nature à fausser l'authenticité ou à corrompre la pureté de son texte originel.

Chapitre II

(Le fameux encrier Waterman)

Le père Momo gardait jalousement dans son armoire un encrier
Waterman bleu, que personne n'avait le droit d'y toucher. Après ses
séances rédactionnelles plus ou moins longues, plus ou moins
abouties, et ponctuées de fréquents grognements, facéties, et sourires
d'autosatisfaction, il refermait hermétiquement son encrier en vissant
le bouchon bien fort et le rangeait soigneusement avec ses autres
fournitures personnelles, ses livres anciens, et ses revues
scientifiques sur la plus haute étagère de son armoire qu'il refermait
à double tour. Un beau matin de vacances, l'un de ses fils, Momo
Deux, pour ne pas le nommer, avait réussi à ouvrir l'armoire qui le
tentait depuis quelque temps déjà, dénicha le Waterman interdit,
s'installa confortablement à une table basse, ouvrit son cahier de
brouillon, et se mit à recopier certains mots de son livre de français,
qu'il venait d'apprendre à l'école. Il était tellement distrait par la
douceur de ses rêveries, tellement subjugué par le charme des lettres
qu'il s'appliquait à tracer sur la page blanche avec sa plume fine
qu'il trempait de temps à autre dans le fameux encrier Waterman,
qu'il n'eût point senti rentrer son père à la maison. Mais en levant les
yeux, il vit tout à coup le danger fendre sur lui. Sans crier gare, il se
leva d'un bond et se faufila entre les jambes de père Momo qui resta
médusé quelques instants sans trop savoir pourquoi son fils s'était
échappé si brusquement comme s'il eût vu un fantôme ! Mais sa
stupéfaction ne dura pas longtemps. Ses yeux semblaient sortir de

leurs orbites dès que son regard tomba sur l'incroyable désordre laissé par Momo Deux en prenant la poudre d'escampette. Une grosse tache d'encre bleue s'étalait sur la table basse au milieu de la pièce. Dans sa hâte de fuir le père Momo et son inéluctable courroux, Momo Deux avait renversé l'encrier convoité sur son cahier et sur la nappe blanche.

- Où vas-tu sale Genouflu ? Je te truciderai ! Je te tordrai le cou aujourd'hui ! rugissait le père Momo sans arrêt en faisant peur à toute la famille. 'Ah ! N'est-ce pas ta mère qui t'a sorti l'encrier pendant mon absence ?'

Et il continuait comme s'il se parlait à lui-même : 'Je la connais bien ta mère. Elle veut vous dresser contre moi, la malheureuse. Elle fera de vous des enfants indignes, des vauriens, des poules mouillées. Mauvaises graines, voilà ce qu'elle fera de vous tous ! Pas étonnant ! Son père à elle, en trouvant des braconniers dans ses oliveraies, le couard, ne leur avait-il pas dit 'Salam alikom,' du haut de sa jument, et rebroussa chemin sans les inquiéter ?'

La mère Malika, stoïque comme d'habitude, ne bronchait pas. Tout en maugréant, en prévoyant des châtiments inimaginables, et en vociférant des insultes et de gros mots les uns aussi humiliants que les autres, le père Momo se dirigea vers le désordre causé par Momo Deux, ramassa l'encrier ; quand tout à coup son regard tomba sur le cahier ouvert de son fils. L'écriture de Momo Deux lui semblait impeccable. Malgré plusieurs taches d'encre qui salissaient une grande partie de la page et recouvrait certains mots, l'écriture n'en était pas moins admirable. Le père Momo était visiblement enchanté par la belle plume de son fils. Les lettres étaient soigneusement tracées ; les mots légèrement inclinés vers l'avant se suivaient à intervalles réguliers en formant des lignes harmonieuses et sans la moindre rature, hormis les taches d'encre sur la page.

- 'Tiens ! Tiens !' s'exclama le père Momo tout à coup. 'Il écrit fort bien, ce morpion, ce Joufflu,' ajouta-t-il avec un léger sourire en coin.

Et puis, il cria après son fils qui fuyait, 'Reviens idiot ! Reviens,' je ne te ferai pas de mal. Tu ne seras pas puni cette fois-ci. Ta leçon d'orthographe et ta belle plume t'ont sauvé, cette fois-ci. Reviens idiot ! Elles te sauveront plus tard, aussi, quand tu seras grand. Reviens imbécile !' Mais Momo Deux était déjà bien loin.

Le fameux dictionnaire *Le Petit Larousse* de père suscitait aussi la curiosité et la convoitise de Momo Deux et Momo Trois, plus jeune, qui le dérobaient occasionnellement et passaient des heures à lire les définitions des mots et à contempler les dessins figurant à la première page de chaque lettre de l'alphabet. Le nom de chaque dessin commence avec la même initiale de la rubrique en question. Les deux Momo s'émerveillaient sans cesse à découvrir de nouveaux mots et de nouvelles tournures et s'amusaient à tester leurs connaissances de l'orthographe et du vocabulaire français. *Le Petit Larousse* dont le logo 'Je sème à tout vent' inscrit autour d'un cercle à l'intérieur duquel est dessiné le personnage d'une jeune femme aux cheveux longs, qui s'amuse à souffler sur une fleur de pissenlit en boule, exerçait une fascination magique et particulière sur le deux tout jeunes Momo. Les croquis d'objets, de plantes, et de personnages multiples dont le nom commence avec la lettre de l'alphabet réservée à chaque partie du dictionnaire mettaient les deux frères presque en transe. Ils découvraient pêle-mêle des trésors à toutes les pages du vieux *Petit Larousse* de leur père. Etaient dessinés entre autres les croquis de, 'A' abaque, albatros, ..., 'B' babouin, bédouin, ..., 'C' cartable, condor, ..., 'D' dragon, damier, ..., 'E' éperon, espadon, ..., 'F' fakir, funambule, ..., 'G' galère, gendarme, ..., 'H' hotte, huppe, ..., 'I' isthme, Indien, ..., 'J' jardinière, jongleur, ..., 'K' képi, kangourou, ..., 'L' lanterne, lézard, ..., 'M' margelle, montgolfière, ..., 'N' naja, nacelle, ..., 'O' ocarina, onagre, ..., 'P' palombe, phacochère, ..., 'Q' quenouille, quadrige, ..., 'R' roitelet, rouet, ..., 'S' sablier, scaphandrier, ..., 'T' tamanoir, torpille, ..., 'U' usine, Uranus, ..., 'V' voilier, vison, ..., 'W' wagon, wapiti, ..., 'X' xylophone, xanthie, ..., 'Y' yack, yacht, ..., 'Z' zèbre, zébu, ...

Pour les deux jeunes frères, l'occupation à ce jeu ressemblait à un sacerdoce, à un rituel amusant et passionnant pendant lequel ils rivalisaient à qui mieux mieux de deviner le premier le plus grand nombre de noms possibles des différentes images de chaque lettre de l'alphabet.

En s'abîmant dans les pages du dictionnaire, tant et si bien, Momo Deux, surtout, finit par apprendre par cœur presque tous les mots et toutes les tournures du *Petit Larousse*, ce qui rehaussait son rang parmi les autres garçons du quartier et gonflait sa fierté devant eux, qui le jalousaient secrètement, parfois même ouvertement, et le provoquaient lâchement, comme lorsque 'Zieux de Moustique' lui rappela qu'il n'y avait aucun mérite à apprendre le dico par cœur. 'Le Morveux,' quant à lui, renchérit sarcastiquement 'Regardez-moi ça, on dirait que c'est la brebis qui s'enorgueillit de la queue du bélier !' Même si Momo Deux était censé représenter 'la brebis' dans ce proverbe populaire, personne ne sut qui était 'le mouton' auquel faisait allusion 'Le Morveux.' Enfin, les deux frères étaient visiblement très vexés et décidèrent de garder jalousement leurs trésors du *Petit Larousse*, à eux seuls, et de ne plus jamais en parler aux autres garçons du quartier.

C'était l'époque où on s'enorgueillissait en répétant comme des perroquets toute nouveauté langagière apprise à l'école ou enseignée par les grands garçons initiés. Ils ne manquaient pas de se lancer, à tour de bras, des défis de langue française du style, 'Qu'est-ce qu'un 'ver vert dans un verre vert ?' et d'autres calembours naïfs de ce genre. Le test langagier le plus dur pour la majorité des enfants du quartier à cet âge-là était sans conteste 'Quel est le mot le plus long de la langue française ?' Et de crier triomphalement et en chœur, après que la personne interrogée aurait donné sa langue au chat, 'C'est 'anticonstitutionnellement'' dont le sens réclamé par le perdant se perdait systématiquement dans le vacarme des conjectures bruyantes et les palabres divergentes sans que personne ne pût donner une définition claire de l'adverbe en question.

A la suite de la scène risible et grotesque de l'encrier Waterman, dont la mère Malika fut témoin, elle ne ménagea point le père Momo et le sermonna durement de l'avoir accusée bien à tort d'avoir prêté le fameux encrier à Momo Deux, et surtout d'avoir parlé d'elle et de son père décédé en des termes irrespectueux, en les traitant de 'lâches' ! Elle avait le visage cramoisi et les yeux rouges de colère et d'impuissance. Elle persifla père tant et si bien qu'elle finit, tout de même, par le culpabiliser et le faire prendre conscience de son humeur insupportable. Pris au dépourvu et se sentant incapable de se défendre contre les attaques verbales de sa femme, il s'inventa un prétexte pour s'évader de la maison en demandant à tout hasard, d'une voix rugueuse, s'il n'y avait pas des courses à faire. Resté pendant un court laps de temps sans réponse, il alluma une cigarette, dit à haute voix et en français son leitmotiv habituel 'Qui aime bien châtie bien,' et sortit de la maison à grandes enjambées. Quelques minutes après, il repassa la tête à travers la porte restée entre-bâillée, et s'enquit bruyamment, 'Hé, vous êtes sûrs qu'il n'y a rien à acheter pour la maison ? J'ai posé une question ! Vous êtes sourds ou quoi ?' Personne ne daigna répondre, sauf Fatma Quatre, qui subitement du haut de ses sept ans et demi, et de sa voix fluette et légèrement nasillarde quémanda, 'Si, si, papa, du papier glacé pour couvrir mon cahier de récitation et un buvard jaune, s'il te plaît. La maîtresse me punira si je reviens en classe sans le buvard et sans la couverture du cahier. Il faut qu'elle soit verte, la couleur du papier glacé...' Mère, étonnée par la prestance et la spontanéité de sa fille, la contempla d'un air affectueux et la serra tendrement contre sa poitrine.

Chapitre III

(Une famille hors norme)

Les querelles de père Momo avec la mère Malika semblaient sans fin. Elles étaient sans doute leur manière d'exprimer leur amour et leur attachement. De prime abord, leurs interminables disputes et chamailleries les auraient empêché d'avoir une progéniture nombreuse. Mais ils avaient eu seize enfants dont les naissances eurent lieu à un intervalle plus ou moins régulier de dix-huit mois, à l'exception des jumeaux, évidemment, et des deux derniers bébés dont la naissance était espacée de trente-six mois, ce qui ne traduisait guère un quelconque essoufflement, bien au contraire, mais parce que cela coïncidait avec la politique malthusienne du 'planning familial' mise en œuvre par le gouvernement de Bourguiba dans les années 1960.

La pomme de discorde centrale des parents Momo semblait être l'héritage de la mère Malika. En effet, le père Momo n'était pas prêt du tout à cesser son ergotage à ce sujet épineux. Il montait à l'assaut à la moindre occasion, à la moindre allusion, pour narguer, critiquer, et attaquer de son verbe acéré, sa femme qui ne semblait point pressée de revendiquer sa part de la fortune laissée par ses parents. Au contraire, la mère Malika avait pris la décision de laisser sa quote-part de son héritage à sa belle-sœur Gazelle, endeuillée par la disparition de son mari, frère aîné de Malika, mort quelques années plus tôt et laissant derrière lui une fille et un garçon en bas âge. La mère Malika, pleine de grâce et de piété, craignait Dieu et voulait faire du bien à ses proches. Le père Momo ne l'entendait pas de cette oreille-là, et bien qu'il n'eût probablement pas objecté à la générosité de sa femme envers Gazelle et ses deux enfants, tant qu'ils avaient besoin d'aide, mais il ne comprenait pas du tout pourquoi la mère Malika retardait indéfiniment l'échéance de réclamer sa part de l'héritage, surtout après que sa nièce fut mariée et que son neveu eut terminé ses études et était devenu instituteur, ce qui lui permettait largement de subvenir aux besoins de sa vieille mère. D'autant que les enfants de la mère Malika et de père Momo, eux, grandissaient, la famille ne cessait de s'élargir au fil des années, et les besoins augmentaient aussi. Le père Momo en enrageait. Il ne comprenait ni la logique ni la charité de sa femme.

Des dizaines d'oliviers et des vastes champs de blé qui normalement revenaient de plein droit à sa femme, ne profitaient en rien à celle-ci, mais qui, pire encore, empoisonnaient sa vie conjugale et familiale depuis de longues années. Le don généreux de sa part d'huile d'olive annuelle que faisait la mère Malika à la petite famille de son regretté frère, par exemple, revenait dans les diatribes enflammées de père comme un refrain, un leitmotiv, contre elle, d'une part, et contre les spoliateurs de son legs légitime. Il commençait toujours ses colères sur un ton ironique : 'Hein ! Je te connais très bien. Tu es généreuse, trop généreuse, n'est-ce pas ?' La mère Malika, les lèvres pincées, voyant venir l'orage insupportable de son mari, ne disait mot, ne répondait pas à la provocation, et continuait de vaquer à ses occupations ménagères, scrrée de près par un mari qui la suivait partout comme un grand enfant boudeur et ombrageux.

Devant le mutisme opiniâtre, mais sage de la mère Malika, le père Momo montait à l'assaut en l'accusant franchement : 'Généreuse avec ton neveu et ta nièce et ta sorcière de belle-sœur Gazelle ! Tu les préfères à tes propres enfants, n'est-ce pas ?' Sa voix gutturale qui était déjà enrouée par les froides nuits de prison, des maisons d'arrêt, de l'asile psychiatrique, et les cigarettes bon marché, devenait de plus en plus rauque et menaçante, à mesure que sa colère montait :

-   Je les ai surpris à la presse en train de vider des tonneaux d'huile. Ton huile sans aucun doute ! Tu croyais que je n'en savais rien ? Détrompe-toi. L'huile était coagulée. A la louche, qu'ils étaient en train de la ramasser, l'huile – ton huile et l'huile de tes enfants. Et vas-y ! et vas-y ! Ils n'y allaient pas de main morte à écumer l'huile qui te revient de plein droit. Mais toi tu n'es pas là. Tu ne les vois pas. L'huile était compacte comme du beurre. Ils ne t'ont rien laissé. Ils ont tout pris. Et toi, la très généreuse, tu les laissais faire. Pensais-tu à tes enfants au moins ?

Mère continuait à garder le silence pendant de longues minutes sans pouvoir lui répondre. Elle était déchirée entre son amour pour ses propres enfants et la pitié et l'amour pour son neveu et sa nièce.

La mère Malika avait grandi, après la mort de ses parents, entourée et protégée par son frère aîné qu'elle considérait comme son père, et par son épouse Gazelle qu'elle prenait pour sa mère. Elle aimait leur fils comme son petit frère et leur fille comme sa petite sœur.

Comme le père Momo ne cessait pas ses jérémiades au sujet de l'huile volée à sa femme, la mère Malika se mettait à pleurer et à gémir, calmement, silencieusement en balbutiant une triste litanie, à peine audible, à peine compréhensible. Elle semblait dire qu'elle n'était qu'une pauvre orpheline, inconsolée, incomprise, et maltraitée. Dès que le père Momo s'avisait de la peine et des larmes silencieuses de sa femme, il cessait momentanément de la haranguer et s'en allait en claquant la porte ; mais il revenait presqu'aussitôt pour la narguer davantage et déverser sur elle sa bile, comme s'il fût trop conscient du mal qu'il lui faisait mais que sa fierté de mari autoritaire empêchait de reconnaître et de s'en excuser. Mais parfois, dans de pareilles situations, il lui arrivait de revenir sur ses pas, en avançant sur la pointe des pieds pour épier la mère Malika et pour s'assurer discrètement qu'elle se fût calmée.

Autrement, hormis ces moments pénibles, la maisonnée grouillait de la vie de dix garçons et de cinq filles du même lit. Une sixième fille décéda à l'âge de deux ans, emportée par une fièvre subite. Une famille aussi nombreuse et vivace représentait une fierté affichée chez les parents, mais suscitait un vague embarras chez les enfants, surtout à l'école. A peu-près tous les ans et demi naissait un nouveau Momo ou une nouvelle Fatma ; entre Momo Premier qu'on appelait 'Sidi' ou Monsieur, et Momo Dix il y a vingt-quatre ans d'écart, et entre Fatma Première qu'on nous faisait appeler 'Lalla' ou Madame, et Fatma Cinq treize ans d'intervalle.

C'est curieux de savoir que nos parents étaient presque des enfants uniques au sein de leurs familles respectives. Père avait perdu tous ses frères et toutes ses sœurs en bas âge ou adolescents ; mère ne lui restait qu'un seul frère au moment où elle se mariait ; un frère qui trépassa peu de temps après. Père et mère avaient passé toute leur vie matrimoniale comme s'ils eussent été des enfants uniques, ce qui faisait de nous des enfants presque sans tantes et sans oncles germains. Pourtant on appelait tantes et oncles celles et ceux de nos parents ; en revanche, des cousines et des cousins germains on en avait, mais que du côté maternel.

A l'époque où les liens familiaux étaient encore solides et primordiaux, mes parents avaient opté, consciemment ou inconsciemment, pour une famille nombreuse, une famille hors norme. Dix petits Momo et six petites Fatma ! Il fallait le faire surtout qu'en ces temps-là, la mortalité infantile faisait rage dans les chaumières ! Etaient-ils riches ? Etaient-ils pauvres ? Difficile à dire. Pourtant, ils avaient beaucoup d'oliviers qu'ils avaient hérités de leurs parents respectifs. En vérité, on était tantôt pauvre tantôt riche. La saison de la cueillette des olives avait ses caprices et père avait rarement ramené un salaire à la maison ; non pas parce qu'il ne pouvait pas trouver du travail, mais surtout parce qu'il était un opposant politique notoire qui avait choisi le camp communiste dans un pays gouverné par un parti bourgeois et petit-bourgeois unique. Son choix politique lui avait joué plus d'un mauvais tour. De temps à autre, il était accusé, souvent à tort, qu'il tenait des réunions secrètes avec ses camarades du parti communiste interdit. Les chefs d'accusation étaient souvent 'fauteur de troubles,' 'incitation à la violence,' 'surpris en état d'ébriété,' 'participant à une réunion interdite,' 'agitateur syndicaliste,' 'outrage et manque de respect aux autorités,' ou simplement 'aliéné mental bon à interner'… A chaque fois, il subissait, lui et ses camarades, les mêmes humiliations, les mêmes privations arbitraires, les mêmes incarcérations injustes. Ces exactions et ces vexations avaient gâché une grande partie de sa vie et de celle de sa famille et de ses enfants. A l'école, nous avions vaguement honte de ce père imprévisible qui disparaissait et réapparaissait au bout de quelques jours ou de quelques mois, sans explication, et nous laissait parfois dans la gêne, seuls avec une mère et une grand-mère, toutes deux rongées par les soucis. Il fallait acheter les fournitures scolaires pour ne pas être punis par les maîtres d'école et ne pas se sentir différents de nos camarades de classe. A cet âge-là, nous n'aurions même pas pu saisir ou imaginer les causes de ces disparitions répétées de père, même si on nous en avait donné des raisons simples. Les plus grands savaient sûrement et ne disaient rien. Mais de temps en temps s'échappaient de leurs bouches des imprécations et des malédictions contre le maire du village, le docteur S. A., ou les gendarmes qui avaient menotté leur père.

Chapitre IV

('Femme, prépare-nous un bon thé à la menthe !')

En dépit de tous ces petits malheurs familiaux et des vicissitudes de la vie quotidienne, la maisonnée s'agitait des va-et-vient des amis et des proches tandis que la mère Malika roulait sa semoule de blé dur pour son couscous légendaire qu'elle faisait cuire à la vapeur dans d'énormes marmites. Tant qu'elle était vaillante et de bonne santé, elle ne se servait jamais du couscous précuit du commerce. Mais quand sa vue et ses moyens physiques avaient baissé avec l'âge, elle était bien obligée d'en acheter malgré elle. Son visage rayonnait pendant des heures et des journées entières lorsque le père Momo rentrait l'air heureux en lançant qu'il avait été embauché quelque part. Il ajoutait à haute voix en s'adressant à la mère Malika, 'Hé femme, prépare-nous un bon thé à la menthe !' en sortant un gros paquet de cacahouètes grillées de la grande poche de son manteau. C'était la fête. Du travail pour leur père ! C'est une scène magique pour les enfants d'entendre leur mère répéter 'votre père a trouvé un emploi'. 'Il aura un salaire' ! 'Adieu les soucis d'argent' ! 'Vous achèterez des cartables neufs, tous les livres, et tous les cahiers à la rentrée prochaine !' Que de paroles réjouissantes ! Quel bonheur ! Quelle excitation ! Quelle joie et quelle impatience d'attendre la rentrée du 1er octobre !

Mais hélas, cette joie et ce bonheur ne duraient pas longtemps, parce qu'un quelconque délateur opportuniste aurait entre-temps vendu le père Momo aux autorités locales qui ne tarderaient pas à le priver de son emploi. Il était alors obligé de laisser sa place à quelqu'un d'autre proche du maire ou membre du parti au pouvoir. Après déception et désespoir, la famille recommençait malgré tout à espérer que la récolte des olives serait bonne cet automne-là et qu'une nouvelle offre d'emploi à leur père pourrait se représenter bientôt … De temps à autre, le père Momo bradait la récolte sur pied, ou vendait un certain nombre d'oliviers afin de nous épargner les tourments des années de vache maigre et de s'éviter à lui-même une banqueroute retentissante dans une petite bourgade comme la nôtre où tout se savait et où on ne cessait de jaser à l'endroit des uns et des autres.

Père et mère descendaient de familles respectables. Ils craignaient fébrilement pour leur bonne réputation parmi les villageois, les proches et les amis. Ils abhorraient pardessus tout le spectre de la pauvreté et de la banqueroute. Ils faisaient tout pour camoufler notre détresse quand on manquait de pain ou de blé. Pour dissimuler sa gêne et justifier le fait d'acheter du pain rassis à bas prix à la boulangerie du coin, le père Momo échafaudait toute une théorie nutritionnelle sur les bienfaits du pain sec qui serait plus léger pour l'appareil digestif pour cause de moindre gluten nocif à la santé – ou quelque autre justification de ce genre ! Poussé par des ventres creux, nous partions timidement chercher quelques pains invendus à la boulangerie de monsieur Ismaïl qui ne pouvait s'empêcher de faire des commentaires embarrassants sur le pain rassis et de nous rappeler que notre père lui devait encore l'argent de la semaine précédente. Mais, on ne prêtait pas trop attention à ces remarques déplacées, car on avait plutôt confiance, à cet âge-là, dans les théories du paternel sur les avantages d'un tel pain que le boulanger analphabète ignorait sans aucun doute. Rassurés de ce côté-là, nous éprouvions même un certain orgueil face à l'ignorance du boulanger et nous nous imaginions que le père Momo, qui avait fait des études poussées, en savait sûrement beaucoup plus que l'illettré Ismaïl qui n'était bon qu'à malaxer sa pâte, compter ses sous, et profiter de la gêne pécuniaire d'autrui. Nous le détestions sourdement car il nous empêchait de nous approcher du pain tout frais, tout chaud, si bon, et dont l'odeur nous enivrait au moment où il le sortait du four chauffé au feu de bois d'oliviers. On n'avait droit qu'à du vieux pain froid, sec, dur et sans goût. Pourtant, la faim nous incitait à en croquer, sur le chemin du retour, les quignons durs comme de la pierre, que nous emportions dans un grand couffin.

Momo Deux qui était mon aîné d'un an et demi avait souvent la chance de dénicher dans un coin dérobé du grand jardin un nid de poule au milieu des haies de cactus. Il gobait un ou deux œufs en les trouant aux deux extrémités comme une couleuvre ; ou il les vendait secrètement à l'épicier du coin pour s'acheter un bon quart de pain blanc tout frais, tout chaud qu'il dévorait en cachette, en étant haut perché sur les branches d'un amandier ou d'un caroubier dans un coin discret du jardin. Quand il m'apercevait venir de loin dans sa direction et sur le point de découvrir le pot aux roses, il me lançait un petit morceau de pain du haut de son arbre en me prévenant sévèrement de ne rien dire à personne, et surtout pas à maman. Elle ne savait sûrement pas que l'une de ses poules pondeuses s'était égarée, et le malin Momo Deux tenait dur comme fer à sa poule aux œufs d'or. Pourtant, il savait très bien que la mère Malika espérait toujours ramasser le maximum d'œufs pour une prochaine couvée !

Momo Deux était un vrai renard ; il avait le flair des œufs des poules solitaires, qu'il ramassait à la sauvette avant la tournée de la mère Malika qui se plaignait parfois que ses poules fussent tout à coup devenues moins pondeuses. Elle ne se doutait de rien. Elle était loin de soupçonner que l'un de ses fils fût devenu un renard plus sournois et plus redoutable qu'une fouine affamée !

Un après-midi, elle était en train d'inspecter ses poules et les quelques endroits éloignés où elles auraient pu pondre, quand tout à coup Momo Deux sauta du haut de l'amandier au risque de se casser une jambe et se sauva sans se retourner. Mère l'appela plusieurs fois, mais il avait déjà pris la clé des champs. En s'approchant du tronc de l'amandier, elle avisa par terre un gros croûton et quelques miettes de pain frais. Elle était intriguée et ne sut que dire ou quoi penser, car il n'y avait pas le moindre morceau de pain à la maison ce matin-là. Très vite son étonnement se transforma en inquiétude. Pourquoi Momo Deux s'était-il sauvé ainsi ? Où avait-il déniché ce pain ? L'avait-il volé chez l'épicier du coin ? Mon fils voleur de pain ? Mon Dieu ! Il faudra qu'il s'explique, pensait-elle, soucieusement. Bien qu'elle eût trouvé ce matin-là une demi-douzaine d'œufs frais dans un coin perdu du jardin, loin des regards, son inquiétude causée par le comportement bizarre de Momo Deux n'en diminua point.

Chapitre V
(Tête-bêche)

Enfant, Momo Trois ne se souvenait pas du tout si sa famille était riche ou pauvre. En vérité, il pensait qu'elle n'était ni riche, ni pauvre, ni entre les deux ! Il lui semblait néanmoins qu'elle était tout cela, à la fois. Drôle de famille, drôle d'enfance ! Ils étaient tantôt nantis tantôt démunis évoluant au rythme des récoltes d'olives selon qu'elles étaient très bonnes, bonnes, moyennes, mauvaises, ou même très mauvaises parfois. En dépit des centaines d'oliviers des parents, ajoutées à la fameuse pension trimestrielle de grand-mère, aux maigres salaires d'un père intérimaire, et aux rentrées d'argent sporadiques de Fatma Quatre et Fatma Cinq lorsqu'elles vendaient un tapis ou deux, la famille passait parfois des jours sans fin où l'unique coupe-faim consistait de fèves, de maïs, ou de grains de blé que la mère Malika grillait, au feu de bois, dans une grande poêle en terre cuite posée sur l'énorme brasier installé dans le jardin. Les enfants en pleine croissance cassaient d'un coup sec de mâchoires ces aliments de fortune et les broyaient bruyamment avec leurs dents, tout en les mastiquant longuement pour les ramollir avant de les avaler avidement, en pensant à des jours meilleurs.

Selon l'incontournable théorie de père Momo, 'Il faut bien mâcher pour assurer une bonne digestion, une meilleure absorption des vitamines et des sels minéraux, et ménager au même temps l'appareil digestif.' D'autres jours, ils n'avaient que les amandes du jardin pour repas. Ils en mangeaient des quantités incroyables aussi bien vertes que sèches. Tant qu'elles étaient encore vertes et tendres, père ne tarissait jamais sur les vertus nutritives des amandes, surtout de leur apport en vitamine C, disait-il. C'était la raison pour laquelle il obligeait la mère Malika à les rajouter dans les ragoûts de légumes printaniers. Cuites, les amandes vertes se distinguaient par leur goût acidulé, doux et légèrement salé. Pendant longtemps, mère résista, tant bien que mal, aux directives de père à ce sujet ; mais lorsqu'elle n'en avait pas le choix et qu'elle devait suivre la recette incongrue de père Momo, elle n'en disait rien à ses voisines qui pourtant trouvaient sa ratatouille délicieuse. La mère Malika et ses filles préféraient garder secret ce rajout insolite d'amandes vertes dans la chakchouka, de peur que les voisines ne soupçonnassent, sinon notre indigence, du moins la manière saugrenue de notre cuisine peu orthodoxe. Personne ne mettait des amandes vertes entières dans ses recettes de cuisine, sauf nous ! Quand les poules étaient généreuses, mère cassait des œufs dans la chakchouka, et c'était un vrai régal pour tous. Mais plus tard quand le spectre de la gêne matérielle s'était éloigné et que la famille s'en tirait bien mieux, Malika prenait un malin plaisir à révéler, à l'occasion, à ses voisines qui ne possédaient pas de jardin et encore moins d'amandiers, que c'était vraiment bon de rajouter des amandes vertes dans la chakchouka. Elle leur en offrait même un bon paquet au printemps, pour qu'elles essayassent sa recette originale ! Souvent, ces dernières trouvaient captivante la façon inhabituelle de préparer la chakchouka à la manière de père Momo et de la mère Malika.

Quelques semaines avant la floraison des oliviers, le père Momo entamait la saison de la taille tout seul au lieu d'embaucher des professionnels qu'il ne pouvait payer. Alors pour Momo Deux, moi, et notre petit baudet à la peau fauve, c'était presque une saison en enfer. Ces sacrées tailles d'oliviers coïncidaient avec nos vacances scolaires pendant lesquelles tous nos copains du quartier se livraient à cœur joie à des parties de football, ou à des aventures d'exploration des collines alentour, ou encore à l'apprentissage à faire la cour aux petites voisines timides qui sortaient faire les courses pour leurs mamans cloîtrées chez-elles.

-   'Tête-bêche ! Tête-bêche ! Vous dis-je, espèces de vauriens !' hurlait le père Momo. 'Chargez les branches comme il faut sur le dos de l'âne ! Tête-bêche et tassez les biens !' criait-il sans discontinuer du haut de l'olivier qu'il était en train de tailler à grands coups de scie et de sécateurs géants.
-   'C'est ce qu'on est en train de faire,' rétorquait hardiment Momo Deux.
-   'Non ! Non ! Pas possible ! Regardez-moi ça, comme ça bascule. Toute la charge est en train de chavirer sur le côté de l'âne ! Non, pas de ce côté-là. A droite, à droite ! Regardez de l'autre côté, espèce d'idiots !' continuait père à perdre haleine.

Momo Deux et Momo Trois se démenaient tant bien que mal pour équilibrer la charge des branches sur le dos de l'âne qui gigotait sans arrêt, comme s'il eût fait exprès pour embêter les deux jeunes frères qui étaient déjà excédés par les insupportables engueulades de leur père.

-   'Mais, je n'arrive pas ! C'est impossible !' cria Momo Deux de toutes ses forces. 'Les branches sont coincées entre les crochets du bât et le ventre de l'âne !' expliquait-t-il vainement.

A ce moment, l'âne commença à braire et à ruer dans les brancards à cause d'une branche qui lui perçait le flanc droit.

-   'Tirez sur les rênes, imbéciles ! Tirez fort !' criait père tout en quittant l'olivier dont il venait de tailler les grosses branches outrageusement.

Il criait si fort après ses deux fils qu'ils prirent peur et lâchèrent et le baudet et la charge des branches qui chancelèrent, glissèrent sur le côté, et se rependirent pêle-mêle dans les pattes de l'âne qui ruait de plus belle. Se sentant plus léger déjà, il prit la clé des champs en traînant derrière lui une partie des branches. C'était la consternation générale. Père Momo se mit à vociférer et à lancer des jurons des plus bizarres et des plus vexants après ses deux jeunes garçons.

En ce moment, une chose incompréhensible et saugrenues se produisit dans le comportement des deux jeunes Momo paniqués, excédés, et frustrés, qui au lieu de courir après le baudet en fuite pour le ramener, comme il leur était souvent arrivé depuis le début, ils se hâtèrent loin d'un père aux accès de colère absurdes et avilissants. Ils voulaient lui désobéir insolemment et fuir une corvée intolérable.

Le père Momo continuait à vociférer et à traiter ses deux garçons de tous les noms et de tous les sobriquets, les uns plus saugrenus et plus farfelus que les autres !

-   'Courez, espèces de vauriens, espèces d'imbéciles heureux ! Courez encore, bras ballants ! Où irez-vous comme ça, mauvaises graines ? Vous n'irez pas loin, têtes de linottes ! Vous rentrerez bien à la maison, taraudés par la faim et la soif ! Continuez à fuir mais vous n'échapperez pas à la punition qui vous attend !'

Il faut dire que les menaces de père Momo étaient souvent inutiles car il ne les traduisait presque jamais en punitions, du fait qu'il était la plupart du temps absorbé par d'autres soucis plus importants.

Nous étions bien incapables de tout larguer et de le laisser se débrouiller tout seul. Après quelques minutes qui nous paraissaient des heures, nous repartions déjà sur les traces du baudet rebelle. Lui non plus, ne s'était guère aventuré plus loin. A la première touffe d'herbe verte sous une haie de figuiers de barbarie, il s'était arrêté pour brouter et oublier pour quelques instants, sans doute, la besogne qui l'attendait. A notre approche, il grogna, s'ébroua, et rabattit ses longues oreilles sur son cou ; c'étaient des mauvais signes précurseurs d'irritation souvent suivie de ruades et une nouvelle tentative d'escapade. Mais Momo Deux était plus rapide et profitant d'une légère distraction de l'âne, se jeta sur les rênes et tira si fort que ce dernier ne pût que relever la tête et nous suivre en se laissant presque traîner.

Entre-temps, le père Momo s'était un peu calmé et avait déjà commencé à scier d'autres branches d'un autre olivier plus loin. Mais nous étions sûrs qu'il nous épiait du haut de l'arbre. Le chargement des branches fut fait tant bien que mal et nous revoilà repartis derrière le baudet qui avançait en se balançant de droite à gauche et de gauche à droite, et nous aussi, en imitant sa cadence. Et voilà subitement, Momo Deux et moi, encouragés probablement par le mouvement de dandinement régulier de l'âne dont la surcharge touchait le sol et soulevait une poussière rouge et âcre, nous nous mîmes d'abord à nous dandiner sur un pied puis sur un autre ; après, nous décidâmes, inconsciemment peut-être, de paraître laids, gauches, et veules aux yeux de notre pater pour le narguer, car on savait qu'il continuait à nous regarder du haut de l'olivier ; alors nous nous mettions à déployer nos bras latéralement à la hauteur des épaules, comme si nous avions eu des ailes d'oiseaux géants, de goélands ou d'albatros ; en portant la tête penchée sur l'épaule, en croassant et en poussant des cris des plus bizarres, nous nous éloignions de père Momo qui, perché là-haut dans l'olivier, ne pouvait pas nous atteindre, mais qui continuait à nous épier et à râler à cause de notre dégaine des plus vexantes et des plus inattendues.

Il voyait notre manège insolent et ridicule, piquait une colère absurde, et se mettait encore une fois à nous traiter de tous les noms et de tous les sobriquets les plus alambiqués qui lui venaient à la bouche !

Nous descendions alors le long chemin du retour qui serpentait entre les oliveraies et les figuiers de barbarie, en poussant devant nous ou en tirant par la bride, l'âne surchargé de branchages et de gros troncs d'oliviers.

La campagne semblait être peuplée par des êtres mystérieux et imprévisibles, tapis derrière un tronc d'arbre, ou dans un coin obscur d'une haie de cactus, ou encore au tournant d'un sentier ombragé. Tantôt un serpent se faufilait comme un éclair à travers l'herbe, presqu'à nos pieds, et nous faisait si peur qu'on détalait le cœur battant la chamade, tantôt un lièvre blond ou roux bondissait de je-ne-sais-où et disparaissait dans les haies de cactus épaisses. Parfois, nous rencontrions un étranger tout emmitouflé dans un long manteau à capuchon noir ou brun foncé, qui nous faisait peur ; mais nous gardions notre sang-froid et continuons notre chemin, passablement rassurés par la présence de notre âne qui trottinait imperturbablement, comme s'il eût été notre ange gardien. Autrement, nos interminables va-et-vient entre les oliveraies et la maison se déroulaient sans grands dangers.

Bien au contraire, nous avions tout le temps d'admirer les champs alentours qui regorgeaient de fleurs multicolores. La verdure des champs de blé et d'orge étaient parsemée de marguerites blanches et jaunes ; des dents-de-lion lumineuses dont les aigrettes bien rondes étaient toujours à l'affût de la moindre brise afin d'essaimer allègrement ses minuscules ombrelles blanches ; des coquelicots d'un rouge vif ou d'un mauve pâle rayonnaient au soleil printanier. Les boutons d'or rivalisaient avec les clochettes bleues et pourpres. Les oxalis pied-de-chèvre aux feuilles vertes en forme de petits cœurs semblables à des trèfles, et dont les fleurs jaunes en forme de coupes effilés égayaient les champs et les collines qu'elles recouvraient d'une multitude innombrable de taches lumineuses et dorées, en se balançant dans la brise matinale. Les résédas à pétales blancs rampaient tout près du sol en friche. Les chardons ou acanthes sauvages poussaient plus bas vers le lit d'un torrent à sec. Le long des haies et sur les talus, des fleurs brunâtres, grasses, lisses, et étranges appelées capuchons du moine se courbaient sur des grandes feuilles vertes en forme de cœurs échancrés, semblables à celles de la petite oseille, vulgairement nommées 'sabots du loup'. Une odeur fauve s'en dégageait dès qu'on les frottait avec les doigts. Se balançant sur le talus qui marquait la limite des lopins de terre en terrasse ou à l'ombre des haies de cactus, les fleurs d'iris aubergine se pavanaient au-dessus des touffes de feuilles vertes et oblongues. Le liseron à fleurs roses et mauve lilas enlaçait follement les feuilles de figue de barbarie qui bourgeonnaient en mai et qui arboraient alors, à la crête de leurs fruits encore verts, des corolles lumineuses telles des coupes dorées autour desquelles dansaient, dans une ivresse bourdonnante, abeilles et frelons à longueur de journée. Parfois, on rivalisait avec les abeilles en s'amusant à cueillir le pistil des fleurs des nopals pour en sucer le suc doux et parfumé. Toutefois, beaucoup d'autres fleurs sauvages telles que les 'mors du diable' de couleur mauve, ou les oursins bleus, ou encore, les cupidones bleu lilas étaient la propriété exclusive des abeilles, des frelons, et d'autres insectes avec lesquels il n'était pas question de rivaliser.

On s'amusait parfois à glisser sous les vêtements de l'un ou de l'autre de petites boules cotonneuses et allongées provenant d'une herbe vulgairement appelée 'queue de lièvre' qui, au contact de la peau, nous faisait gratter partout comme des galeux, tandis que les copains farceurs rigolaient comme des fous.

La floraison dorée des mimosas, des genêts, et des ajoncs embellissait la campagne et les collines dès les premières semaines de janvier. Mille et une autres fleurs des champs coloraient nos paysages d'enfants idylliques.

Dès le début de février, des petites fleurs aux pétales minuscules bleu marine et au cœur pourpre, semblables à des myosotis, réapparaissaient ici et là, timidement presqu'au ras du sol, comme si elles cherchait à se dérober aux regards des curieux ; mais dès qu'on en apercevait une, cette petite fleur bleue marine au cœur pourpre, devenait si captivante qu'on eût l'impression qu'on n'avait d'yeux que pour elle, tellement le bleu nuit de ses petits pétales et le rouge vif de son cœur charmaient le regard du promeneur et le laissait rêveur !

Les amandiers étaient parmi les tout premiers arbres fruitiers qui fleurissaient dès janvier dans notre grand jardin. La floraison des amandiers était spectaculaire. Elle métamorphosait spectaculairement et brusquement notre grand verger. Les amandiers se couvraient du jour au lendemain d'une abondante frondaison neigeuse mouchetée de rose.

Dès que la petite amande vert-pistache finement velue commençait à poindre au cœur de la corolle, la fleur de l'amandier se mettait à répandre par terre ses pétales blanchâtres une à une, de sorte que le vaste verger semble du jour au lendemain se couvrir d'une couche fine de neige éblouissante. Alors, nous commencions à guetter avec impatience le bourgeonnement de nos amandiers, car nous aimions en dévorer les fruits, surtout les petites coques vertes, tendres, et légèrement acidulées que nous cueillions sur les basses branches et que nous grignotions avec appétit.

Parfois nous mangions les amandes vertes cuites dans une sorte de ratatouille printanière, sur les vertus desquelles père ne tarissait point, en rappelant leur apport important en vitamine C, ainsi consommées. Des amandes, on en mangeait à longueur de l'année ; coques vertes, tendres, acides et sans cœur en février ; coques vertes, moins acides, au cœur blanc liquide ou moelleux en mars ; vertes encore mais dures au fruit blanc, compact et succulent en avril ; séchées, blanches et brunes, et décortiquées en juillet.

Père avait planté une grande quantité de figuiers, d'abricotiers, de pêchers, de grenadiers, et d'amandiers dans notre grand verger. Le nombre des amandiers dépassait de loin celui des autres arbres fruitiers, si bien que dès notre tendre enfance, chacun de nous eût choisi son propre amandier pour soi, sa propriété privée, son arbre sacrosaint et son repère fétiche. Le mien, planté tout prêt d'une haie de figuiers de barbarie, était l'un des meilleurs amandiers du jardin car, bien qu'il donnât de gros fruits rugueux couverts de taches de rousseur, les coques restaient tendres et douces longtemps après que celles des autres amandiers auraient été devenues amères, rêches, et presque immangeables. On pouvait alors manger les fruits de mon amandier entièrement sans jeter la coque, même après maturation de l'amande à l'intérieur. Comme on se disputait souvent à cette époque pour des raisons puériles, j'interdisais formellement et intempestivement à Momo Deux, à Fatma Quatre, et à tout autre frère ou sœur, objet de mes ressentiments enfantins, de manger les fruits de mon arbre ou même de les toucher !

Pour une raison inexpliquée, on croyait que chaque amandier ressemblait quelque part à son propriétaire. Chacun et chacune avait le sien ! Celui de Fatma Quatre, par exemple, donnait de toutes petites amandes rondes et velues, tout comme ses petits yeux ronds et ses avant-bras recouverts de duvet. L'amandier de Momo Deux donnait de gros fruits à la coque glabre, tout comme la grosse tête et les joues imberbes de ce dernier. En revanche, la coque des fruits de mon amandier, à moi, était mouchetée et douce semblable à mes taches de rousseur et à la douceur de ma peau !

L'amandier de mon père, bien que robuste, ne donnait de fruits qu'un an sur deux. S'il lui arrivait de fleurir et de bourgeonner, il n'exhibait, à travers ses très grandes feuilles vertes et ses branches touffues et étendues, que quelques grosses amandes de la taille d'une pomme moyenne dont la coque était aussi épaisse qu'indigeste tellement elle était dure et amère. Toutefois, avec son feuillage dense, l'amandier ombragé de père attirait toute la famille dès qu'il s'agissait de pique-niquer ou de se reposer dans le verger. Même en pleine chaleur d'été, une brise légère agitait ses grandes feuilles de temps en temps et apportait un peu de fraîcheur aux convives réunis à l'ombre de ce grand amandier paternel.

Le tronc de l'amandier de mon père était si épais et si droit que Momo Premier, adolescent épris de sa propre robustesse physique, n'hésita pas à y fixer son ensemble d'extenseurs élastiques d'entraînement sportif, qu'il vissa profondément dans la dure écorce, afin de s'entrainer quotidiennement à la musculation de ses pectoraux, de ses biceps, et de ses jambes. Père était sidéré lorsqu'il avait découvert cet étrange attirail cloué au tronc de son arbre, mais à peine y avait-il objecté connaissant le caractère irascible et ombrageux de son fils aîné.

Une relation père-fils intense et irrévocable les unissait. Ils étaient tantôt ennemis jurés, tantôt amis et confidents. Père disait souvent 'Qui aime bien châtie bien' ! Et il semblait bien y croire et y souscrire. Souvent, avec Momo Premier, il se disputait pour des raisons futiles et piquait des colères noires incroyables qui le faisait hurler de rage. Tout le monde passait un mauvais quart d'heure à entendre le père Momo maudire et insulter son fils aîné, de la sorte. Momo Premier, du reste, lui répondait du tac au tac d'un air insolent, hautain, et méprisant.

Momo Deux avait à peine dix ans lorsque le père Momo lui commanda de travailler dans le verger et d'enlever les mauvaises herbes, surtout le chiendent dont père avait une sainte horreur à cause de sa capacité à pousser partout comme des champignons, et à rendre inculte toute la terre ou il prend racine. Il expliquait alors avec force détails à Momo Deux comment creuser profondément pour éradiquer cette mauvaise herbe qui parasitait de grandes parties du jardin ; sinon ce serait peine perdue, disait-il, car le chiendent repousserait aussitôt et envahirait les pieds de piments et des tomates. 'C'est tout comme si on pissait dans le sable,' enchaînait-il. Momo Deux était sûrement excédé et avait plutôt envie de jouer au ballon avec les copains du quartier. Il se tourna vers son père et lui asséna sans appel 'Il faut servir d'exemple !' Le père Momo n'en revenait pas d'entendre les paroles insolentes de son fils. Il lui demanda de répéter ce qu'il venait de dire en le fixant du regard. 'Il faut servir d'exemple, j'ai dit' lui lança Momo Deux sans hésiter. 'Quoi tête de lard ! Espèce de Joufflu ! Tu te prends pour qui pour me dire à moi ce que tu viens de dire ?' interrogea père, l'air intrigué et irrité à la fois. 'Est-ce que tu travailles, toi ?' reprit Momo Deux sur un ton agressif. 'Ah ! Espèce de Genouflu, pour qui te prends-tu ? Tu crois que j'ai des comptes à te rendre, imbécile ! As-tu vu un oisillon nourrir son père, l'oiseau ? Quel garçon !' Le père Momo ironisa de la sorte pendant quelque temps et s'en alla en souriant imperceptiblement à cause de l'insolent éveil de son garçon. Une fois de plus, Momo Deux, comme pour l'incident de l'encrier Waterman, se fit pardonner sa bêtise et son effronterie grâce à sa présence d'esprit et à son caractère intrépide. On se demande parfois si le père Momo était à ce point libéral, ou bien libéralement autoritaire.

Nos vacances scolaires de printemps se déroulaient souvent entre la manutention maladroite et frustrante des branches d'oliviers, les interminables brimades paternelles, et les inévitables fugues champêtres, aussi bien les nôtres que celles de l'ânon indomptable.

Chapitre VI

(Spectre de la rage canine)

Le père Momo est d'un tempérament mercurien et anxieux. Dès qu'il s'agit de notre santé, il est prêt à tout sacrifier.

On avait une adorable chienne blanche avec des petites taches noires et brunes sur tout le corps. Elle était, la plupart du temps, attachée à un énorme tronc d'olivier dans le grand jardin, juste derrière la maison où elle montait la garde, nuit et jour. Elle s'appelait Laïka et Dieu seul sait qui lui avait donné ce nom de Laïka.

Un beau jour, Fatma Première, Momo Premier, Fatma Deux et Fatma Trois racontèrent à qui voulait bien l'entendre que Laïka les avait mordus. Pressés de questions, ils donnèrent des réponses contradictoires, voire, floues et incertaines. Momo Premier et Fatma Première confessèrent que la chienne leur avait simplement léché les jambes, tandis que Fatma Deux s'obstina qu'elle se fît mordre en montrant de vagues égratignures sur l'avant-bras droit, et Fatma Trois révéla que Laïka l'avait effrayée en aboyant et en tirant sur sa chaîne quand elle s'était approchée d'elle pour lui donner à boire. Cependant, rien n'était sûr dans ce que disaient les enfants. Tantôt l'une disait que la chienne lui avait mordu la jambe, l'autre affirmait qu'elle s'était fait griffer à la main, et les deux autres prétendaient qu'elle les avait tout simplement léchés.

Le père Momo s'alarma en tout cas. Il se rappela que quelques jours plus tôt Laïka avait aboyé bizarrement dès qu'il s'était approché d'elle, comme si elle ne l'eût pas reconnu. Pour le père Momo, c'était une preuve de plus que la situation était sérieuse et qu'il était hors de question d'attendre plus longtemps pour vérifier les dires plus ou moins alarmants de ses enfants. Il fut pris de panique, et sans hésiter davantage, il fit abattre la pauvre chienne et trancher sa tête pour l'emmener à l'Institut Pasteur à Tunis pour les tests rabiques d'usage. Que des pleurs ! Que de peine ! Notre pauvre Laïka abattue impitoyablement par un coup de fusil tiré par le garde-chasse du village, sous les regards complices et hautains du maire, de son garde-chiourme, des gendarmes, et certains voisins peu sympathiques. On fit ensevelir le corps de la chienne décapitée sous l'olivier en répandant sur son cadavre une grande quantité de chaux vive, en présence des enfants en pleurs.

Qui eût cru qu'on hébergeait le spectre de la rage canine chez-nous, dans notre propre jardin familial ? Le père Momo était intraitable. Il fallait trancher dans le vif ! L'heure est grave et il faut agir vite sans perdre une seconde ! Il faut aller à Tunis avec la tête de Laïka dans un sac bien fermé. Cependant, une seule consolation calma un tant soit peu la peine des enfants qui allaient obligatoirement voyager à Tunis, eux aussi, avec la tête de Laïka ; voyage indispensable vers la Capitale, dont ils n'auraient jamais rêvé. Quelle surprise ! Quelle aubaine, malgré tout ! On fit les préparatifs nécessaires pour un tel voyage, car le père Momo et ses enfants prétendument attaqués par Laïka allaient s'absenter pendant une semaine ou deux, en emportant la tête de Laïka dans leur bagage.

Il y avait tellement de choses invraisemblables à découvrir à la Capitale, tels que la circulation dense des voitures rapides et bruyantes que rythmaient les feux aux croisements des rues, les gestes synchronisés et les coups de sifflets assourdissants des agents de police, la foule, les immeubles de plusieurs étages, et bien d'autres nouveautés, que le temps passa si vite pour les Fatma et Momo Premier. Mais pour la mère Malika, l'absence de ses enfants semblait interminable. Elle était impatiente d'avoir de leurs nouvelles. Elle se faisait du mauvais sang là-dessus. De surcroît, elle était au neuvième mois de sa huitième grossesse, et se sentait emmurée avec deux de ses enfants et grand-mère, aussi, dont elle devait prendre soin.

Comme tout finissait toujours par se savoir dans un petit patelin comme le nôtre, le bruit autour de la rage hypothétique de notre Laïka était sur toutes les lèvres. Alors, on avait vivement conseillé la mère Malika d'aller avec grand-mère et les enfants visiter le mausolée d'un saint enterré dans les environs, qui était fort réputé pour prévenir et guérir la rage canine que l'on suspectait, à tort, d'avoir élu domicile chez-nous ! Aussitôt dit aussitôt fait ! Mère, grand-mère, Fatma Quatre, âgée de trois ou quatre ans, et Momo Deux qui n'avait qu'un an et demi, s'étaient embarqués dans la calèche de Mansour, un des jeunes neveux de grand-mère, qui les conduisit vers ce fameux marabout situé à une quinzaine de kilomètres de chez-nous. Le procédé thérapeutique ou préventif associé au saint et à son mausolée, consistait à se faire asperger avec de l'eau glaciale tirée du puits, qui est creusé dans un coin ombragé du jardin. Les pouvoirs miraculeux de ce saint étaient une croyance répandue dans la région ! Les visiteurs du marabout voient d'un bon œil le fait d'avoir le souffle coupé pendant quelques secondes au moment où ils se font asperger par l'eau glaciale fraîchement tirée du puits.

C'était vers la fin de décembre, peu de temps après sa visite antirabique au fameux tombeau du marabout, alors que le père Momo, les grandes Fatma et Momo Premier étaient encore en voyage curatif ou préventif selon ce que les tests allaient révéler, que la mère Malika fut prise de douleurs gravidiques et donna naissance à son huitième bébé. En l'absence de père qui se chargeait toujours de nommer les nouveau-nés dans la famille, grand-mère se substitua à son fils et donna au bébé le même prénom que son grand neveu qui les avait récemment conduits aux lieux bénits du marabout aux pouvoirs miraculeux contre la rage canine. C'était ainsi que Momo Trois était venu au monde au sein d'une famille hors norme.

Chapitre VII

(Qu'il est moche !)

La mère Malika terminait tant bien que mal sa courte convalescence après l'accouchement. Elle se reposait dans le grand lit à baldaquin où couchaient d'habitude tout près d'elle ses enfants jusqu'à l'âge de trois ou quatre ans, avant d'aller dans le deuxième grand lit à l'autre bout de la chambre rejoindre les grands frères et les grandes sœurs, et où l'on dormait parfois tête-bêche.

Le père Momo, les trois grandes Fatma, et Momo Premier venaient de rentrer de la Capitale. Tout le monde se félicitait qu'ils aient été déclarés sains et saufs à l'Institut Pasteur, et que l'histoire de la rage ne fut qu'une psychose générale, une panique mal-contrôlée, voire, un malin prétexte enfantin pour profiter d'un voyage à Tunis.

A leur arrivée, les enfants crièrent ensemble 'Maman ! Maman !' et s'engouffrèrent vite dans la grande chambre familiale réchauffée à l'aide d'un brasier en terre cuite dont les braises rougeoyantes commençaient à se couvrir d'une fine couche de cendres argentées. La chambre sentait le capiteux parfum traditionnel de l'accouchement, de l'allaitement, et d'un mélange enivrant de cannelle, d'ambre, de noix de muscat, de benjoin, d'huile d'olive vierge, et de toute sorte d'épices, que préparaient avec tant de soin et d'amour les mamans qui s'apprêtaient à accoucher. L'air de la chambre était saturé d'une senteur de musc, exotique et familière, qui fit naître une vague mélancolie dans les petits cœurs des enfants qui étaient très surpris de voir leur mère alitée près du nouveau-né.

- Approchez pour que je vous embrasse, mes enfants chéris, leur demanda faiblement la mère Malika.

Fatma Première qui devait avoir onze ou douze ans à cette époque s'avança hardiment, suivie de Momo Premier et des deux autres Fatma. Après les avoir embrassés tendrement et avoir caressé leurs visages empourprés et leurs cheveux ébouriffés, la mère Malika leur demanda comment trouvaient-ils leur petit frère de deux ou trois jours ? Après quelques hésitations embarrassées, Fatma Première toisa la petite boule qui dormait tranquillement aux côtés de sa maman, et s'écria impulsivement et catégoriquement comme si elle boudait et parlait au nom des autres fraîchement débarqués de Tunis :

- Qu'est-ce qu'il est 'moche' ! Il est vraiment 'moche'.

La mère Malika fut très surprise et se sentit même un peu vexée, l'espace d'une seconde. Mais elle se détendit spontanément et en rit à s'en tenir les côtes.

- Ah, ah, ah ! 'Moche ?' Je vois bien que votre vocabulaire s'est amélioré pendant votre voyage ! Remarqua-t-elle. 'Moche' n'est pas de chez-nous, ma fille. Ce sont les gens de la ville qui disent ça. Tu veux dire que le bébé n'est pas beau ? Regardez-le bien, c'est un petit ange, idiote !

- Moche ! Moche ! Crièrent tous les enfants à l'unisson.

Mais, leur mère rigolait de plus belle de leur feinte indignation parce qu'elle était persuadée qu'ils ne disaient cela que par vantardise, en montrant qu'ils parlaient comme les citadins qu'ils avaient fréquentés à Tunis ! Mère finit par leur lancer, en riant toujours : 'Ils ont déteint sur vous, les Tunisois, hein ?'

Le père Momo s'esclaffait, lui aussi, de l'effronterie naïve et de l'air prétentieux de ses enfants. Tout de suite après, il demanda à haute voix en s'asseyant sur sa chaise en bois :

- Bon taisez-vous un peu ! Aux choses sérieuses maintenant ! Nous allons lui trouver un prénom qui irait avec son signe zodiacal !

Au même moment, Grand-mère Douja, entrant dans la grande chambre familiale, entendit la remarque de son fils et voulut dire quelque chose, mais les enfants se jetèrent à son cou aussitôt et la couvrirent de baisers en lui parlant tous ensemble de leur voyage et des merveilles de la grande ville lointaine, de ses habitants, de ses rues goudronnées et aspergées d'eau dès les premières heures du matin, de son trafic routier, du bruit incroyable de son tramway et de ses voitures, de ses agents de police postés aux intersections des rues tels des girouettes, qui sifflaient sans arrêt, de l'animation incessante, et des feux de circulation qui ressemblent à des bras lumineux qui s'élèvent et s'abaissent automatiquement à des intervalles réguliers pour stopper ou laisser passer les voitures vrombissantes et les calèches rapides tirées par des chevaux admirablement enguirlandés.

Le père Momo, légèrement impatienté, cria encore :

- Bon, un peu de calme ! Taisez-vous maintenant ! On va réfléchir et donner un nom convenable au nouveau-né !

Grand-mère se dégagea un instant de tout ce brouhaha et dit à son fils, 'Je l'ai déjà prénommé Mansour[1] pour qu'il vous porte bonheur.

C'est aussi notre souhait que cela rende ses sœurs et son frère victorieux contre la rage pendant leur absence à Tunis'.

Le père Momo, ébahi, écarquilla les yeux, et lui demanda d'un ton contrarié :

- 'Mansour ? Mais pourquoi ? Ah oui, je comprends,' ajouta-t-il après quelques secondes de réflexion. 'Mais tu l'as sans aucun doute nommé après ton chéri de neveu, Mansour. Lui aussi d'ailleurs ne jure que par ton nom car tu lui rappelles son père !' conclut-il non sans une pointe d'ironie que sa mère trouva déplacée.

- C'est peut-être vrai ; mais c'est une raison supplémentaire, si tu y tiens ! se défendit-elle en boudant ostensiblement la remarque de son fils.

La mère Malika et les enfants restèrent silencieux. Le père Momo ajouta après un lourd silence :

- Mais, tu sais très bien que c'est toujours moi qui trouve le prénom convenable à chacun des nouveau-nés, selon son signe astral ! Pourquoi cet empressement ? Tu aurais dû attendre mon retour de la Capitale !

- 'Bon, je ne savais pas combien de temps vous allez rester là-bas' rétorqua grand-mère, en secouant légèrement la tête pour exprimer son embarras et sa déception. Mais, elle enchaîna immédiatement, 'Et puis, et puis, moi, j'ai voulu que le nouveau-né avec ce beau prénom – Mansour – soit de bon augure pour vous, là-bas, comme je viens de t'expliquer.

---

[1] L'équivalent de VICTOR

J'ai prié pour que ses sœurs et son grand frère puissent vaincre la peur et la maladie et rentrer à la maison sains et saufs – bien victorieux !

Avant que grand-mère n'eût terminé son explication, le père Momo avait déjà pris un air méditatif en marmonnant des paroles indéchiffrables. Dans un silence auguste, il s'abîma corps et âme, pendant quelques instants, dans des calculs astrologiques compliqués, dont le but est de trouver le signe zodiacal sous lequel est né le bébé, en remuant ses lèvres qui livraient pour lui seul le secret derrière un chapelet inextricable de chiffres et de lettres à peine audibles. Le père Momo a l'habitude d'examiner les valeurs numériques des lettres qui forment les prénoms et du bébé et de la mère, puis de se livrer à d'interminables additions, multiplications, et soustractions, selon un procédé appris dans d'anciens manuscrits poussiéreux dont les pages jaunies avaient été abîmées par les termites et les années, et qu'il rangeait soigneusement dans sa petite bibliothèque privée, en haut de son armoire.

La concentration visible et l'air oraculaire de père Momo firent tomber un silence dramatique sur tous les occupants de la chambre familiale qui se transforma, en un court laps de temps, en une scène de théâtre où allait se jouer sans doute le destin du nouveau-né – appelé Mansour, mais qui pour l'économie de l'histoire portera le nom de Momo Trois, car il est le troisième garçon de la famille.

- 'Voilà, ça y est. C'est un Poisson' s'écria le père Momo en sortant tout à coup de sa transe digne d'un oracle Grec ou d'un thaumaturge Babylonien ! 'Il est du signe du poisson' le nouveau-né !' poursuivit-il en s'étalant sur les atouts et les embuches d'un tel signe. 'Bon ce n'est pas mal du tout. Il saura se débrouiller dans le monde. Il est doué d'un grand sens d'adaptation. Cependant, il n'aura pas beaucoup d'amis, car il est assez avare, très solitaire, et hypersensible, voire susceptible. Pourtant, il a un grand cœur et aime les gens. Il pourra amasser une grosse fortune, et pourtant, il n'en profitera pas beaucoup à cause de son avarice justement et de ses tendances d'anachorète. Côté santé, il aura des problèmes d'estomac, de glandes, d'ossature, et peut-être de reins, aussi.'

- Arrête ! Tais-toi ! Laisse le bébé tranquille avec tes chinoiseries, mon fils ! Mon Dieu, quel présage, tu lui réserves !' s'exclama grand-mère spontanément d'un ton autoritaire et agacé.

La mère Malika ne souffla mot. Elle était visiblement fatiguée et attendrie. Elle se pencha doucement sur son bébé, l'embrassa tendrement, le prit dans ses bras, et le serra contre sa poitrine pendant un long moment, tout en murmurant des prières à peine audibles afin de le protéger contre tous les maux, imaginables et inimaginables.

- 'Ce n'est pas moi qui dis ça. C'est son signe,' se défendit le père Momo en ajoutant, 'Le Poisson est chanceux dans la vie, mais il doit s'habituer au fait qu'il est souvent désiré et puis repoussé. C'est ça son plus gros problème dans la société. Les gens l'aiment et le détestent à la fois.'

Puis après, le père Momo expliqua en long et en large ses théories du comportement humain fondées sur sa connaissance de l'astrologie. Il donna, en l'occurrence, un exemple didactique précis en se référant au vrai poisson dont on aime bien la chair, mais qu'on ne cesse de critiquer à cause de ses écailles qu'on doit nettoyer soigneusement, de ses arêtes qu'on évite d'avaler, et de sa forte odeur dont il faut se débarrasser aussitôt après l'avoir cuit et mangé.

Les enfants, charmés par la voix redondante et enrouée de leur père et par ses explications savantes, voire, hermétiques par moment, se mirent aussitôt à lui réclamer bruyamment de leur raconter à chacun son signe zodiacal et l'avenir qu'il lui réservait. Le père Momo résista à la demande surexcitée de ses enfants, comme d'habitude, en leur demandant de se taire et de le laisser tranquille, tout comme il le fait souvent quand il n'est pas de bonne humeur, mais il finissait presque toujours par céder et par répéter les mêmes profils zodiacaux et les mêmes prédictions pour ses enfants avides de connaissances surnaturelles.

Leur grande excitation et leur vive clameur ne se calmaient que lorsque le père Momo commençait à épeler à haute voix le premier prénom de ses enfants, en l'occurrence, celui de Fatma Première, en désignant une valeur numérique spécifique pour chaque lettre de son prénom. Cette gymnastique astrologique familiale devenait au fil des ans l'un des passe-temps favoris des enfants, de toute la famille, et même à l'occasion, un divertissement improvisé pour les invités dont certains restaient soit incrédules, soit indifférents, mais dont la plupart, en tout cas, ne manquaient pas de tomber sous le charme de la prestidigitation de père Momo.

Alors on découvrait, au fur et à mesure et au fil des ans, qu'une sœur était de la Vierge, mais que père désignait plutôt 'd'épi de blé' selon son répertoire à lui ; qu'une autre sœur était du Verseau ; qu'une troisième du Taureau ; qu'une quatrième de l'épi encore ; qu'une cinquième du Sagittaire, qu'il désignait plutôt 'd'arc cintré,' en ajoutant à chaque fois, 'comme sa mère, n'est-ce pas ?' pour faire allusion à la mère Malika qui est de ce signe ; qu'un frère avait le signe du Taureau ; qu'un autre celui du Bélier ; qu'un troisième celui du Poisson, alors que dans le zodiac habituel il serait du Capricorne puisqu'il est né après le 21 décembre ; qu'un quatrième était du Capricorne, lui aussi ; qu'un cinquième du Sagittaire mais non de l'arc ; que les jumeaux de la Balance ; qu'un huitième du Bélier ; qu'un neuvième du Taureau ; et qu'un dixième du Verseau.

Pour des raisons subjectives et biaisées sûrement, le père Momo semblait être bien soulagé de ne rencontrer ni Scorpion ni Cancer parmi les signes de ses enfants. Il n'avait pas l'air de bien s'entendre avec ces deux signes du zodiaque !

Il disait à chacun de nous ses mérites et ses tares sans ménagement. Il invectivait cette sœur cupide et matérialiste, pour la simple raison qu'elle était Taureau, mais qui pouvait se montrer généreuse et affectueuse aussi, concluait-il. Il ménageait une autre de ses filles parce qu'elle était Vierge, 'non plutôt 'épi de blé,' rectifiait-il ; donc elle symbolisait les bienfaits de la terre – fertilité, nourriture, et opulence, mais qui était aussi terre-à-terre incapable de croître intellectuellement, pensait-il. Il craignait et admirait secrètement tel fils du fait qu'il fût du même signe que lui, le Bélier. Coléreux, intrépide, et fier. Généreux, ambitieux, et intellectuel. Le père Momo aimait, mais, critiquait tel autre fils parce qu'il est du Poisson : riche mais avare, subtil et misanthrope, et qu'il traitait de 'Sar pourri,' lorsqu'il s'emportait contre lui.

Chapitre VIII
(Petit lézard)

Vers l'âge de quatre ou cinq ans, Momo Trois eut un abcès à la tête, qui ne voulait pas guérir. La mère Malika avait essayé tous les remèdes traditionnels depuis les cataplasmes à base de cendre de charbon de bois jusqu'au médicaments des plus évolués comme le mercurochrome et les pommades de toutes les couleurs, mais en vain. Le furoncle infectait une grande partie du côté gauche de la tête de Momo Trois et suintait au moindre contact. L'abcès l'empêchait parfois de dormir d'un sommeil tranquille. Ses gémissements réveillaient sa mère qui allait le bercer doucement en faisant attention de ne pas perturber le sommeil de ses autres frères et sœurs. Pendant de longues semaines, Momo Trois souffrait stoïquement, mais sans ressentir aucune amélioration. La douleur causée par cette infection devenait de plus en plus insupportable et le furoncle gagnait en étendue sous le cuir chevelu de Momo Trois en causant un dépérissement et une chute de cheveux alarmants au niveau de la partie atteinte. Un jour, à la vue de l'état de l'infection, une parente éloignée conseilla la mère Malika de recourir au remède du lézard ! La mère Malika n'avait jamais entendu parler du remède du lézard, mais elle était prête à tout essayer pour guérir le douloureux bobo de son enfant. Le remède consistait à appliquer un petit lézard vivant fraîchement éventré directement sur l'abcès et à le laisser là pendant plusieurs heures, voire, une journée entière.

Momo Trois était en train de jouer dans le grand jardin familial, quand brusquement, un voisin accompagné de quelques membres de la famille s'avança vers lui, le ceintura, et aidé par un jeune cousin, le ligota, et toujours sans rien dire malgré les cris et les coups des poings et des pieds de Momo Trois, sortit de sa blouse grise un tout petit lézard gris, jaune, et verdâtre tout frétillant qu'il éventra d'un seul coup de rasoir. Il l'appliqua aussitôt sur la plaie et banda le tout avec un morceau d'étoffe autour de la tête de Momo Trois qui se débattait toujours en sanglotant et en criant au secours, mais en vain. Ses cris de douleur et ses sanglots de frustration se perdaient dans le grand jardin et s'entendaient dans tout le quartier, mais il ne pouvait rien faire pour se débarrasser de l'affreuse créature qu'on venait de lui coller au crâne endolori. Momo Trois se sentait mal de douleur, de peur, et d'écœurement. Comme il menaçait de défaire le bandage autour de la tête, on lui ligota les mains afin de l'en empêcher, jusqu'à ce que la fatigue et le sommeil le firent tomber dans les bras de Morphée.

Le lendemain au réveil, la mère Malika débarrassa son enfant du pansement et du lézard tout recroquevillé. La plaie était purulente mais semblait moins douloureuse, car elle avait visiblement suppuré abondamment pendant la nuit. On ne sut jamais si la suppuration était le résultat de l'affreux remède du lézard éventré ou bien si c'était l'effet du pansement trop serré autour de la petite tête de Momo Trois. Toujours est-il que la douleur diminua sensiblement quelque temps après, l'abcès fut crevé définitivement et se cicatrisa relativement vite ; mais aucun cheveu ne repoussa plus jamais à l'endroit de la cicatrice où la partie du cuir chevelu de la grosseur d'un médaillon était devenue lisse au fil du temps. Fatma Quatre, Momo Deux et Momo Trois aimaient passaient le clair de leur temps à jouer dans le grand verger juste derrière la maison familiale. Ils trouvaient toujours quelque passe-temps passionnant qui les occupât pendant des heures et des heures sans s'ennuyer, ou un jeu puéril hilarant qui leur fît oublier la soif et la faim des jours sans pain. Ils s'amusaient à grimper, parfois, sur les branches solides d'un grand figuier au beau milicu du jardin et, haut perchés et rendus invisibles par les grandes feuilles de l'arbre, ils se mettaient à déféquer allègrement en jetant de temps à autre des coups d'œil curieux, amusés, et émerveillés sur la chute discontinue des défécations qui s'écrasaient au sol et dont les éclaboussures formaient des auréoles semblables à des peintures surréalistes multicolores. Ils appelaient ces insolites jeux d'enfants 'Les Chutes.'

Chapitre IX

(Campagne enchanteresse)

Dès le mois d'avril, les frelons et les abeilles commençaient à essaimer dans notre jardin et à butiner sous les chauds rayons du soleil les fleurs jaune canari des nopals, les bourgeons mauves des chardons, les marguerites blanches, les pâquerettes jaunâtres, les roses, et les roses trémières. Les frelons reines avaient une tête rouge et quatre taches jaune-orangé, deux à deux, sur l'abdomen. Leur piqure faisait horriblement mal ; mais elles ne mouraient pas comme les abeilles après nous avoir planté leur dard douloureux dans la peau de la main. Les frelons mâles, eux, se distinguaient des reines par leur tête noire et par deux taches jaune-canari seulement disposées côte-à-côte sur l'abdomen. Ceux-là n'avaient pas de venin et leur piqure n'était qu'un simple picotement anodin. C'était pourquoi ils nous attiraient davantage que les femelles dans notre jeu puéril qui consistait à en attraper un, à l'attacher par la taille au bout d'une longue ficelle fine, et à le faire voltiger au-dessus de nos têtes tout en courant parmi les amandiers en fleurs ou dans la rue où les passants prenaient peur parfois et pressaient leurs pas à cause de notre frelon captif qui bourdonnait et tournoyait au bout d'une fine ficelle blanche presqu'invisible.

Une fois lassés du jeu, nous rangions notre frelon dans une boîte d'allumettes pour l'exhiber fièrement aux copains du quartier, plus tard. Lorsqu'il nous arrivait d'attraper un frelon reine sans nous faire piquer, c'était un exploit digne de tous les éloges ; exploit dont

Momo Trois, en particulier, pouvait à juste titre se vanter. Avec adresse, prudence, et célérité, il plongeait, un grand morceau de papier à la main, directement sur la reine dès qu'elle enfonçait sa tête dans le cœur de la fleur, et l'attrapait d'un seul coup. La saisissant délicatement, mais fermement, entre l'index et le pouce, alors qu'elle se tortillait dangereusement pour le piquer, Momo Trois n'avait plus qu'à passer prudemment le nœud coulant de la ficelle autour de la taille de sa captive, à enrouler l'autre bout sur son index, et à laisser sa reine ainsi attachée voltiger çà et là en bourdonnant agréablement au-dessus de sa tête.

Dans la campagne alentour, les oliviers juchaient sur des collines arrondies peu élevées et dans de petites parcelles en contrebas desquelles se dégageait une senteur exquise de terre fraîchement labourée, qui se mêlait au parfum de mille et une fleurs qui embaumaient l'air et nous enivraient pendant nos pérégrinations champêtres. Des nuées de tout petits oiseaux furtifs ou insouciants nous tenaient souvent compagnie. En hiver, apparaissent dans les oliveraies et dans le ciel bleu de notre campagne des nappes sombres et ondulantes d'étourneaux migrateurs. Semblables à des essaims de sauterelles, ces petits oiseaux gris foncé et mouchetés sillonnaient les airs dans tous les sens, obscurcissaient le ciel par leur vol nombreux et compact, et s'abattaient irrémédiablement sur les oliviers dont ils dévoraient les fruits noirs et luisants qu'ils avalaient entiers instantanément.

Quand bien même les étourneaux causeraient le malheur des oléiculteurs, ils n'en faisaient pas moins le bonheur des chasseurs qui les attrapaient dans leurs filets géants à la tombée de la nuit et les vendaient le lendemain matin, attachés par leurs pattes, par grappes de quatre, de six, et de douze. Les étourneaux étaient la bête noire des agriculteurs en général et des oléiculteurs en particulier car ils faisaient des ravages inouïs dans leurs récoltes d'olives.

Au printemps, et en été surtout, d'innombrables autres passereaux merveilleux animaient notre campagne ; comme les rouges-gorges, les roitelets, les pinsons, les chardonnerets, les serins, les fauvettes, les merles au bec très jaune, les gobe-mouches gris frivoles, les mésanges bleues et les mésanges charbonnières, les bergeronnettes printanières et les bergeronnettes grises qui se posaient sur les branches d'amandiers ou sur les feuilles de cactus en basculant rythmiquement leurs queues de haut en bas et de bas en haut, les perdrix qui couraient dans les sillons suivis de près par leurs petits tout ronds qui se confondaient avec les mottes de terre fraîchement retournées par le laboureur, les tourterelles et les pigeons, les piverts accrochés aux troncs d'oliviers picorant des insectes bruyamment à coups de becs inlassables, les alouettes surgissant du sol ou planant fixement au zénith au-dessus de nos têtes, et les huppes bigarrées, dont les vols furtifs ou lourds, dont les couleurs saisissantes ou mornes, dont les gazouillements mélodieux ou assourdissants, et dont les apparitions éphémères ou prolongées, nous émerveillaient toujours.

Même les mouettes, isolées ou par petites nuées, les flamants roses en vol nombreux, et les flopées de cigognes évoluant en forme de gigantesque V onduleux tapissant le ciel bleu, survolaient parfois notre forêt d'oliviers et retournaient, presque par enchantement, soit à la mer toute proche, soit vers d'autres horizons lointains.

Curieusement, les cigognes changeaient de chef de file volant à la pointe de leur formation en V, presque aussitôt qu'on leur lançait à tue-tête 'Votre chef de file est borgne !' Changez-le !' 'Votre chef de file est borgne ! Changez-le !' Sitôt dit sitôt fait, et voilà tout à coup, la tête de file ralentissait et une autre cigogne la remplaçait pour quelque temps jusqu'au prochain changement qui ne tardait pas à avoir lieu, car c'était la manière habituelle des cigognes de se relayer ainsi à intervalle régulier pendant leur long vol migratoire. Mais, cela nous amusait follement de jouer à ce jeu avec les cigognes voyageuses dès que nous les apercevions au-dessus de nos têtes, traverser d'une saison à une autre le ciel de nos rêves d'enfants. 'Hé ! Votre guide est borgne ! Prenez-en un autre !' Et, à notre grande joie, cela réussissait presque à tous les coups, les voilà qui changeaient leur chef à la pointe de leur vibrant vol en V majuscule.

Seuls les chats-huants et les chouettes, oiseaux de mauvais augure selon les dires des adultes, nous répugnaient à cause de leur 'hou ! hou ! hou !' qui retentissait lugubrement dans les airs dès la tombée de la nuit ; ces rapaces, mi-chats mi-humains, apparaissaient, au crépuscule, furtivement sur les toits des maisons, ou perchés aux faîtes des caroubiers, des oliviers, ou des amandiers, et nous effrayaient avec leurs cris lugubres qui nous rappellent les superstitions colportées à leur sujet.

Les moineaux, les chauves-souris, les martinets, et les hirondelles, eux, étaient invisibles à la campagne. Ces oiseaux-là ne nichaient jamais dans les arbres et ne s'aventuraient guère loin des murs de la ville. Les tourterelles, elles au contraire, avaient tendance à faire leurs nids un peu partout. Elles pouvaient facilement élire domicile dans divers lieux, crevasses murales, haies de cactus, caroubiers, oliviers, figuiers, grenadiers, amandiers. Elles donnaient l'impression d'être pressées d'avoir un nid quelque part. Quelques brindilles d'herbe sèches ou de fines branches jetées pêle-mêle dans le creux d'une feuille de cactus ou d'un tronc de caroubier suffisaient à la pigeonne pour faire son nid et pondre une paire d'œufs tout blancs gros comme une amande non décortiquée, desquels sortiraient deux petits oisillons totalement nus au bout de deux ou trois semaines.

D'autres oiseaux tels que les chardonnerets, les serins, les fauvettes, ou les rouges-gorges construisaient leurs nids avec plus de soin et pondaient plusieurs œufs mouchetés d'une plus petite taille. Les alouettes, elles, nichaient sur les hauteurs des collines voisines où la femelle pondait ses œufs mouchetés dans une alvéole au sol qu'elle aménageait en nid feutré en la tapissant de fines herbes sèches et douillettes.

On avait coutume de voir au printemps revenir les mêmes hirondelles pour faire leurs nids aux mêmes endroits de l'année précédente. Chez nos cousins, dont la maison est mitoyenne de la nôtre, les hirondelles revenaient tous les ans construire leur nid presque au même endroit, dans le vestibule qui ouvrait sur une grande cour à ciel ouvert. Leurs gazouillements monocordes et leurs vols incessants au début du printemps piquaient toujours notre curiosité pendant leur emménagement. Elles portaient dans leurs tout petits becs gris de minuscules quantités d'adobe, de boue, et de paille qui servaient à la confection géniale de leur nid en forme d'entonnoir qu'elles collaient solidement dans une encoignure du plafond et du mur.

Nous admirions les hirondelles presque religieusement et ne pensions jamais à les inquiéter, et encore moins, à leur faire du mal, ou à détruire leur nid, ou à les attraper, parce qu'on racontait qu'elles revenaient toujours des terres saintes de la Mecque. D'ailleurs, si par hasard une hirondelle tombait dans les mains de quelqu'un, il devait lui enduire les ailes et la tête soigneusement avec un peu d'huile d'olive et la relâcher aussitôt pour qu'elle intercédât en sa faveur, une fois de retour dans les lieux saints. On ignorait pourquoi les hirondelles étaient considérées comme des envoyées mecquoises par excellence.

Nous connaissions par cœur presque tout sur les passereaux des villes et les passereaux des champs. Notre connaissance en ornithologie était gratifiée par un jeu de cartes qu'on jouait discrètement dans la cour de l'école à la récréation ou tapageusement dans notre rue durant les vacances, et dont chaque carte représentait un très joli oiseau aux couleurs éblouissantes. Tous les passereaux de la grande série nous fascinaient et nous émerveillaient, d'autant plus qu'ils étaient très bien dessinés et coloriés, et dont la plupart d'entre eux nichaient dans nos amandiers et partout ailleurs à la campagne et sur les collines de notre enfance.

Momo Deux et Momo Trois, après avoir déchargé les branches et les quelques bûches d'oliviers dans le jardin contre le mur contigu de la maison, et libéré l'âne pour brouter un peu, ils avalaient un morceau de pain tout chaud trempé dans de l'huile d'olive, que la mère Malika venait de sortir du four traditionnel. Puis, ils réajustaient le bât et le harnais sur le dos de l'âne et repartaient paresseusement pour une autre navette campagnarde.

Momo Deux et moi, nous nous disputions pour un rien parfois. Chacun de nous deux voulait voyager à dos d'âne le premier ; ne pas faire tout le trajet à pied ; décider à quel niveau se trouve la moitié du chemin pour se relayer ; aller vite ou lentement ; et trente-six-mille autres prétextes. Toutes ces chamailleries puériles compliquaient énormément nos ententes et nos différends. Mais comme Momo Deux était mon aîné, j'avais toujours l'impression qu'il abusait de mon ignorance et de mon caractère timoré. Nous nous disputions sottement ; nous boudions ; et nous marchions devant nous sans nous parler pendant quelques centaines de mètres. Mais voilà, et comme par enchantement, nos rancœurs s'évaporaient très vite et nous oubliions nos querelles absurdes dès que l'un de nous avisait un épervier ou un aiglon voltigeant en plein ciel presque immobile au-dessus de nos têtes, et lâchait spontanément, 'Regarde ! Regarde ! en pointant du doigt le rapace immobile dans les airs prêt à fondre sur nous, ou sur une grosse perdrix et ses petits qui couraient dans les sillons des champs fraîchement labourés, ou sur un lièvre ou une gerboise bondissant dans les grandes étendues de blé en herbe.

En arrivant dans l'oliveraie, nous remarquions que le père Momo semblait, lui aussi, avoir oublié nos insolentes gesticulations et farces clownesques de la matinée. Il était en bas de l'olivier, cette fois-ci. Il semblait occupé à débarrasser l'énorme tronc de l'arbre d'une touffe dense et piquante de tiges parasites qu'il s'acharnait à arracher à coups de binette ou de hache.

Dès qu'il remarquait notre présence près de lui, il nous expliquait en haletant :

- 'Ces tiges qui poussent au niveau du tronc sont pour l'olivier ce que sont les tiques pour le chien. Elles parasitent l'arbre. Elles pompent la sève et ne donnent pas de fruits,' lâchait-il, entre deux grands coups de binette contre l'énorme tronc de l'olivier. 'Des parasites, vous dis-je !' répétait-il, en suant à grosses gouttes.

- 'Au fait, vous m'avez apporté ma gamelle ?' se rappela-t-il.

- 'Eh bien, non !' dit Momo Deux, un peu hésitant.

- 'Mais pourquoi ?' questionna père, en nous fixant de son regard perçant.

- 'Il n'y a que du pain et de l'huile.' me hasardais-je à souffler.

- 'Maman n'a pas encore terminé de préparer le repas,' rectifia Momo Deux, toujours fort en éloquence tactique.

- 'Bon ! Allez charger l'âne et revenez vite. N'oubliez pas mon déjeuner !' s'impatienta le père Momo visiblement éreinté et contrarié.

Le vent se leva, fit braire l'ânon et dispersa les tout petits rameaux parmi les fleurs sauvages à travers le grand champ d'oliviers.

Chapitre X

(La mère Malika)

La cueillette des olives commence vers la mi-octobre et dure jusqu'aux mois de février ou mars, si la récolte est bonne. Cependant, lorsque la mère Malika venait à manquer d'huile avant la saison, elle nous prenait avec elle à la campagne pour ramasser les olives que les vents et les premières pluies torrentielles de septembre auraient fait tomber sous les oliviers. Elle aimait à extraire de ces petites quantités d'olives ramassées précocement une huile délicieuse, parfumée, et légèrement amère, qui vous chatouille la gorge, et qu'on appelle communément 'Huile Octobri.' Souvent on la mangeait crue avec du pain traditionnel tout chaud ou avec une sorte de bouillie compacte et sucrée à base de farine de blé tendre que la mère Malika mettait longtemps à préparer sur un feu de bois. Enfants, nous adorions ces moments magiques semblables à des rituels anciens, quand la mère Malika s'affairait à la maison pour extraire l'huile d'octobre à l'aide de ses moyens rudimentaires, à savoir, une épaisse meule en granit artisanale constituée de deux parties lourdes et circulaires posées à plat sur une grande bâche ou sur une vieille peau de mouton dure complètement pelée dont elle ne se servait qu'une fois par an, uniquement pour cette besogne saisonnière. On ajustait les deux moitiés de la meule, en les superposant l'une sur l'autre. Un pieu métallique fiché au centre de la moitié inférieure ressort par un trou creusé au milieu de la moitié supérieure, dans lequel on fait tomber les olives pour les faire écraser. La mère Malika, relayée parfois par l'une de ses grandes filles, faisait tourner continuellement, péniblement la meule supérieure qui écrasait de son poids et de ses mouvements giratoires les olives qu'on jetait par petites poignées dans le petit puits creusé au milieu de la partie supérieure de la meule. La mouture noirâtre, épaisse, gluante, et luisante retombait sur la bâche ou la peau de mouton étendue sous le socle de la meule par petites quantités et allait au fur et à mesure remplir des bassines profondes que tous les enfants de mon pays connaissaient par cœur et appréhendaient parfois.

On nous faisait rentrer dans ces grandes bassines après nous avoir lavé les pieds au savon de Marseille, et on nous y laissait des heures à piétiner la pâte d'olive vigoureusement, inlassablement, jusqu'à l'apparition merveilleuse et tant attendue des petites flaques d'huile surnageant autour de nos mollets et à la surface de la pâte d'olive finement malaxée par nos petits pieds endurcis dont la peau virait au violet par l'effort de piétinement continu.

Au début, nous éprouvions du courage et de la fierté de descendre dans ces fameuses grandes bassines, mais nous désenchantions vite car lassés et énervés au bout de quelques minutes, surtout en pensant aux copains qui s'amusaient dans la rue. Alors on inventait toute sorte de prétexte pour être libéré aussitôt. Mais on ne nous laissait quitter les bassines que lorsqu'on estimait que notre travail fût terminé. Souvent, même le prétexte d'aller faire pipi ne fléchissait point les adultes qui connaissaient sur le bout des doigts tous nos petits mensonges. Coupant court à nos fausses alertes, ils se contentaient dans de tels cas de nous tenir le pot de chambre en nous demandant de faire très attention ! Cependant, nous retrouvions notre enthousiasme et notre fierté du début dès que l'huile apparaissait sous nos pieds, à la force de nos jarrets.

Lorsque la pâte d'olive commençait à livrer son secret, elle se ramollissait, devenait plus fine, et plus claire ; alors, l'huile pointait du nez entre nos orteils encrassés, meurtris, et luisants. La vue de l'huile à nos pieds et autour de nos mollets nous enthousiasmait et nous poussait à piétiner de plus belle et avec plus d'acharnement, en fredonnant à l'occasion un air ancien dont les paroles disaient naïvement quelque chose comme : Si on ne se fatigue pas à piétiner, la pâte d'olives restera crue, on ne pourra pas manger d'huile, la maman du paresseux portera des boyaux d'âne sur la tête et la maman du vaillant sera couronnée d'un diadème de velours.

C'était toujours avec un grand soulagement et un bonheur exquis d'apprendre que notre tour fut terminé et que la corvée touchait à sa fin. Si l'un de nous devait sortir de la bassine plus tôt que prévu, pour une raison ou une autre, alors, il se faisait remplacer par un frère ou une sœur, qui d'habitude rechignaient à mettre les pieds dans la pâte.

Une fois les longues séances de malaxage par piétinement terminées, la mère Malika nous lavait les pieds un à un et nous aidait à sortir du grand récipient qu'elle recouvrait et laissait reposer jusqu'au lendemain. Dès les premières heures du jour, elle mettait l'eau du puits à chauffer dans un grand chaudron en cuivre, lavait tous les ustensiles dont elle aurait besoin ce matin-là au savon blanc qu'elle avait l'habitude de fabriquer elle-même à base de soude et de vieille huile d'olive devenue non comestible, écopait l'huile qui avait décanté la veille dans les bassines, ensuite elle remplissait à moitié d'eau tiède le baril de zinc ou la barrique de bois, où elle plongeait par petites poignées la pâte d'olives foulée la veille. Après quelques instants, elle retroussait ses manches en révélant ses anciens tatouages en forme de fleur de lys et de croix ansées bleu foncé sur les avant-bras, plongeait profondément son bras dans le grand récipient, malaxait la mixture pendant quelques minutes, puis la laissait reposer pour que l'eau tiède fît son effet sur la pâte d'olives et chassât l'huile à la surface. La mère Malika souriante et concentrée, surveillait l'apparition des premières grandes taches d'huile à la surface de l'eau tiède, malaxait encore, attendait un peu, puis replongeait une longue spatule en bois lisse ou son bras tout mouillé et luisant, et mélangeait une dernière fois avant d'écoper toute l'huile ainsi remontée à la surface en couche épaisse, qu'elle versait dans une petite jarre adossée au mur à sa portée. Elle répétait les mêmes gestes plusieurs fois jusqu'à la dernière goutte d'huile.

Dès la fin de septembre, la mère Malika passait de longues heures, occupée de la sorte à extraire l'huile d'olives ramassées avant la saison. Une fois son huile engrangée, elle se débarrassait de la margine tout naturellement en l'utilisant pour l'arrosage de ses plantes, et mettait les noyaux concassés à sécher au soleil pour servir à allumer le feu dans le braséro pendant les froides soirées d'hiver.

Comme il est de coutume dans les milieux fermier et paysan que 'Rien ne se perd, tout peut servir à quelque chose,' l'olivier et ses fruits ont des vertus insoupçonnées qui font le bonheur de tous. L'olivier donne un bois recherché dont on fabrique des meubles, ou que l'on transforme en charbon pour se chauffer pendant les soirées d'hiver ; ses feuilles et fins rameaux fraîchement coupés servent de fourrage et ses grosses tiges de chaumes pour les huttes et les étables ; son fruit a des bienfaits innombrables. La pulpe produit l'huile, d'abord, et puis une fois séchée, elle est mélangée à la pâte de pain traditionnel ou donnée au bétail lorsqu'elle est produite en grande quantité par les presses d'huile locales ; les noyaux écrasés sont des combustibles recherchés qui vont généralement dans les fours des boulangers ou dans les braséros domestiques où ils ont l'avantage de rester longtemps chauds et rougeâtres. Pendant les froides soirées, la mère Malika faisait cuire dans le braséro incandescent une quantité de choses délicieuses, tels que des œufs durs, des pommes de terre, et des châtaignes exotiques. Le crépitement intermittent du braséro nous amusait, nous faisait saliver, et nous mettait en alerte espiègle.

A mesure que les châtaignes crépitaient allègrement ou que les pommes de terre pétaradaient sourdement sous les cendres du braséro comme pour nous distraire et nous subjuguer avec leurs appels sonores ou chuchotés, la mère Malika continuait de nous conter des histoires de fées peuplées de djinns, de sorcières, de voyageurs solitaires, de brigands, de contrées lointaines, de monts et vallées, de mariages forcés, d'ogres et d'ogresses, de métamorphoses miraculeuses, et de princes et de princesses, lesquelles histoires nous mettaient presque en transe par leurs charmes, nous étonnaient par leurs miracles, nous émerveillaient par leurs sortilèges, et nous faisaient parfois pleureur ou frissonner à cause des injustices subies par le protagoniste qui était souvent un orphelin lésé, martyrisé, emprisonné par une marâtre impitoyable, un roi sanguinaire, ou une méchante sorcière.

On frissonnait de peur tout en fermant les yeux sous de lourdes couvertures blanches et brunes de laine de mouton quand la voix de la mère Malika imitait, par exemple, l'ogre qui menaçait les sept pucelles qui avaient été emmurées par leur père, un riche marchand, afin de les protéger au sein d'une tour imprenable, avant son long voyage à la Mecque. La voix de notre mère muait alors étrangement en imitant les menaces de l'horrible ogre qui se rendait tous les soirs devant la tour des sept jeunes filles pour les terroriser en scandant lugubrement la rengaine :

'Sept pucelles dans une tourelle,

A la nuit tombée je reviendrai

Délicieusement les dévorer.'

'Sept pucelles dans une tourelle,

A la nuit tombée je reviendrai

Délicieusement les dévorer.'

Le conte qui nous faisait vraiment verser de chaudes larmes était, sans nul autre pareil, celui de la jeune fille appelée 'Winni-Winni' que sa méchante marâtre égorgea impitoyablement, coupa en morceaux, et prépara comme repas pour son père et son frère.

Métamorphosée tantôt en rossignol tantôt en hirondelle, l'âme de la pauvre Winni-Winni prit l'habitude de venir se poser sur le toit de la maison et chanter tristement la litanie dont le refrain résumait sa tragédie ; jusqu'au jour où son frère, inspiré par l'air mélancolique du bel oiseau, comprit d'emblée, intuitivement, l'ampleur de l'histoire tragique de sa sœur disparue sans laisser de traces. Le rossignol chantait alors :

Je suis Winni-Winni

Ma belle-mère m'a tuée

Et m'a découpée en petits morceaux

Mon père a mangé de ma chair

Mon frère m'a ramassée osselet par osselet

Et m'a ensevelie sous le vert figuier.

Je suis Winni-Winni

Ma belle-mère m'a tuée

Et m'a découpée en petits morceaux

Mon père a mangé de ma chair

Mon frère m'a ramassée osselet par osselet

Et m'a ensevelie sous le vert figuier.

On avait grandi bercé par la morale de mille et une histoires les unes plus incroyables et plus merveilleuses que les autres que mère aimait à nous raconter, pendant les longues soirées d'hiver, blottis bien au chaud dans son grand lit à baldaquin aux lourds rideaux pourpres, avant de nous laisse gagner par le sommeil. Parfois, on dormait avant la fin et le soir d'après, on réclamait fébrilement de savoir comment s'était terminée l'histoire de la veille avant de nous laisser en conter une autre.

Les contes de la mère Malika nous avaient ouvert les yeux sur le bien, le mal, la ruse, l'amour, la justice, l'injustice, la haine, la méchanceté, la bonté, la bravoure, la peur, le mystère, la patience, et le destin, et bien d'autres choses encore. Bien que mère fût un tantinet mélancolique, voire poétesse romantique méconnue, et une grande conteuse d'histoires, elle n'en était pas moins réaliste, courageuse, charitable, et pleine d'abnégation et d'amour. La vraie nature de la mère Malika avait été parfaitement résumée, d'une manière posthume, par sa fille cadette, Fatma Cinq qui avait vécu auprès d'elle plus longtemps que ses autres filles : 'Notre mère a grandi dans une grande famille aisée. Mais orpheline de père et de mère à un âge précoce, elle a dû être élevée tant bien que mal par Gazelle, une belle-sœur difficile, acariâtre, et âpre au gain. Mais heureusement elle avait son frère aîné qui était attentionné et aimant. Enfant, notre mère a dû ressentir autant de frustration que d'amour, de solitude que de partage. Elle était sensible, patiente, sage, et charitable. De son vivant, nous avons sans aucun doute représenté tout pour elle. Nous étions tout son monde à elle. Paix éternelle à son âme immaculée !' disait souvent Fatma Cinq d'une voix étranglée par l'émotion.

Le père Momo faisait rarement partie de nos réunions nocturnes, pour la simple raison qu'il ne croyait pas à ces genres d'histoires qu'il qualifiait de mythes puérils et faisait semblant qu'il était plus terre-à-terre, alors qu'il paraissait souvent distrait et inattentif, plongé dans ses rêveries peuplées de révolutionnaires idéalistes, de théories pseudo-scientifiques, et surtout préoccupé par les scénarios possibles de ses procès contre X ou Y, qui n'en finissaient pas.

La mère Malika était très occupée du matin au soir. Elle avait toujours quelque chose à faire, les grands lits à dépoussiérer, des vêtements à raccommoder, du linge à laver, la cour à balayer, les lourdes couvertures à sortir et à mettre au soleil, les chambres à ranger, la pâte à pétrir pour le pain presque quotidien, le repas à préparer, le four artisanal à allumer avec des brindilles de cactus et des branches d'oliviers sèches, la vaisselle, la toilette des enfants, et mille et une autres tâches ménagères encore, dont elle se chargeait toute seule et sans se plaindre, la plupart du temps.

Vers la fin de l'après-midi, elle se livrait à l'une de ses activités favorites quand elle en avait le temps. Elle sortait son attirail de fine crocheteuse qui consistait en un ensemble d'aiguilles spéciales crochues, de bobines de fil blanc très fin, et de tout petits boutons noirs. Elle passait de longues heures à crocheter des pièces d'ornement prévues pour des bustes de chemisettes traditionnelles pour femmes, aux motifs en rosaces, en fleurs de lys, en arabesques, et en figures géométriques compliquées ressemblant à de minuscules mandalas harmonieux. Tout en maniant l'aiguille et le fil habilement, lestement, et continuellement, elle fredonnait des airs plutôt mélancoliques.

Ses filles ne commencèrent à l'aider, l'une après l'autre, que lorsqu'elles eurent atteint l'âge de dix ou douze ans. A l'exception des deux dernières, Fatma Quatre et Fatma Cinq, qui étaient très proches de leur mère et qui, dès l'âge de sept ou six ans, poussées par un sentiment mêlé d'amour, de pitié, et de solidarité féminine, se jetaient littéralement, corps et âme, sur les tâches ménagères afin de décharger une mère débordée, exténuée par de nombreuses grossesses et par des accouchements rapprochés.

Le père Momo ne semblait pas se soucier de tant de misères domestiques. Il avait ses propres soucis ailleurs. L'une des scènes qui avait marqué Momo Trois à l'âge de quatre ans environ, consistait en une mère affolée qui cherchait à se réfugier dans la chambre familiale en fuyant la sombre silhouette d'un père en colère.

Le petit Momo Trois s'arrêta soudain de jouer dans la cour de la maison et, ne sachant ni comment ni pourquoi, il se précipita à l'intérieur de la chambre en collant à sa mère qui s'y engouffra, elle aussi, claqua la porte derrière elle et la verrouilla avec le grand loquet en fer. On entendit le père Momo cogner violemment à la porte, puis le bruit de ses pas qui s'éloignaient à travers la cour. Soudain, la mère Malika s'affaissa sur les carreaux du sol et fendit en larmes. Momo Trois, apeuré, se mit à pleurer lui aussi ; puis, il se blottit contre sa mère qui continuait à pleurer en silence. Elle pleurait sans arrêt et lui aussi tout en se serrant contre elle, ne sachant pas pourquoi, bien qu'il eût le cœur brisé de voir sa mère dans cet état-là.

Lorsqu'elle eut fini de pleurer et de sangloter, elle se mit à geindre étrangement, et puis à fredonner un air lugubre entre-coupé de soupirs et de gémissements ; Momo Trois avait le cœur triste et les yeux remplis de larmes d'entendre sa mère chanter une plainte si mélancolique et dont il ne comprenait pas les paroles. Il pensait que sa maman invoquait ses propres parents décédés depuis longtemps, et qu'elle les suppliait de venir la voir et de l'emporter loin avec eux, loin, loin de là. Il craignait vraiment que sa mère allât mourir en cet instant-là. Mais Momo Trois avait dû finir par s'endormir sur le genou de sa mère, car il se réveilla tard dans l'après-midi, recroquevillé dans le grand lit familial, les yeux encore humectés de larmes.

Il courut vite dans la cuisine où il trouva sa maman assise devant une table basse, occupée déjà à écosser un grand tas de fèves pour le dîner. Bien qu'elle eût vraisemblablement repris ses activités habituelles, ses gestes lents et sa figure fermée et tuméfiée, trahissaient la sourde tristesse qu'elle voulait dissimuler à ses enfants. Momo Trois se mit à l'aider aussitôt, tout en mangeant plusieurs fèves vertes que sa grande faim rendait si délicieuses. Mère lui sourit tendrement en ressentant de la peine pour son fils et de la colère contre son mari coléreux. Elle s'inquiéta de voir son fils manger autant de fèves vertes et lui chuchota à l'oreille : 'arrête mon petit, tu vas avoir mal au ventre après !' Momo Trois obéit à sa mère et s'arrêta aussitôt de manger les fèves, tout en continuant à l'aider à les écosser. Alors, il oublia l'enfermement dans la chambre familiale ; mais une profonde tristesse causée par l'incompréhension et la peur était restée gravée au fond de son âme.

Un peu plus tard, dès que ses frères et sœurs fussent rentrés de l'école, la maisonnée reprit son animation habituelle ; on entendait les appels, les cris, les chants, les querelles, le bruit des pas, des portes, de la vaisselle, des casseroles, et des marmites. Un véritable branle-bas de combat agitait toute la maison familiale à l'heure du dîner. Une odeur exquise de fèves et de cumin emplissait la cuisine et se répandait dans la cour de la maison. Souvent, la mère Malika nous servait tous ensemble dans une énorme bassine en bois, à l'exception de père et de deux ou trois grands frères qui mangeaient chacun dans une assiette à part ! Mère se contentait de peu de nourriture. Il lui arrivait de ne rien manger ; et quand on lui demandait pourquoi, elle laissait entendre que préparer le repas et en avoir plein les narines la rassasiait. Le père Momo rentra tard ce soir-là et alla directement au lit sans dîner.

Chapitre XI
(Sans famille)

A la même époque, Momo Trois devenait turbulent et commençait à raconter des histoires invraisemblables, saugrenues, et fantasmées sans aucun doute, mais qui souvent faisaient rire sa famille, si bien que lorsque des invités venaient à la maison, le père Momo, cherchant à les épater avec les sornettes de son fils, ne manquait pas de lui demander de raconter, par exemple, l'histoire de la petite souris blanche qui était déjà devenue la vedette dans le répertoire étonnant de son petit garçon. Alors, Momo Trois très fier de lui, se dressait d'un bond et, tout en zézayant abominablement, débitait d'une seule traite du haut de ses quatre ou cinq ans, *'la petite thouris blanthe est rentrée dans le vathin de la petite fille et en est thortie la bouth pleine de lait pour thés petits thourithos.'*

Malgré l'embarras général manifesté par des 'oh' et des 'ah,' et les rires jaunes des adultes, hommes et femmes réunis, tout le monde s'esclaffait bruyamment, plutôt à cause du zézaiement et de l'air très sérieux de Momo Trois qu'à cause de l'invraisemblable histoire elle-même.

Grand-mère qui zézayait, elle aussi, parce qu'elle venait de perdre une partie de ses dents frontales, se mettait de la partie en blâmant tout le monde de se permettre d'entendre de telles sottises de la 'bouthe' d'un gamin qu'on encourage à raconter des 'thalades' de ce genre. Elle exprimait haut et fort son étonnement et son indignation, tout comme elle s'insurgeait contre quiconque aurait pu raconter de telles fadaises à son pauvre petit-fils, et elle le grondait vertement pour qu'il arrêtât de raconter encore des bêtises pareilles à son âge. Momo Trois faisait la sourde oreille ne sachant s'il devait rire avec tout le monde ou se laisser impressionner par les remontrances de sa grand-mère.

L'été d'avant, Momo Trois avait été envoyé passer quelque temps chez des parents éloignés qui habitaient à Moknine, une bourgade située à une douzaine de kilomètres de chez-lui. Il s'agissait d'un couple qui n'avait pas d'enfants. En invitant chez-eux pour quelque temps, le charmant petit blondinet Momo Trois dont le visage était couvert de taches de rousseur, ces parents éloignés, Monsieur Salah et son épouse, en l'occurrence, espéraient, par un effet subtil relevant de la superstition populaire, recevoir la grâce d'une fertilité miraculeuse tant attendue et pouvoir ainsi engendrer des enfants inespérés ; c'était du moins l'un des palliatifs qu'on leur avait suggérés avec insistance et preuves à l'appui, en citant des exemples réussis de couples semblables qui avaient vu le miracle se réaliser après avoir hébergé un petit garçon ou une petite fille chez eux pendant quelques temps.

La maison de Monsieur Salah de Moknine consistait d'un vestibule où trônait dans un coin une grande plate-forme en ciment lisse, d'une cour intérieure sur laquelle ouvraient une grande chambre parentale surélevée où on entrait en grimpant deux ou trois marches de pierre, une autre petite chambre basse et obscure dans laquelle dormait un vieillard grabataire qui toussait et éternuait sans arrêt, une troisième pièce minuscule dans un coin de la cour jouxtant la chambre du vieillard, qu'occupait une jeune servante nommée Hasna, une cuisine exiguë située sur le côté nord de la cour, et enfin, un coin de toilettes à ciel ouvert situé entre la cuisine et le vestibule d'entrée. Dans un coin de la cour, près de la chambre des parents poussait, dans une énorme jatte, un arbrisseau de rue fétide que Momo Trois reconnut aussitôt grâce à l'odeur forte et familière qui se dégageait de ses feuilles vert bleu légèrement argentées. La mère Malika, en effet, utilisait souvent les feuilles de la rue fétide marinées dans de l'huile d'olive tiède pour soigner l'otite de ses enfants.

Très vite, Momo Trois ne put supporter cet éloignement et l'absence de sa mère, de Momo Deux et du reste de sa famille. Il n'y avait pas d'enfants avec qui il pouvait s'amuser. Dès le premier jour, on le fit piétiner de l'orge fraîchement moissonné dans un énorme panier en alfa qui lui piquait les pieds. Il ne comprenait pas pourquoi il était placé chez ces gens-là, ni pour combien de temps. Le temps long et monotone faisait naître en lui un pénible sentiment de mélancolie et de langueur. Il dormait parfois dans la chambre du couple, parfois dans la petite chambre de Hasna, et Dieu merci, jamais dans celle du vieillard dont la toux et les râles permanents l'effrayaient.

Quand il s'ennuyait et qu'il se mettait à pleurer parce qu'il se sentait sans famille, la servante le prenait gentiment par la main pour faire un tour dans la ville. Le mouvement incessant et le vacarme des charrettes, des voitures, des motocyclettes, des bicyclettes, des dromadaires, des chevaux, des ânes, des moutons, des chèvres, des volailles, et des piétons le distrayaient et le plongeaient dans un monde insolite et animé. Quand lui et Hasna passaient devant les grandes portes ouvertes des grands magasins de fourrage, Momo Trois emplissait ses petits poumons de l'odeur grisante des bottes de foin frais sentant les champs de blé et de fenugrec. Il se souvenait alors de son village et de sa famille avec mélancolie. Bien qu'elle ressemblât à une ville, la bourgade était un mélange bizarre de sensations familières et dépaysantes à la fois. Hasna ne lui lâchait jamais la main à cause de la circulation effrénée et désordonnée ; un mouvement chaotique et incessant de mules, de bicyclettes, de charrettes, de voitures, de bus, et de piétons encombrait aussi bien les trottoirs que la chaussée.

Quelques jours après, Momo Trois n'était vraiment pas dans son assiette. Il se sentait vraiment sans famille. Dès son réveil, il n'arrêta pas de se plaindre et de réclamer sa mère, ses frères, ses sœurs, et ses copains. On avait beau chercher à comprendre ce qu'il lui arrivait, s'il avait faim, s'il avait de la fièvre, si quelqu'un l'avait embêté ; mais rien à y faire. Il était têtu, renfrogné, intraitable. Pendant des heures, personne ne put le calmer. Momo Trois voulait rentrer chez ses parents. Vers la fin de l'après-midi, il se calma un peu et se mit à réclamer son dîner alors que le couscous était encore sur le feu. La dame du logis lui avait gentiment expliqué que le repas n'allait pas tarder à être servi. Momo Trois ne voulait pas la croire et continuait de bouder et de pleurer. Il se sentit très contrarié et était tellement en colère qu'il exigea de se faire servir tout de suite, sans tarder une seconde, sinon il allait casser le couscoussier et la couscoussière, criait-il, en pleurant et en trépignant. Presque sitôt dit sitôt fait, il s'empara d'un gros caillou dans la cour et le jeta de toutes ses forces dans la cuisine en manquant de très peu la marmite et la dame.

La dame du foyer et la servante surprises, saisies de peur et de stupéfaction pendant un court instant, finirent par éclater de rire devant l'effronterie et les menaces inattendues du petit Momo Trois. Elles soupirèrent de soulagement que le caillou n'eût pas atteint le couscoussier sur le feu et s'empressèrent de le servir pour le calmer. Mais le couscous était brûlant, ce qui fit sangloter de plus belle le têtu Momo Trois. Dès le lendemain matin, on lui fit sa valise et on le ramena chez ses parents.

A ce jour, personne ne sait si Momo Trois a appris sa drôle d'histoire de la souris blanche et de ses souriceaux lors de son court séjour chez ces lointains parents pseudo-adoptifs ou bien ailleurs. En tout cas, la mère Malika était contente que son fils fût rentré à la maison. Elle le pressa de questions voulant savoir ce qu'il avait fait, mangé, appris, et comment il s'était comporté pendant son séjour chez Monsieur et Madame Salah ; mais il était peu loquace et se contenta de lui montrer, à elle et à ses frères et sœurs, le joli cadeau qu'on lui avait fait et dont il était si fier.

C'était un jouet en forme de papillon métallique de la taille d'une main aux grandes ailes multicolores. Il était monté sur deux petites roues noires qu'on frottait énergiquement contre le sol ; cela faisait remonter le mécanisme incorporé, et en le lâchant d'un seul coup, le papillon se mettait à rouler vite, à tourner sur place, et à laisser entendre un air merveilleux joué sur une guimbarde incorporée. Grand-mère fut un peu déçue car elle aurait aimé que son petit-fils séjournât plus longtemps dans la maison de son neveu, Salah, ce qui aurait sans doute porté bonheur au couple sans enfants. Le père Momo ne l'entendait pas de cette oreille-là ; et il s'érigea énergiquement, en ergotant en long et en large, contre toute tentative subtile d'adoption de son fils par qui que ce fût. Il sermonna sévèrement grand'mère qu'il soupçonnait d'être derrière l'idée de livrer en pâture son fils au couple infertile de Moknine.

Momo Trois était heureux de retrouver les siens et joyeux aussi d'avoir un jouet original fabuleux qu'il garda jalousement pour lui, pendant plusieurs jours, jusqu'au moment où Momo Deux le détruisit, et du coup brisa le cœur de son frère cadet sans le faire exprès. En effet, Momo Deux frotta le papillon métallique aux couleurs chatoyantes si fort contre le sol qu'il le disloqua en plusieurs morceaux. Les petites roues noires s'étaient complètement détachées du mécanisme intérieur, les ailes tombèrent par terre, et le jouet se détraqua définitivement et irrémédiablement. Le papillon était déclaré irréparable. Le petit Momo Trois était resté inconsolable et taciturne pendant plusieurs jours en en voulant à la maladresse de son frère.

Chapitre XII

(A chacun selon ses besoins)

Pendant les longues heures de canicule estivale, Momo Deux, Momo Trois, et Fatma Quatre aimaient à jouer aux ombres chinoises. Ils appelaient ce jeu 'Ciléma.' Tandis que les parents et les autres grands frères et grandes sœurs faisaient, ou essayaient de faire la sieste dans la chambre plongée dans l'obscurité, l'un d'eux sortait devant la porte qu'il entrouvrait légèrement pour laisser pénétrer un mince filet de lumière. Il ou elle se mettait alors à faire le pitre et à gesticuler follement dans le patio tandis que la lumière intense projetait à l'intérieur de la chambre ses gesticulations débridées sous forme d'ombre chinoise renversée, à travers l'entrebâillement de la porte.

Les deux spectateurs restés à l'intérieur de la chambre s'amusaient follement en distinguant la silhouette de celui ou de celle qui faisait le clown dehors et dont l'ombre continuait à danser et à gesticuler dans tous les sens comme une bacchante en transe. On était presque complètement insensible aux brûlures du soleil qui embrasait la cour cimentée de la maison. Ce manège se déroulait à l'envi, à chacun son tour, jusqu'à ce que nos rires étouffés et nos chuchotements amusés réveillaient l'un des dormeurs agacés par notre jeu. On nous sommait de nous taire ou de sortir de là, ce qui provoquait immanquablement notre fou-rire incontrôlé. Sur ce, le père Momo en tricot de corps et short blancs, à moitié réveillé de sa sieste, et ne se rendant sûrement pas compte de notre cinéma à huis clos, nous commandait d'une voix rauque de nous taire et de nous rendormir aussitôt, sinon il nous chasserait de là à coups de pied. Nous restions silencieux un instant en retenant notre souffle, puis nous nous ruions bruyamment vers la porte, en riant aux éclats, et en nous bousculant dehors. Le père Momo ne manquait pas de se demander à haute voix, 'C'est quoi ce cirque ? C'est un troupeau de bêtes sauvages ! Vous ne dormez pas alors ?' Nous refermions précipitamment la porte de la chambre familiale derrière nous sans lui répondre et courions dans le grand jardin à la recherche d'autres passe-temps, en dépit de la chaleur torride. Nous cueillions des figues mûres, ramassions des amandes sèches oubliées sur les hautes branches, ou tombées par terre après la cueillette, et cherchions des nids d'oiseaux. Nous nous embarquions dans d'autres aventures et découvertes puériles entourées de secrets et de mystères jusqu'à ce que la fatigue, la faim ou la soif nous poussât à rentrer à la maison.

Un après-midi, intrigué par les chiffons tachés de sang que ses sœurs aînées fourraient discrètement dans les crevasses du mur en pierres du grand jardin pour les laver au savon de Marseille plus tard, Momo Trois eut le malheur d'interroger Momo Premier qu'on appelait encore 'Sidi,' à cette époque-là :

- Sidi, c'est quoi ces morceaux de tissu ensanglantés dans les trous du mur où se faufilent parfois des serpents ?

Pour toute réponse, Momo Trois reçut une cinglante gifle qui l'envoya valdinguer dans les hauts buissons et les chardons épineux où il faillit tomber à la renverse, tandis que Monsieur le grondait vertement :

- Arrête de fouiner partout, espèce de morpion ! Un de ces jours, tu vas te faire mordre par un serpent ou piquer par un scorpion ! Arrête de mettre ton nez là où ça ne te regarde pas, imbécile !

Momo Trois, abasourdi, tenant sa jour cramoisie et brûlante, courut à la maison en pleurant à chaudes larmes sans savoir pourquoi celui qu'on appelait 'Sidi' le corrigea et le scandalisa aussi brutalement. Depuis ce jour-là, il ne voyait plus les chiffons interdits enfouis dans le mur. En revanche, il apercevait parfois en frissonnant de longues écailles de serpents pendre hors des crevasses du mur ou accrochées aux feuilles de cactus, surtout lorsqu'il errait oisivement dans le vaste jardin pendant les après-midis caniculaires de l'été.

Après les remontrances habituelles des parents à cause de nos espiègleries et nos vacarmes pendant la sacrosainte sieste de presque tous les membres de la famille, la mère Malika nous réunissait presque quotidiennement vers la fin de l'après-midi ou durant la soirée quand la brise maritime chassait légèrement les grandes chaleurs de la journée. Elle coupait dans une grande bassine une ou deux énormes pastèques dont la chair rouge et juteuse incrustée de petits pépins noirs et gris nous attirait comme des mouches bruyantes et agitées. Nous nous régalions goulûment en mordant à pleines dents dans la chair tendre et rose de la pastèque découpée en grands morceaux ressemblant à des gondoles.

Chacun de nous avait droit à une grande portion oblongue de ce fruit avec sa peau vert foncé, dont on dévorait avidement la chair de part en part en la tenant à deux mains comme si on était en train de jouer d'un énorme harmonica. On était souvent indifférent au gaspillage d'une partie du jus qui ruisselait abondamment le long des avant-bras et des coudes. Telle une horde d'hominidés, nous nous abattions sur ces fruits primitifs avec moult grognements de plaisir et d'excitation en plantant, jusqu'à l'écorce, la blancheur de nos petites dents dans la rougeur rafraîchissante et juteuse de la pastèque.

L'écorce était souvent donnée soit aux poules pondeuses de maman, soit au baudet, ou au mulet, lorsqu'on en avait un attaché dans le jardin. La mère Malika n'arrêtait pas de nous gronder à cause de nos manières de table d'enfants négligents, qui attiraient forcément les insupportables mouches qui s'acharnaient sur les gouttes de jus et les pépins jonchant le sol autour de nous. Grand-mère Douja louait le bon Dieu d'avoir mis à la portée de sa bouche, devenue alors complètement édentée, un tel fruit que ses gencives endurcies au fil du temps pouvaient tout de même ramollir et écraser. Elle se faisait servir dans un bol en porcelaine ou dans une assiette en bois des morceaux découpés en petits dés et plus faciles à mettre avaler ; à mesure qu'elle en raffolait de la chair juteuse et dégoulinante, elle devenait étonnamment plus gaie, plus souriante, et plus bavarde.

Un jour, pendant une randonnée champêtre, le jeune Momo Premier, sportif, agile et musclé, avait surpris un lièvre dans un champ de blé, qu'il assomma d'un jet de pierre. Il rentra triomphalement à la maison brandissant son trophée qu'il tenait à bout de bras, parce que la fourrure fauve du lièvre était ensanglantée et parce que la bestiole ainsi assommée était bien lourde aussi. Toute la famille trouva que c'était une aubaine exceptionnelle et Momo Premier fut porté aux nues. L'argent pour acheter la viande et d'autres produits de consommation au prix excessif, manquait outrageusement, alors, d'autant que le poulailler de la mère Malika était quasiment dépeuplé.

La mère Malika se mit à l'œuvre sans perdre de temps. Elle retroussa ses manches, dépeça adroitement la pauvre bête, lui trancha la tête et lui ouvrit le ventre pour le vider. A sa grande stupéfaction et au grand étonnement de ses enfants assis en demi-cercle pour regarder avec curiosité le gros gibier entre les mains agiles de leur mère, elle retira du ventre du lièvre quelque chose de bizarre, quelque chose ressemblant à une longue guirlande de minuscules fœtus de petits laperons ensanglantés, aux yeux fermés et vitreux. La mère Malika poussa un petit cri de surprise et d'écœurement, jeta avec les déchets les petits laperons mort-nés, et continua de nettoyer et de laver les entrailles de la pauvre hase, qui entravée par sa lourde grossesse, avait été, sans l'ombre d'un doute, une cible facile pour le jet de pierre du grand Momo Premier.

La mère Malika prépara le repas, en dépit d'un sentiment de peine et de culpabilité, et le servit aux enfants qui attendaient. Mais elle ne voulut pas y toucher. Elle était encore sous le choc ; elle continuait à s'apitoyer sur le sort de la pauvre hase enceinte qui n'avait eu aucune chance d'esquiver le jet de pierre mortel. Cependant, la mère Malika ne pouvait pas, non plus, ne pas la faire cuire pour ses enfants qui n'avaient pas mangé de viande depuis quelque temps. Cet incident troublant resta longtemps dans la mémoire de toute la famille et de la mère Malika en particulier, et on s'y référait comme l'épisode de 'la hase enceinte' ou le gibier de Momo Premier. Après ce repas inaccoutumé, l'une des sœurs, Fatma Quatre en l'occurrence, se convertit à un strict végétarisme pour le reste de sa vie.

Quelque temps après, la mère Malika donna naissance à des jumeaux en livrant une bataille acharnée contre la mort. Le premier, Momo Six, naquit à minuit et le deuxième, Momo Sept, poussa son premier cri de délivrance à une heure du matin. Aidée par la voisine, Faiza, qui avait accouru dès les premiers cris de labeur, et par les mains expertes de la sage-femme du village, Mansoura, qui était robuste et dévouée, et pour qui Malika était sans doute devenue au fil des ans une patiente spéciale qu'elle considérait comme sa propre fille d'ailleurs, la mère Malika lutta, s'essouffla, et lutta encore et encore jusqu'aux petites heures du matin avant de retrouver un peu de calme et de sérénité.

Dans l'autre grand lit des enfants, l'angoisse était insupportable. Les filles de plus de douze ans descendaient du lit et s'approchaient peureusement du fauteuil de la sage-femme dans lequel la mère Malika, le visage pâle et ruisselant de sueur et de larmes, était à moitié évanouie, poussant de temps à autre des gémissements de douleur ou de longs cris étouffés entrecoupés par les encouragements de Faiza et Mansoura. Les tout premiers cris des nouveau-nés calmèrent la maman et apaisèrent ses douleurs presque instantanément. Ils étaient des vrais jumeaux identiques qui ne pouvaient être distingués l'un de l'autre, pendant plusieurs années, que par la mère Malika.

La mère Malika avait accouché de la presque totalité de ses enfants au foyer familial, allongée dans le fameux fauteuil spécial de la sage-femme Mansoura ; à l'exception des trois derniers garçons qu'elle avait mis au monde à l'hôpital régional. Mais que ce soit à la maison ou à l'hôpital, la douleur, l'angoisse, l'espoir, et la satisfaction étaient les mêmes pour elle ; loin de la chambre familiale et de ses enfants, elle avait pourtant le vague à l'âme et ressentait dépaysement et solitude pendant l'accouchement opéré par un personnel hospitalier complètement étranger à elle.

Si le père Momo s'effaçait volontairement pendant les naissances ayant lieu à la maison, au contraire, les trois fois où la mère Malika avait accouché à l'hôpital, il s'affairait pour l'y accompagner, jusque dans le cabinet du docteur parfois, pour s'assurer que tout allât bien ; et le lendemain, il louait une voiture spéciale pour la ramener à la maison avec le nouveau-né. Pour célébrer une nouvelle naissance et donner des forces à maman, le père Momo faisait les courses en remplissant deux énormes couffins avec une grande quantité de viande de mouton ou de poissons, de fruits et légumes, et plusieurs grands pains. Les grandes sœurs se chargeaient de préparer le couscous ou le ragoût de mouton pour toute la famille et pour en distribuer aux proches et aux voisins.

Une fois la maman et le bébé installés dans le grand lit parental, la chambre tout entière s'emplissait de leur parfum familier, mélange d'encens, d'huiles essentielles, de camphre, et de benjoin. Mère dormait toujours à côté de son bébé. Les minuscules petits cris et pleurs du nouveau-né nous réveillaient plusieurs fois pendant la nuit.

Mère lui donnait le sein sans allumer la veilleuse ou la lampe à pétrole, et les petits cris du nouveau-né s'arrêtaient aussitôt comme par enchantement.

Mais quand son sein ne le calmait pas, elle allumait la lampe parfois pour lui changer ses langes et lui mettre du talc sur les parties irritées de sa fine peau rose. Alors, tout le monde pouvait se rendormir tranquillement jusqu'au matin ; à l'exception de la mère Malika qui veillait au grain, en somnolant, ou en dormant d'un sommeil léger tout le reste de la nuit, toujours aux aguets. Au moindre bruit, à la moindre agitation, au moindre mouvement du bébé, soit elle tendait la main pour le caresser et le calmer, soit elle se redressait sur son coude pour s'assurer qu'il était bien couvert et qu'il ne manquait de rien.

Pendant le jour, les grandes filles s'occupaient de la maison et de la cuisine et partageaient leur temps entre l'école et le ménage. Mère gardait le lit pendant trois ou quatre jours de convalescence, avant de reprendre sa vie normale et vaquer à ses occupations domestiques. Ses filles aînées étaient ainsi provisoirement libérées des corvées du ménage.

C'est vrai, le temps passa vite entre son premier et dernier bébé. D'une épouse de seize ans à une mère de quarante-cinq ans, vingt-neuf années s'étaient écoulées, pendant lesquelles la mère Malika avait donnée naissance à seize enfants, à raison d'une naissance tous les dix-huit mois approximativement. Si bien que le père Momo se permettait de blaguer de temps à autre pour la taquiner en lui disant que si on vivait aux pays des Soviets, camarade Staline ou camarade

Khrouchtchev l'aurait décorée en lui décernant le prix de 'Camarade Malika rendant service au Parti'. Elle écoutait d'une oreille distraite ces plaisanteries peu flatteuses sans dire un mot. Parfois, elle ripostait sèchement en lui lançant à la figure et en exagérant l'accusation, 'Va vivre là-bas, aux pays des Soviets, toi qui n'as jamais travaillé un seul jour de ta vie !' Sur ce, le père Momo encaissait sans broncher ; il laissait échapper parfois un grognement bizarre ou une remarque à la cantonade, du genre 'Est-ce qu'on m'a laissé trouver du boulot, et moi j'ai dit non ? Pourtant, tu sais bien pourquoi on me prive de mon droit au travail ; comme tu sais aussi combien de fois on m'a viré des rares boulots que j'ai eus, pour des raisons politiciennes insensées…' Il ajoutait à tout hasard, 'Là-bas tout le monde travaille. Les Soviétiques ne savent pas ce que c'est que le chômage !' Il concluait d'un air convaincu, 'De chacun selon ses moyens, à chacun selon ses besoins.'

C'était vrai que le père Momo, ayant été enfant unique qui avait survécu aux épidémies ravageuses et aux maladies infantiles graves, avait bel et bien hérité de la maison et des oliviers de son père ; mais au fil des années, il avait dû dilapider une partie importante de son héritage sans pouvoir y remédier. Tant que la taille réduite de la famille le lui permettait encore, père n'hésitait pas à acquérir tantôt une voiture pour location avec un chauffeur, tantôt une barque à voile pour la pêche le long des côtes de Médiouna jusqu'aux îles de Kuriat, ainsi que toute sorte de bêtes pour les travaux agricoles, dromadaires, mulets, hidalgos, ânons et ânesses. Mais avec une famille qui s'agrandissait si vite, avec une gestion des affaires qui manquait de rigueur, avec des chauffeurs et des marins-pêcheurs qui n'étaient pas toujours au mieux de leur honnêteté, et surtout avec un père qui affichait son opposition politique au système nationaliste petit-bourgeois de l'époque, la banqueroute et l'appauvrissement de la famille ne tardèrent pas à se faire sentir de plus en plus durement au fil du temps et surtout pendant les années 1960.

Parfois, la mère Malika raclait le fond des jarres afin de nous nourrir des restes des provisions annuelles de couscous, de blé, d'orge, ou de légumineuses infestécs de charançons. Mais parfois, son visage devenait tout pâle et triste parce qu'elle ne pouvait plus tirer du fond des jarres que des amandes sèches, ou des fèves, ou des pois-chiches secs qu'elle nous faisait griller au feu de bois et qu'on cassait bruyamment avec les dents et qu'on mastiquait longuement pour clamer notre faim ; On ne pouvait espérer jouir d'autres mets pendant des jours et des jours que ces amandes, ces fèves, ou ces pois-chiches grillés ou bouillis.

Lorsqu'une petite rentrée d'argent venait on ne sait d'où, on pouvait acheter du pain frais chez l'épicier du coin et la mère Malika se réjouissait de pouvoir varier son menu du jour en nous préparant des œufs durs et une ratatouille à base de toutes sortes d'herbes comestibles ramassées dans notre grand jardin, comme la mauve sauvage, le pourpier, les blettes, les fanes de navet ou de carottes tendres, et les petites oseilles. Quand la mère Malika agrémentait sa chakchouka d'un œuf poché, ou d'une noix de beurre rance, ou encore mieux, de quelques morceaux de viande séchée et salée qu'elle conservait depuis la dernière fête du mouton et qu'elle tirait parcimonieusement de son garde-manger, elle donnait à ses maigres mets un goût et un parfum de festin qui nous réjouissaient et nous faisaient saliver comme de petits chiots heureux.

Au printemps, les amandes vertes au goût légèrement acidulé tant recommandées par le père Momo, ne manquaient point de refaire leur apparition dans les menus de la mère Malika. Coupées en deux ou entières, les amandes vertes du jardin reprenaient leur titre de noblesse dans les ratatouilles frugales et palliatives que la mère Malika, fée de logis malgré elle parfois, excellait à concocter et que les enfants en pleine croissance en raffolaient à satiété.

Chapitre XIII

(La Cachette)

C'était l'époque où mon frère, Momo Deux, me faisait découvrir et écouter en sa compagnie, sur un petit transistor portable rouge et noir, à l'ombre du grand amandier paternel, non sans un pincement de cœur d'ailleurs, les chansons françaises et anglaises diffusées par Radio Tunis. Charles Aznavour chantait 'La Bohème,' une chanson dans laquelle il est question qu'on 'ne mangeait qu'un jour sur deux,' Gilbert Bécaud claironnait 'La place rouge était vide. Devant moi marchait Nathalie. Il avait un joli nom, mon guide, Nathalie,' et Joe Dassin fredonnait '…Elle m'a dit… Elle m'a dit d'aller siffler là-haut sur la colline. De l'attendre avec un petit bouquet d'églantines. J'ai cueilli des fleurs et j'ai sifflé tant que j'ai pu. J'ai attendu, attendu elle n'est jamais venue. Zaï-zaï-zaï-zaï !' C'étaient aussi pour nous deux, jeunes pubères que nous étions, l'attente, le dépaysement, la Bohême, les frustrations, les rêves d'évasion, et l'amour romantique naissant !

Nous faisions partie d'une bande de six ou sept garçons âgés de huit à douze ans, tous voisins ou proches, connus dans tout le village sous le nom mirifique : 'Les Toqués' pour qui les aventures ne manquaient jamais durant les vacances scolaires, les dimanches, et les jours fériés. Hiver comme été, la bande s'adonnait à cœur joie à toute sorte d'amusements, de folies, et d'escapades. Momo Trois ne se rappelle plus quelle aventure leur avait fait dénicher une alcôve naturelle au sein d'une épaisse haie de figuiers de barbarie aux troncs gigantesques et lisses semblables à des boas bruns et gris en hibernation continue. La cavité était située à une extrémité dérobée du grand jardin des Momo, à laquelle on se référait par un nom codé 'la Cachette'.

La Cachette abritait les secrets puérils, l'intimité exclusive, et les activités initiatrices du groupe dont les membres étaient en plein éveil pubère. Les assemblées secrètes n'étaient jamais programmées à l'avance. Elles s'imposaient d'elles-mêmes, comme un passe-temps excitant qui avait pénétré de plain-pied dans le cercle magique de leurs us et coutumes d'enfants indomptés et presque livrés à eux-mêmes. Dès que plus de trois ou quatre membres de la bande se trouvaient dans les parages de la Cachette, occupés à chercher des nids d'oiseaux au printemps, ou à ramasser des baies et des fruits sauvages en été, alors subitement, l'un d'eux crierait tel un Indien d'Amérique déchaîné, 'La Cachette ! La Cachette ! Allons-y à la Cachette !' On y courait, alors tout de go, sans réfléchir, car c'était à chaque fois une nouvelle aventure, une escapade, et un nouvel entrain initiatique où tous sans exception s'y mettaient à qui mieux mieux tels des jeunes chimpanzés mâles, et où l'excitation intime et individuelle, au sein du groupe, laissait pensif et faisait naître après-coup un sentiment de culpabilité. D'être bien immergé dans la quête d'excitations infantiles, n'avait pourtant jamais empêché aucun de nous de jeter, de temps à autre, des coups d'œil furtifs dans la direction des plus grands, pour voir, comparer et apprendre. Quelle que fût l'apparence physique des uns et des autres, qu'ils eussent été grands, gros, gringalets, petits, ou chétifs, leurs ébats simiesques audibles et visibles, ébranlaient leurs corps et leurs âmes d'enfants livrés à eux-mêmes de la même façon. Les crises de fou-rires et les commentaires étaient suivies de longs moments de silence incrédule. A l'intérieur de notre Cachette, nous apprenions tout ce qui passait pour tabou et que l'on n'enseignait pas à l'école. Personne ne se doutait de l'existence de notre boudoir naturel lové au sein d'un enchevêtrement reptilien de vieux troncs de cactus lisses. On éprouvait, chacun à sa manière, des moments forts où l'excitation nous arrachait des soupirs langoureux, des râles gutturaux, et des halètements indescriptibles. Jusqu'au jour où la surprenante éjaculation du plus âgé de la bande avait, peu de temps après, mis fin à notre initiation sexuelle de grands enfants boutonneux ; les séances des plaisirs intimes, collectifs, et individuels dont les membres de la bande jouissaient à la sauvette au fond de La Cachette s'étiolaient à mesure que nous grandissions. Bien que nous eussions des moments intimes de plaisir collectifs régis par la devise 'chacun pour soi,' nous ne fûmes jamais attirés les uns par les autres sexuellement, et nous étions même très respectueux de l'intimité de chacun.

A cette époque, nous avions tous des sobriquets des plus alambiqués. Chaque membre était affublé d'un surnom qui lui allait comme un gant. Le premier copain qui nous avait bien surpris avec son premier jet de spermatozoïdes précoce dans le secret intime de La Cachette était surnommé 'Le Morveux,' qui était un gros balourd parmi les plus âgés. Il avait des yeux tombants et parlait à travers le nez qui semblait être, été comme hiver, bouché en dépit d'un épais écoulement verdâtre permanent. Trois autres membres de la bande avaient le même âge que Le Morveux, et portaient les surnoms respectifs de, 'Le Genouflu,' 'Tête de Boisseau,' et 'Zyeux de Moustique.' Plus jeunes, il y avait 'Le Sacrifié,' frère du 'Morveux,' 'Le Trapu,' frère du Genouflu,' et 'Le Pacha' ou Momo Quatre était le frère cadet de ces deux derniers qui sont aussi appelés dans ce roman, Momo Trois et Momo Deux, respectivement. Le Pacha, plus jeune que tous, n'avait jamais réussi à être complètement intégré à la bande des Toqués et encore moins à l'intimité de La Cachette. Cependant, il ne cessait d'épier les allées et venues des autres garçons, sans se faire embarquer dans les grandes aventures des grands, non plus, en dépit de ses larmes et de ses supplications les plus ferventes et les plus pitoyables. Pas question de l'introduire dans le cercle des initiés de huit à douze ans, de peur qu'il ne les dénonçât à leurs parents et ne révélât les secrets que renfermait la fameuse Cachette.

Dans notre rue, vivait une famille dont tous les membres sans exception, y compris le père et la mère, biglaient à longueur de journée avec leurs grands yeux noirs en amande. C'était la famille du nom Le Crieur. Tête de Boisseau en était le fils aîné. C'était un grand garçon avec une tête double, qui parmi les membres de sa famille, lorgnait le plus longuement, le plus fixement, et le plus distraitement tout ce qui rentre dans son champ de vision. Ils avaient tous, filles et garçons, l'habitude de ne vous jamais regarder en face, droit dans les yeux. Ils donnaient l'impression qu'ils guignaient sur quelque chose ou sur quelqu'un situé par-delà vous-même, en quelque sorte. De loin, on aperçoit leur drôle de manie, leur singulière façon de se tenir, avec la tête penchée sur le côté touchant l'épaule presque, ils vous scrutent d'un œil torve qui vous contemple distraitement, longuement, avant de vous héler ou de vous adresser la parole. On disait que c'était un trait de caractère familial inné. Drôle de famille qu'étaient nos voisins Les Crieurs !

Chapitre XIV

(Le Sacrifié : trépas d'un ami d'enfance)

C'était l'époque où l'amitié par correspondance faisait rage dans les rangs des jeunes écoliers et des adolescents en manque de relations amicales avec le sexe opposé. En feuilletant une revue française en noir-et-blanc, l'un de nos cousins, plus âgé que nous tous, avait déniché l'adresse d'une amie par correspondance qui était italienne originaire de Naples ou de Palerme. En tout cas, elle était bien italienne, s'appelait Sonja Della Torre, et avait accepté l'amitié de notre cousin avec qui elle correspondait en français. Il l'appelait 'Songea' et tout le monde l'appelait 'Songea' aussi. La photo en noir-et-blanc de Mademoiselle Della Torre ne quittait jamais la poche intérieure de la blouse de notre cousin qui en était si fier, et la montrait vaniteusement à tous et surtout à son frère cadet, Zyeux de Moustique, quand il lui cherchait noise. Nous en étions jaloux forcément, car ce nom exotique de la Sicilienne était tout le temps dans la bouche de notre cousin et sur nos lèvres. Elle nous fascinait ; nous obsédait ; et sans y prêter attention, nous revoyions imaginairement sa belle photo avec son sourire radieux et ses cheveux blonds lors de nos assemblées initiatiques secrètes à La 'Cachette'. Elle hantait notre enfance intime, débridée, et dérobée. Rien que d'entendre son nom nous avions des frissons indescriptibles. Elle était pendant longtemps notre icône secrète, désirée, et vénérée.

L'heureux cousin et Sonja correspondaient en français, bien sûr. Comme il était si content de cette amitié avec son Italienne, il n'hésitait pas à nous lire à haute voix la lettre de sa correspondante ; et comme il n'était pas très fort en français, mais qu'il recherchait des effets de langue spéciaux pour impressionner Sonja, notre cousin demandait souvent de l'aide pour répondre aux missives de son amie par correspondance. Tout le monde s'y mettait alors en suggérant des tournures et des mots raffinés puisés dans le lexique du discours amoureux, sans la moindre gêne. Momo Deux, qui était, de tous les membres de la bande des Toqués, le plus versatile et le plus futé en langue française grâce à notre *Le Petit Larousse* qui sème à tout vent, représentait, inévitablement, la planche de salut pour le cousin amouraché de Sonja. Alors Momo Deux se donnait un plaisir inouï dans cette entreprise – la rédaction intégrale des lettres d'amour pour le compte d'autrui.

L'échange par correspondance avait duré des mois et même des années entre Sonja et le cousin en question, par Momo Deux interposé. Les paroxysmes épistolaires de cette relation puérile avaient atteint un lyrisme impensable. L'une des lettres adressées à Sonja se résumait à ceci-près, où Momo Deux et le cousin s'emballaient, rivalisaient, et excellaient en retrouvant une verve lyrique digne d'un Roméo désespéré, du style :

'Je suis le scarabée inconsolable

Tu es la rose du matin insondable

Tes pétales m'enlacent et m'embrassent

Je peux alors périr paisiblement

Etouffé dans tes beaux bras

Heureux comme un scarabée qui s'en va.'

Quelques jours plus tard, le cousin en question arriva très excité, sortit de sa poche une enveloppe arborant le sigle 'Par Avion' avec deux traits rouges et bleues sur ses bords, et l'ouvrit précautionneusement comme pour empêcher quelque chose de s'en échapper. Au grand étonnement des membres de la bande, l'enveloppe contenait exactement trois pétales de rose séchés que Sonja avait expédiés pour toute réponse au poème lyrique de notre cousin qui était aux anges.

En dépit de ses grands rêves de partir en Italie, de retrouver sa Sonja, de la prendre dans ses bras, de l'étreindre contre sa poitrine, voire, de l'épouser, d'avoir beaucoup d'enfants d'elle, et de vivre heureux là-bas, le cousin amoureux était contraint, d'une manière dramatique hélas, de désenchanter de son idylle ; car peu de temps après, il fut mobilisé pour combattre les troupes françaises basées dans le nord du pays, lors de la bataille d'évacuation de Bizerte, pendant laquelle il perdit malheureusement une jambe et un bras, arrachés par une mine de fabrication franco-italienne.

A cet âge-là, nous nous amusions énormément.

Aussi bien de jour comme de nuit, nous avions nos raids à la campagne où chaque ferme était répertoriée, sondée, et explorée. Nous savions exactement ce qu'il y avait dedans, qui en était le propriétaire, et s'il y avait des chiens de garde ou non. A chaque saison ses délices, ses attentes et ses angoisses.

Lorsque nous nous sentions d'inspiration particulièrement aventureuse, nous allions au-delà des limites de la campagne de notre village et nous nous hasardions, non sans un singulier mélange de peur, d'excitation, et de plaisir, dans des champs situés dans les environs inconnus d'autres villages limitrophes. Nous arrivions toujours à trouver un passage dissimulé à travers les haies et les clôtures des fermes visitées, parfois au prix de moult égratignures et blessures plus ou moins graves.

Abricots, pêches, pommes, poires, figues, raisins, amandes, fèves, épis d'orge, de blé, et de maïs, nourrissaient nos convoitises insatiables. Pastèques, melons, et concombres nous fascinaient, surtout pendant nos incursions menées à la lueur de la pleine lune des mois de juillet et d'août, pendant les grandes vacances. Les belles grenades mûrissaient plus tard, donc elles pouvaient attendre la fin de l'été. Cependant, il nous arrivait de rentrer bredouilles pourchassés par des chiens errants ou des molosses féroces, ou surpris par un garde-forestier surgissant à l'ombre d'un caroubier, ou tapi derrière un figuier touffu, ou encore s'élançant d'une hutte dissimulée dans un coin éloigné de la ferme.

Souvent, la peur au ventre et malgré les blessures et les mains vides, sans la moindre pomme, poire, ou pêche, sans une pastèque, sans un melon, sans un concombre, et bien que nos razzias de pubères indomptés se fussent soldées par une fuite débridée à travers monts et vallées où nous nous prenions pour des Indiens d'Amérique attaqués ou attaquants, en imitant leurs cris de guerre et en détalant en file indienne, nous étions heureux, surexcités, et fiers quand même d'avoir poussé notre aventure si loin de nos contrées et d'avoir frôlé des dangers réels insoupçonnés.

Tout le monde avait entendu parler de la cruauté légendaire de certains paysans des villages voisins, envers les braconniers et les petits voleurs comme nous. On disait que l'un d'eux était passé maître dans la punition et la torture. Il donnait le choix au voleur capturé dans sa ferme d'être soit jeté dans un puits, *hic et nunc*, soit poussé contre une haie de cactus. Toutes ses victimes choisissaient sans hésiter la 'haie de cactus,' évidemment. Alors il les poussait sur le champ et sans pitié dans la haie de cactus. La punition subie, les victimes s'éloignaient cahin-caha tout meurtries. Hérissés d'épines acérées, les petits braconniers allaient soigner leurs blessures en pleurant de douleur. Curieusement, presque toutes les victimes de ce même paysan choisissaient le moindre mal, le cactus et non pas le puits.

Un après-midi, alors que nous étions en train de piquer des pommes vertes dans le grand verger de ce paysan, quand tout à coup il surgit on ne sait d'où et réussit à attraper le plus jeune des Toqués, qu'il ligota en un tournemain à l'aide d'une corde ; et d'un air menaçant, il lui posa la même et unique question 'Haie de cactus ou bien puits ?' La réponse du petit braconnier était inattendue, 'Jette-moi dans le puits' lui dit-il hardiment, sous-entendant 'Si tu oses.' La réaction du paysan fut encore plus inattendue que la réponse de l'effronté petit voleur. Il dénoua la corde des pieds et des poignets du gamin et lui cria après très fort en levant un poing menaçant, 'Vas-t-en ! Je t'ai pardonné cette fois-ci. Mais si je t'attrape encore une fois, gare à toi, je te jetterai au fond du trou. Va ! Va ! Tu as intérêt à courir loin d'ici avant que je ne change d'avis !'

Le petit impudent détala comme un lièvre, tout fier d'être libre grâce à son défi rusé. Il courut vite rejoindre ses copains restés aux aguets, dissimulés derrière des troncs d'oliviers, et il leur raconta, tout en rigolant, son aventure avec le paysan qui était sans doute resté sur sa faim.

De mémoire d'homme, personne n'avait jamais entendu parler de qui que ce fût ayant été jeté dans le puits par ce singulier paysan. Toutes ses victimes, en revanche, passaient des mauvais quarts d'heure douloureux, hérissées d'épines de cactus.

A cette époque de notre enfance, nous communiquions avec des codes secrets afin de détourner la curiosité de nos parents et des adultes. 'Coq de bruyère,' par exemple, était notre cri de ralliement, qui voulait dire sortir à la campagne pour de nouvelles aventures et voler les pêches du verger d'un certain Dazmouley. Alors pendant les heures torrides de la sieste où nous ne dormions presque jamais, nous entendions parfois la voix de l'un des Toqués dans la rue crier 'Coq de bruyère !' 'Coq de bruyère !' et voilà le signal ! Alors, nous quittions nos lits furtivement, et allions rejoindre la bande dehors. Plus d'une fois, nous avions changé d'avis, et au lieu d'aller à la campagne, nous prenions la direction de la mer toute proche, surtout par les grandes chaleurs de juillet et d'août.

Aujourd'hui, après tant d'années, la triste nouvelle de la mort de l'un des membres de notre bande, surnommé Le Sacrifié, est tombée comme un couperet, impitoyablement. Il est emporté par le coronavirus à l'âge de soixante-huit ans. Il aurait pu mourir plusieurs fois auparavant. Déjà à douze ans, Le Sacrifié avait été victime d'un accident impensable qui avait failli l'envoyer dans l'autre monde.

L'Oncle Salem, un charretier connu de tous les gamins de Médiouna, avait l'habitude, lors des descentes raides vers la rade rudimentaire du village, d'attacher derrière sa charrette un énorme et vieux pneu de tracteur et d'inciter les enfants à grimper dessus pour faire ralentir ou freiner sa mule caracolant sur la pente escarpée qui descendait vers la mer en contre-bas de la colline. Notre ami, Le Sacrifié, était malheureusement l'un de ces enfants ce jour-là.

Dans la bousculade générale et le brouhaha des gamins, Le Sacrifié eut les jambes coincées sous l'énorme pneu alourdi par le grand poids des enfants surexcités. Il avait beau lutter pour s'en extirper, crier, hurler, mais ses efforts et ses cris furent noyés dans le chahut effréné et l'euphorie générale ; personne ne remarqua ni les traits tordus de son visage, ni sa douleur insupportable, car on pensait qu'il faisait le pitre pour faire rire tout le monde, jusqu'à ce qu'il perdît connaissance et qu'une traînée de sang apparut derrière le pneu maudit. C'était la consternation générale. Les gamins furent pris de panique et sautèrent à terre aussitôt, en se bousculant et en criant à tue-tête à l'intention du charretier, 'Stop ! Stop ! Arrête ta mule Oncle Salem !' Mais c'était trop tard. Le mal est fait. Le Sacrifié, sans connaissance, fut transporté à l'hôpital dans un piteux état.

Le visage du charretier était devenu tout blême. Il piqua une crise. Une peur indicible s'empara de lui. Il devint hystérique tout en maudissant son métier, sa mule, la pente, lui-même, et ce jour de malheur. Toutefois, notre jeune ami avait eu la vie sauve après avoir séjourné plusieurs semaines à l'hôpital Charles Nicole à Tunis luttant vaillamment contre la mort et le grand risque de rester handicapé à vie. Il dut subir plusieurs opérations chirurgicales délicates et douloureuses afin de guérir de ses graves blessures au niveau des cuisses et des hanches. Les séquelles de ses blessures atroces le marquèrent pour le restant de sa vie. Sa vie vient de prendre fin aujourd'hui-même à cause d'une maudite pandémie virale – le Covid-19. Consternation, indignation, et tristesse clôturent ce chapitre dédié à l'un de nos plus proches amis d'enfance, Le Sacrifié, qui nous quitte pour un monde meilleur.

Chapitre XV
(Cinéma et Réalité)

C'était l'époque où, au moins une fois par semaine, nous, les Toqués de notre rue, nous nous invitions à voir des films de tous genres, pendant les chaudes soirées d'été, à l'œil comme on dit. C'était l'une de nos aventures préférées la plus attendue et la plus passionnante. Dès le début de l'après-midi, les haut-parleurs de la maison du peuple se mettent à annoncer, en boucle et avec des interruptions intermittentes des enregistrements des dernières chansons de Om Kolthum, le film au programme et les noms des vedettes qui y jouent. Alors, l'attente des Toqués atteint son paroxysme ; le suspens devient intenable ; et ils commencent à se préparer fiévreusement pour l'aventure nocturne qui les attend ce soir-là.

Quand la projection n'avait pas lieu sur un grand mur badigeonné à la chaux d'une maison de la place publique, ce qui était parfois le cas, elle se déroulait en revanche sur un mur aveugle à l'intérieur de la vaste cour de l'école primaire de notre rue. Alors à la tombée de la nuit et aussitôt après un dîner avalé hâtivement, nous escaladions le mur escarpé d'une vieille bâtisse située à l'autre bout de la rue, descendions dans une longue allée étroite et obscure, et remontions sur les toits en terrasse des maisons contiguës à la salle de cinéma à ciel ouvert. Nous rampions sur de grandes distances et nous nous accrochions dangereusement aux murets infestés de scorpions et de grillons, qui séparaient les toits des maisons, pour accéder enfin à notre endroit stratégique préféré qui surplombe la cour de l'école, où nous pouvions prendre place discrètement, silencieusement, accroupis ou couchés à plat-ventre, cachés derrière une murette haute de cinquante centimètres, par-dessus laquelle nous regardions les scènes du film projeté sur le mur d'en face. Nos soirées hollywoodiennes se passaient souvent sans embûches jusqu'à la fin du long métrage. L'apparition du fameux mot 'FIN' crevant l'écran mural nous incitait à disparaître rapidement avant qu'on allumât les lumières.

Cependant, même si à cet âge précoce, beaucoup de choses échappaient à notre intelligence, nous avions eu le bonheur d'admirer et de vibrer avec de si nombreux films tels que 'Le train sifflera trois fois,' 'Le prisonnier des marais,' 'Zorro,' 'Quand passent les cigognes,' 'Le Cuirassé Potemkine,' 'La révolte des esclaves,' 'Autant en emporte le vent,' 'Douaa al-Karawan,' et bien d'autres longs métrages indiens, américains, égyptiens, français, italiens, anglais, et soviétiques.

Juchés sur le toit en terrasse, nous étions parfois trahis par l'ombre indiscrète de nos têtes que la pleine lune projetait clairement sur le mur du grand écran. Quand nous nous en rendions compte, il était déjà presque trop tard. Notre divertissement de resquilleurs incorrigibles s'interrompait soudainement dans le désordre et la panique. La silhouette du gardien de la salle de cinéma surgissait subitement dans la pénombre, à quelques mètres de nous, et tentait de nous attraper dans une course-poursuite sans merci. Nous nous égaillions de toit en toit, la mort aux trousses, en courant très vite au risque de nous casser le cou si nous tombions d'une hauteur de dix mètres, au bas mot. C'était par miracle que nous arrivions toujours à échapper à la grande silhouette du gaillard qui veillait au bon déroulement de la projection et qui courait éperdument en ces moments-là derrière nous pour nous attraper et punir.

Dès que l'un de nous criait 'sauve qui peut,' nous partions comme des flèches. Sous nos pieds les toits défilaient à toute vitesse et les murettes étaient dangereusement enjambées. Tête de Boisseau était imbattable dans ces courses rocambolesques; Zyeux de Moustique, quant à lui, dès qu'il le pouvait, il se faisait tout petit et se terrait dans des recoins obscurs des toits connus de lui seul; Le Genouflu était un peu lourdaud, mais il réussissait quand même à semer notre poursuivant en sautant dans un arbre touffu près du mur, dans un fracas de branches brisées et de feuilles arrachées ; Le Sacrifié et Le Trapu couraient le long des murettes et se laissaient choir dans une allée obscure et retenaient leur souffle pendant de longues minutes jusqu'à l'éloignement du gardien de la salle de cinéma, qui hors d'haleine, repartait bredouille en maudissant son travail, les resquilleurs, leurs parents, et leurs frères et leurs sœurs !

De telles soirées nous procuraient une jubilation indescriptible et un plaisir double ; d'abord le film à l'œil, et puis l'aventure de la course-poursuite que chacun de nous essayait d'embellir, en la racontant selon son propre point de vue romantique, ou de la dramatiser d'après ses ruses héroïques. Mais encore sous l'effet de la surexcitation, nous continuons à nous marrer longtemps après la fin de nos exploits ; puis nous rentrions chacun chez soi tard dans la nuit pour aller discrètement au lit sans nous faire gronder.

Le cinéma avait fait naître en nous, sans aucun doute, le goût de l'aventure et l'amour du grand écran. Nous rêvions tous de pouvoir monter à cheval sans selle, à la manière des Indiens par exemple, et de partir comme une flèche, chevaucher à bride abattue et crinière au vent. Nous nous mettions également dans la peau des cowboys justiciers, tel un Steve McQueen, un Clint Eastwood, ou un Charles Bronson, qui, tout comme les chevaliers du Moyen-Age, se sacrifiaient pour redresser un tort, voler au secours des dames, et aider les orphelins, les faibles, et les déshérités.

A la campagne de Médiouna, les paysans ont l'habitude de laisser leurs bêtes et leurs chevaux, sommairement entravés, brouter librement dans les champs sans clôtures. C'était un jour de printemps et nous avions repéré quelques chevaux libres près de la colline voisine. Notre excitation était à son comble. Nous voulions tenter notre chance avec ces pur-sang arabes. En vain, Tête de Boisseau fut le premier à se jeter sur l'un des chevaux qui faillit lui fracasser le crane d'une ruade inattendue. Zyeux de Moustique, proverbialement peureux, regardait de loin les chevaux agités. Le Trapu n'avait pas de chance d'essayer à cause de sa petite taille. Le Genouflu réussit, toutefois, à en surprendre un de couleur rousse et beige, et à se hisser sur son dos, tant bien que mal en s'agrippant à sa longue crinière et à son cou. Le cheval, pris de panique, se mit à tournoyer et puis à galoper à toute vitesse et dans tous les sens, virant tantôt à droite tantôt à gauche, sauvagement, comme s'il avait cherché à désarçonner le cavalier qui, à plat ventre et collant au dos de la bête, se cramponnait de toutes ses forces à la crinière du cheval fou. C'était un spectacle aussi dangereux qu'un véritable rodéo dans un film western !

L'aventure du Genouflu ne dura que quelques instants. Sans prévenir, le cheval débridé fit volte-face et fonça brusquement sous les branches basses d'un vieux caroubier, lesquelles, d'un coup sec, balayèrent Le Genouflu en le faisant culbuter en arrière, et atterrir à plat sur le dos, en manquant de se briser en deux.

Le cheval fou furieux s'arrêta net l'espace d'une seconde, comme surpris, soulagé, ou moqueur, et puis reprit aussitôt sa course folle à travers champs tout en lançant, de temps à autre, des ruades effrayantes qui lui tordaient tout l'arrière-train, projetaient des mottes de terre dans tous les sens, et lui donnaient l'allure d'un équidé mythique déchaîné.

Le preux cavalier désarçonné reprit son souffle, se releva lentement après quelques instants, et constata que, miraculeusement, il n'avait que quelques égratignures légères au visage et des meurtrissures au dos. La sidération était générale. L'aventure équestre du Genouflu resta longtemps inscrite en lettres d'or dans la mémoire collective de la bande incorrigible des Toqués.

A la saison de la taille des oliviers, entre février et avril selon que la cueillette fut maigre ou abondante, nous inventions des jeux de fronde, de tir à l'arc et de tire-boulettes. Pour fabriquer des tire-boulettes nous choisissions des branches solides, fourchues, en forme d'Y, que nous taillions soigneusement au canif avant d'y attacher solidement, aux deux extrémités évasées, un ruban en caoutchouc découpé généralement dans une vieille chambre-à-air d'une roue de bicyclette. Quant à la fabrication des arcs de tir, elle était plus élaborée. Une fois les branches triées d'après leur souplesse, nous en récupérions des tiges longues d'un mètre environ, et dont l'épaisseur ne devait pas dépasser la taille d'un gros orteil.

Nous nous mettions à confectionner nos propres arcs méticuleusement. A l'aide d'un petit canif, on faisait une entaille à chaque bout de la tige sélectionnée et on en reliait les deux extrémités avec une corde solide qu'on tendait à l'extrême, tout en faisant très attention de ne pas briser l'arc au milieu, jusqu'à ce qu'on obtînt la forme arrondie désirée. Une fois la fabrication de l'arc terminée, nous choisissions les fléchettes parmi les fines tiges que nous polissions sur toute la longueur, et dont nous affutions l'une des deux extrémités.

Chaque guerrier, c'était le cas de le dire car nous jouions aux Indiens et aux Cowboys, pouvait compter dix fléchettes dans son carquois. Les visages barbouillés avec de la boue ocre-rouge ou de la pulpe de figue de barbarie, nous passions des après-midis entières à nous poursuivre les uns les autres, à pousser des ululements farouches, et à tirer des flèches dans l'air en imaginant que nous livrions bataille aux méchants envahisseurs, les visages pâles et les cowboys barbares !

Parmi nos jeux favoris était l'assaut du caroubier. En effet, il y avait un caroubier dans les environs dont le tronc était haut et lisse et que nous ne nous lassions jamais de le prendre d'assaut à chaque fois que nous passions par-là. Nous nous imaginions, sans doute à cause de sa présence archaïque et immuable, qu'il nous défiait sans arrêt de pouvoir grimper jusqu'en haut de ses branches noueuses qui s'élançaient vertigineusement, à environ vingt-cinq mètres au-dessus de nos têtes. Nous passions de longs moments à tenter vainement de vaincre le grand tronc lisse et glissant, sans jamais atteindre les plus hautes branches chargées de fruits convoités. L'énorme tronc rond ne donnait aucune prise à nos petites mains pour s'y agripper et nous hisser plus haut.

Le plus agile parmi nous était souvent Tête de Boisseau dont les longs bras pouvaient presque ceinturer le tronc du caroubier et lui permettre de monter par petits coups de rein en s'aidant de ses pieds nus serrés en étau autour de l'arbre. Il se collait au tronc tel une limace ou un ver de terre se trémoussant sur une branche de figuier. Mais, Tête de Boisseau n'atteignait jamais les hautes branches tentaculaires du caroubier, qui étaient chargées de longues grappes de fruits à la peau brunâtre et sèche et à l'intérieur mielleux et doux, que l'on aimait grignoter avidement et que l'on comparait aux bananes des pauvres.

Le Genouflu, Tête de Boisseau et les autres, arrivaient difficilement à grimper deux ou trois mètres au-dessus du sol, et tout à coup, découragés, ils se laissaient glisser en bas. C'était d'autant plus frustrant que pendant l'été nous ne pouvions pas cueillir les fruits mûrs de ce caroubier qui se balançaient si haut et que nos jets de pierre effrénés n'en faisaient tomber que trop peu pour satisfaire notre gourmandise d'enfants déchaînés et voraces.

A la maison, en période de vaches maigres, il nous arrivait quand même de manger un bon couscous à la viande de mouton. C'était tellement exceptionnel que l'on sortait directement de table sans se laver les mains, exprès, et on courait vite dans la rue retrouver les copains pour nous vanter. De prime abord, ils ne croyaient pas un seul mot de ce qu'on leur disait. 'Couscous à l'agneau ? Menteurs !' ricanaient-ils. 'Menteurs, on ne vous croit pas ! Montrez vos mains !' nous défiaient-ils. On jouait le jeu pendant quelques minutes, où l'on disait 'Si, c'est vrai' et eux disaient 'Non, menteurs' jusqu'à ce qu'on leur présentât nos mains pour voir et renifler l'odeur de viande de mouton. Ils reniflaient l'un après l'autre le parfum exquis de viande sur nos doigts et dans le creux de nos mains, et ils ne pouvaient s'empêcher de soupirer longuement en se léchant les babines et en espérant que ce serait bientôt leur tour de nous présenter leurs mains parfumées à la viande d'agneau !

Nos parties de football ressemblaient à des escarmouches entre bandes rivales. Dès les grandes vacances d'été, de printemps ou d'hiver, nous organisions des séries de rencontres autour d'un ballon de fortune, souvent confectionné à l'aide de vieux chiffons saucissonnés et rafistolés avec des fils et des rubans de coton. Rares étaient les parties où nous tapions dans un vrai ballon en caoutchouc ou en cuir gonflable que l'on désignait de 'ballon peau.'

Notre terrain de football était naturellement notre rue étroite en terre battue, qui était bien meilleure, mais en tout cas moins dangereuse, que la route goudronnée où les blessures étaient fréquentes et plus graves et où la partie s'arrêtait à l'approche d'une voiture ou d'une charrette. Rares étaient les voitures qui passaient dans notre rue, alors le jeu pouvait durer longtemps sans interruption.

En revanche, à l'approche d'une vieille personne ou d'un voisin grincheux à qui on ne disait bonjour que par respect à son âge et à son voisinage, nous suspendions la partie le temps qu'il fallait pour la personne âgée de s'éclipser, et la partie reprenait de plus belle avec des joueurs en sueur, criant à tue-tête, les cheveux au vent et les joues cramoisies. Le ballon pouvait rebondir sur l'un ou l'autre mur de la rue, mais le match continuait allègrement sans s'arrêter pour lancer une touche.

Nos parties de football se déroulaient sur une grande étendue de la rue où on plaçait à chaque bout de la distance choisie, deux grosses pierres ou briques espacées de trois ou quatre mètres pour le but. Les tirs, les dribles, les cris, les rires, les bousculades, les coups de pieds, les coups francs, les chutes, et les plongeons faisaient partie d'une ambiance chaotique indescriptible et pouvaient durer longtemps et ne cessaient momentanément que lorsque le ballon quittait le terrain, ou lorsque quelqu'un marquait un but, ou lorsque l'un des joueurs se faisait jeter brutalement par terre, et plusieurs voix de son équipe s'élevaient alors en scandant très fort 'coffrant! coffrant!' devançant ainsi l'annonce officielle de l'arbitre qui devait siffler une faute, un 'coup franc!' Mais quand le ballon, par malchance, atterrissait sur le toit d'un voisin grincheux et méchant, c'était la fin de la partie et on pouvait dire aussi adieu au ballon que ce dernier ne nous rendait presque jamais ou que plus tard et après l'avoir mis hors d'état de nuire en le crevant avec un couteau ou une paire de ciseaux. Parfois, l'équipe adverse rejetait le verdict en prétextant que le joueur tombé par terre jouait la comédie pour obtenir un coup franc.

Des chamailleries et des palabres interminables s'en suivaient souvent jusqu'à mettre toute la partie en jeu. Bien des parties n'avaient jamais été terminées à cause de tels malentendus et de telles mauvaises fois, causant des échauffourées et des coups de poings, dans lesquelles Tête de boisseau et Le Genouflu étaient champions.

Ces bagarres éclataient souvent, surtout lorsque notre équipe, les Toqués, jouait contre sa plus redoutable rivale qui venait du quartier Est du village, connue pour leur brutalité et leur fierté de coqs déchaînés.

Pendant l'une de ces parties de football mouvementée, l'un des joueurs de l'équipe adverse s'accrocha avec Le Genouflu à cause d'un geste déplacé ou d'une brutalité commise par l'un d'eux. Le joueur de l'autre équipe, dont le grand frère était le fiancé de la grande sœur du Genouflu, avait eu la maladresse, ou l'effronterie délibérée et provocatrice, de lancer en pleine figure de ce dernier 'Tiens, mon frère va bientôt prendre ta sœur, et toi, tu n'y pourras rien. Tu l'auras dans le baba ! Va t'y opposer si tu peux !' Alors Le Genouflu comprit que c'était une atteinte à l'honneur de la famille et, voyant rouge comme un jeune taureau, et bien que moins grand que son adversaire, il fonça dans le tas comme un rhinocéros enragé. Le frère du futur gendre de la famille accusa le coup et riposta en lui donnant une gifle cinglante que Le Genouflu n'eut même pas l'air de sentir, car il s'agrippa aussitôt de toutes ses forces au cou de son adversaire et ne voulut pas le lâcher. Les coups de poings et de pieds fusèrent de toutes parts, et dans la confusion générale et le cafouillage inextricable, Le Trapu, voulant venir à la rescousse de son frère, Le Genouflu, ramassa un gros caillou et le lança de toutes ses forces sur la tête de l'ennemi, mais il manqua sa cible et le gros caillou percuta le crane fraîchement tondu de son propre frère. Le sang gicla et mouilla la chemise blanche du Genouflu.

C'était la consternation générale et tout le monde crut que c'était le joueur de l'équipe adverse qui avait causé la blessure spectaculaire à la tête du Genouflu. Un sentiment bizarre de peur et de culpabilité saisit Le Trapu qui ne put avouer son forfait et qui se mit à crier et à pleurer très fort en courant à côté du Genouflu pour rentrer vite à la maison et dénoncer le prétendu agresseur, le frère du futur gendre. A ce jour, à part Le Trapu lui-même, auteur du crime perpétré involontairement contre son propre frère, personne ne sait qui avait réellement porté ce coup traître à la tête du Genouflu. Le Trapu vécut longtemps avec sa mauvaise conscience de se savoir responsable involontaire, sans aucun doute, de cette bavure. Il avait gauchement lancé cette maudite pierre à la tête de son frère, victime collatérale, et avait lâchement tu son forfait et laissé tout le monde accuser à tort le joueur de l'équipe adverse, le frère cadet du futur gendre. Il va sans dire que le méchant jet de pierre du Trapu à la tête du Genouflu jeta un froid sur la relation des deux belles-familles et faillit même causer la rupture des fiançailles de la grande sœur Fatma Première.

Chapitre XVI

(Bobo le Magnifique)

Vers la fin de l'été, les cerfs-volants réapparaissent dans le ciel ludique des Toqués comme un autre passe-temps familier. Grands et petits, les Toqués se servaient de l'emballage en papier kraft des grands sacs de ciment qu'ils découpaient en forme d'énormes losanges. Ils croisaient, à un angle droit en long et en large du papier, deux baguettes de roseau sèches et légères qu'ils fixaient solidement aux extrémités et à l'intérieur du cerf-volant. La queue est une guirlande faite de plusieurs anneaux en papier entrelacés et collés à l'extrémité effilée du cerf-volant. A l'intersection des deux baguettes de roseau on attachait une longue ficelle et on attendait que le vent se levât pour nous mettre à courir à toutes jambes et lancer le cerf-volant dans l'espoir de le voir voler haut, très haut au-dessus des arbres et des maisons. Alors, une grande joie nous envahissait malgré un léger sentiment d'appréhension dès que le cerf-volant, fouetté par le vent, commençait à virevolter dangereusement et à tirer très fort sur l'autre bout de la corde, comme s'il eut voulu nous emporter dans les airs, ou rompre le fil et partir loin, très loin, là-haut, bien au-dessus du village.

Le célèbre cerf-volant de Bobo, le fils du boulanger du quartier qui était bien plus âgé et bien plus fêlé que tous les Toqués, avait une taille gigantesque ; il mesurait trois mètres de long sur deux de large.

Le fameux Bobo avait l'allure d'un gentil lutin géant. Il était baraqué. Il avait un teint hâlé, une grosse tête au front bas, de grandes oreilles décollées, des cheveux longs, des yeux tombants, des jambes arquées, des bras démesurément longs et musclés, et une énorme bouche qui souriait constamment et toujours d'un seul côté, et qui lui donnait un faux air de retardé mental. Bobo était un farceur-né dont les fourberies étaient légion et connues de tous les villageois.

Une fois, à la tombée de la nuit, une nuit d'automne sombre, bruineuse et venteuse, Bobo attacha à son cerf-volant géant un solide filet de pêcheur, dans lequel il plaça un pauvre chat de gouttière et une petite lampe de poche clignotante, et fit monter le cerf-volant et son singulier équipage dans les airs. De loin, les noctambules apercevaient dans les nuages quelque chose d'insolite qui clignotait, montait, et descendait sans arrêt. Aussitôt, une foule de curieux s'était formée. Certains songeaient que c'était un OVNI et n'osaient pas y aller. Mais tous voulaient savoir de quoi il s'agissait. Les plus hardis parmi les badauds se hâtèrent vers l'endroit d'où semblait s'élever la lumière dans le ciel. A mesure qu'ils s'approchaient du lieu, ils entendaient des cris bizarres et des miaulements entrecoupés. En arrivant à l'endroit recherché qui se situait à la sortie nord du village, ils tombèrent sur l'incorrigible Bobo qui pilotait son cerf-volant géant à l'aide d'une très longue corde, tout en ricanant et en parlant tout seul dans le noir, comme un petit diable.

Bobo riait aux éclats. Il parlait au pauvre matou emprisonné dans le filet suspendu entre ciel et terre, auquel il donnait du mou de temps à autre en criant à haute voix, 'Plus haut Gagarine ! Encore plus haut ! Un tout petit peu plus Youri, et nous allons vaincre la pesanteur !

Va ! Monte plus haut Gagarine ! Monte encore !' Bobo avait beau exhorter son cosmonaute de la gente féline et lui donner de la corde, mais 'Gagarine' ne put monter dans les airs ce soir-là guère plus de quelques centaines de mètres au-dessus de notre Médiouna.

Une fois la surprise passée, certains badauds s'indignèrent de la supercherie de Bobo et s'en furent en secouant leurs têtes en signe d'exaspération ; mais d'autres trouvèrent l'invention de Bobo plutôt loufoque et divertissante.

Tous les habitants de Médiouna se souviennent des fourberies hilarantes de Bobo. Une autre fois, il s'était mis à arpenter les rues du centre-ville en pleine canicule, en traînant derrière lui une grosse miche de pain. Lorsque les passants lui demandaient ce qu'il faisait avec ce pain attaché au dos, il leur répondait ironiquement 'Tout le monde court après son pain, mais moi, c'est le pain qui me court après !' Ceux qui comprenaient les propos sibyllins de Bobo, le plaignaient forcément, parce qu'ils savaient qu'à la boulangerie, son père lui menait la vie dure en le harcelant avec 'Bobo, tu dois rester éveillé toute la nuit pour surveiller les ouvriers' ; 'Bobo as-tu compté les sacs de farine entamés ?' 'Bobo, as-tu prévu le nombre d'enfournées pour ce soir ?' As-tu noté la quantité de bois disponible dans l'arrière-cour ?' 'N'oublie pas de vérifier le carnet des commandes ! 'N'oublie pas d'installer les pièges à rats et surtout ne laisse pas traîner le DDT près des sacs de farine !'

Franchement, Bobo en avait marre de la boulangerie, des directives de son père, et des interminables corvées nocturnes. Pour lui, c'était littéralement le pain qui le pourchassait comme un cauchemar obsédant. Bobo le fou, Bobo le sage !

En grandissant, Bobo poursuivit des études de sport et épousa une carrière de professeur d'éducation physique. Mais, il vécut longtemps tiraillé entre, d'une part, un esprit rebelle, des rêves grandioses, et des frasques de jeunesse farfelues, et d'autre part, une sagesse épicurienne, une autorité paternelle insupportable, et une angoisse de mort précoce, ce qui le poussa fatalement à chercher refuge de plus en plus dans une misanthropie stoïque doublée d'une névrose et d'un alcoolisme quasiment incurables.

Cependant, Bobo avait réussi, soit d'une manière ingénieuse soit par pur plagiat, à mettre en pratique une combinatoire brassant à la fois, le calendrier julien, grégorien, solaire, lunaire, hégirien, et les calendes grecques s'il eût été possible, le tout obéissait à des règles de calculs indéchiffrables. Cette géniale invention calendaire de Bobo lui permettait de trouver avec exactitude, à partir d'une date de naissance donnée, quelle qu'en soit l'année, le jour de la semaine précis correspondant à cette date. Il nous fascinait toujours en nous révélant par exemple que Tête de Boisseau était né un jeudi, Le Genouflu un mardi, Zyeux de Moustique un samedi, Le Trapu un lundi, Le Sacrifié un vendredi, Le Pacha un mardi, et Bobo lui-même un dimanche ; et il blaguait en ajoutant que c'était pour cela, sans doute, qu'il languissait toujours pour un peu plus de repos et de paresse que tout le monde.

Le père Momo n'aimait pas beaucoup nous voir en compagnie de Bobo, surtout que lui et le père de celui-ci, qui était l'un des fidèles électeurs de l'infâme maire du village, s'entendaient comme chien et chat. Le père Momo ne machait pas ses mots en nous sermonnant sur notre relation avec Bobo.

- Ce fils de boulanger est plus âgé que vous ; qu'est-ce que vous faites avec lui ?

- Rien. On joue.

- Vous jouez avec ce vaurien ? Avec ce taré ? Cet ivrogne ?

- Il est marrant. Il raconte des histoires étranges et rigolotes. Il nous apprend des astuces. Il nous a montré comment fabriquer des cerfs-volants et plein d'autres choses.

- Il finira par vous droguer un jour, comme il a saoulé son oncle, le vieux muezzin Mabrouk.

La mère Malika, intriguée, incrédule, et curieuse, tout autant que nous, s'étonna à haute voix, 'Pardi ! Comment ça, il a drogué son oncle, l'imam Mabrouk ?'

- 'Oui, tu ne le sais pas ?' répondit le père Momo et ajouta 'Ce dingue de Bobo a réussi à griser son vieil oncle pendant une soirée en famille, en lui faisant manger une belle orange qu'il a secrètement bourrée de 'Boukha' à l'aide d'une seringue !'

La mère Malika toujours incrédule et plus curieuse que jamais, 'C'est quoi cette Boukha ? Mais, comment ose-t-il faire une telle chose odieuse à ce pieux bonhomme ? C'est scandaleux ! Il ira sûrement en enfer, sauf si son oncle le pardonne.'

- 'Eh bien,' continua père, 'la Boukha est une liqueur alcoolisée à base de figues fermentées. Le pauvre Mabrouk ne se rend compte de rien pendant toute la soirée ; mais

chemin faisant, en compagnie de Bobo qui a insisté auprès de
ses parents pour raccompagner son oncle chez-lui, le vieil
homme, au pas incertain, fait une pause de temps à autre en
s'accoudant sur l'épaule de son neveu, lève la tête vers un
ciel hivernal noir, et entonne une chansonnette à l'honneur de
la lune et des étoiles qu'il croit apercevoir là-haut. L'oncle
Mabrouk passa une nuit des plus agitées et ne put fermer
l'œil. Au milieu de la nuit, ça lui a pris de tituber jusqu'au
sommet du minaret et d'appeler les fidèles à la prière de
l'Aube.'

Nous éclatâmes de rire en imaginant la tête des fidèles d'entendre
l'appel à la prière au milieu de la nuit. On riait de plus belle en
chuchotant 'Gagarine, Gagarine,' et en pensant aux interminables
roublardises fourbes et scabreuses de Bobo. Nos chuchotements
énigmatiques, nos rires interminables, et ce nom incompréhensible et
difficile à prononcer, finirent par énerver la mère Malika qui, de
concert avec le père Momo, déversèrent sur nous leur grand discours
moralisateur au sujet des valeurs humaines, des jeunes mal-éduqués
qui manquent souvent de respect à leurs parents et aux personnes
âgées.

Au beau milieu de leur diatribe, mère se tut soudainement, nous fixa
de son regard noir, et nous interrogea d'un air innocent 'qu'est-ce
que vous dites là ? C'est quoi ce Gargarine ?' Nous étions pris d'un
fou rire terrible qui nous coupa le souffle et puis nous criâmes d'une
seule voix, 'Ce n'est pas Garrrrrgarine, c'est Gagarine !' Le père
Momo rectifia aussi que c'est 'Gagarine' et non pas 'Gargarine,' et

lui expliqua que c'est un cosmonaute soviétique qui est allé dans l'espace accompagné de sa chienne Laïka, et ensemble, ils ont fait le tour de la terre en s'approchant de la lune. La mère Malika se sentant un peu vexée à cause de son éducation élémentaire, de son parler patois, et de sa quasi-ignorance du monde en dehors du foyer familial, se rebiffa contre le père Momo et dit d'un air indigné, 'Je ne crois pas un seul mot de ce que tu dis. Un homme et sa chienne voyageant dans le ciel près de la lune ? C'est un des signes que la fin du monde est proche !' Cela nous envoya une nouvelle décharge de fous-rires plus atroces encore au point où le père Momo menaça de nous punir en lançant une de ses fameuses admonitions 'Celui qui rit sans raison mérite punition' et ajouta à l'intention de la mère Malika d'un air sarcastique, 'Parler à celui qui ne te comprend pas raccourcit la vie,' et il se tut avant d'allumer une cigarette pour retrouver sa bonne humeur.

Sur ces entrefaites, nous crûmes bon de filer sans tarder. Nous courûmes vite dans le grand jardin afin d'explorer la nature et nous amuser. Aux yeux de nos parents, Bobo le magnifique de notre enfance était naturellement une mauvaise herbe, un détraqué, et donc un exemple à ne pas suivre. Le père Momo et la mère Malika croyaient fermement aux bienfaits de l'éduction de leurs enfants ; mais à mesure que le fardeau de la scolarisation de tous s'alourdissait, les garçons, eux, pouvaient continuer à aller à l'école, tandis que les filles, elles, devaient rentrer au bercail avant l'âge de douze ou treize ans et espérer convoler en justes noces le plus vite possible.

Chapitre XVII

(Momo Premier)

Malgré les jours heureux, la famille Momo avait frôlé à maintes reprises des drames poignants : crises de démence, tentatives de suicide, et tentatives de meurtre. Tantôt la barque familiale rebondissait hardiment comme un kayak descendant un torrent rugissant, tantôt elle filait silencieusement telle une frégate à la surface d'une onde limpide. Bringuebalant entre opulence et dèche, qui, ni l'une ni l'autre, ne semblait durer longtemps et pour toujours, la famille grandissait et mutait comme un organisme vivant qui se défendait aussi bien héroïquement que pathétiquement, contre vents et marées et à l'encontre des menaces provenant de l'extérieur ou de l'intérieur.

Un soir d'été où le sommeil est léger comme la brise matinale, des bruits sourds et des cris confus dans la grande chambre familiale, nous avaient réveillés brusquement. Momo Premier, fou furieux, brandissant un pieu métallique affreux, était en prise avec Fatma Trois réveillée, elle aussi, en sursaut par la brutalité et les cris de son frère aîné qui voulait la poignarder *hic et nunc*, et sans autre forme de procès. Nous étions épouvantés. La mère Malika, abasourdie et terrorisée, voulait savoir de quoi il s'agissait en s'interposant entre son fils et sa fille. Momo Premier, dans un état second, accusait sa sœur d'avoir une aventure indécente, à ses yeux, avec un instituteur du village ! 'Celui qui m'a rapporté ça ne ment pas. Il m'a tout dit au sujet des micmacs éhontés de ta salope de fille,' hurlait Momo Premier.

L'arme de fortune au poing, il continuait à menacer sa sœur terrorisée qui tremblait de tous ses membres et s'abritait derrière sa mère terrifiée. 'Ta fille a des rendez-vous secrets avec ce fils de p…, dans notre jardin en plus,' criait Momo Premier en s'adressant à sa mère. Il essayait d'attraper Fatma Trois par les cheveux, tout en déchirant l'air avec son arme fatale et en donnant des coups précipités dans le vide. Il tournoyait comme un fauve en cage autour de la mère Malika qui tentait de toutes ses forces de l'empêcher de s'approcher de sa sœur en sanglots, tout en le priant de se calmer et de tout lui dire sur cette affaire scandaleuse et de la laisser se charger du reste, 'Dis-moi ! Qu'est-ce qu'il y a ? Qui t'a dit ça ? Et arrête de nous terroriser ! Tu veux commettre un meurtre ? Calme-toi un peu mon fils et dis-moi tout ! Mais calme-toi, bon sang !'

Momo Premier éclata à la fin en déversant son fiel sur sa sœur pétrifiée, 'Regarde-moi bien ses yeux de génisse langoureuse ! Cette salope ! Ta fille va nous traîner dans la boue ! Je vais la tuer !' s'acharnait-il. 'Tu sais qu'elle lui fait les yeux doux à travers les haies de cactus. Et lui, ce fils de traînée, il la pourchasse dans tous les coins et recoins du jardin. Je vais les tuer tous les deux, vous dis-je. Je vais commencer par cette salope d'abord ! Ah ! Grrr ! Ah ! Grrr ! Elle nous déshonore !'

Mère et fille, craignant le pire, étaient dans tous leurs états et sur le point de s'effondrer. Les cheveux ébouriffés, les visages cramoisis, et les yeux cernés, elles gesticulaient, criaient, et se défendaient désespérément contre un Momo Premier déchaîné, démentiel, prêt à commettre l'irréparable. Fatma Trois s'abritait derrière sa mère, tenait à peine sur ses jambes, et semblait être sur le point de s'évanouir d'un instant à l'autre.

Tous les enfants et leur mère, excepté le père Momo qui était absent ce soir-là, appréhendaient le pire, l'irréparable, l'horrible meurtre de l'une des leurs, pour une histoire d'amour adolescent et banal. Momo Deux, perspicace et précoce comme d'habitude et ayant eu vent des amourettes de Momo Premier au lycée, lança à l'intention de ce dernier, calmement, clairement, et laconiquement du haut de ses douze ans, en guise de défi imparable, 'Que celui qui n'a jamais fauté jette la première pierre Monsieur !' Mais Momo Premier ne l'entendit pas ou fit semblant de ne pas l'entendre.

Par miracle, la mère Malika avait réussi, entretemps, à arracher le pieu des mains de son fils et à le pousser dehors en claquant et en verrouillant la porte de la chambre. Elle parla ensuite longuement et calmement avec sa fille. Elle comprit grâce à son intelligence de mère pleine de sagesse et d'amour que ce n'était point interdit qu'un jeune homme du village – un instituteur par-dessus le marché – fît la cour à l'une de ses filles en âge de se marier, bien qu'elle jaugeât, *in petto*, que le galant dont il s'agissait, venait d'une famille d'un niveau social inférieur au nôtre.

La mère Malika décida que sa fille n'eût commis aucun crime jusque-là. Elle se rassurait en son for intérieur qu'il n'y avait aucun mal à ce qu'une liaison romantique pût naître entre sa fille et un honnête homme, nonobstant la haie de cactus au fond du jardin.

Mais en tout cas, la mère Malika tenait à savoir si cette histoire était sérieuse et si elle avait des chances d'aboutir. Elle pensa à en faire part au père Momo dès son retour à la maison. Devant le mutisme pudique de Fatma Trois, elle comprit que sa fille était sérieuse et nourrissait l'espoir de devenir l'épouse de l'instituteur en question, qui était orphelin et vivait seul avec sa pauvre vieille mère.

Au lendemain matin de l'horrible scène où Momo Premier fut déchaîné comme un forcené, Le Trapu, réveillé de mauvaise humeur, encore sous le choc du scandale de la veille qui lui avait laissé un vague relent cauchemardesque dans le cœur et un goût amer dans la bouche, et sans connaître la fin de l'histoire qui l'attristait, passa toute la matinée à épier haineusement sa sœur, Fatma Trois, par qui le scandale fut arrivé, en cherchant à deviner les motifs de ses allées et venues, qui d'ailleurs bien que très domestiques et très habituels, en somme, lui semblaient, pour une raison ou une autre, inexplicables et suspects. Au moment où Fatma Trois se mit à balayer la cour de la maison en fredonnant un air mélancolique, Le Trapu courut vite dans le jardin, arracha une longue tige du grenadier effilée, s'introduisit silencieusement à travers l'entrebâillement de la grande porte d'entrée, et sans crier gare, cingla hystériquement et lâchement les mollets nus de sa grande sœur qui, surprise, effrayée et peinée, poussa des cris de douleur, jeta le balai par terre, et se mit à frotter, en gémissant, les traces des coups brûlants qui venaient de la terrifier et de l'humilier.

Le Trapu se sauva sans le moindre remord, en croyant avoir bien agi, pour donner une leçon inoubliable à la brebis galeuse qu'il croyait remettre sur le droit chemin, et défendre ainsi l'honneur de la famille bafoué, fut-ce dans le sang et dans la douleur.

Le Trapu resta bien longtemps sous l'influence de son grand frère, Momo Premier, tout en gardant une méfiance sournoise envers ses grandes sœurs. Cependant, les timides rendez-vous par haie de figuiers de barbarie interposée, de Fatma Trois avec l'instituteur qui était redouté et vilipendé, finirent par s'officialiser en recevant la bénédiction des parents et même celle de Momo Premier qui, une fois le mariage consommé, ne tarda pas à se lier d'une grande amitié durable et indéfectible avec ce nouveau beau-frère. Quelques années plus tard, ce dernier, nommé directeur d'école dans une région reculée du Djebel Bargou dans l'arrière-pays de la Tunisie, partit avec Fatma Trois et leurs enfants vivre et travailler là-bas.

Le jeune Momo Premier était, malgré son hypersensibilité, un grand sportif, exhibant un corps d'athlète aux gros biceps durs et noueux. Ses cheveux noirs longs et raids lui tombaient sur la nuque et les épaules et encadraient son beau visage au petit nez droit. Il avait l'air d'une figure romaine. Ses yeux noirs brillaient d'un regard perçant qu'il ne baissait jamais le premier s'il vînt à croiser le regard d'une autre personne quel que fût son rang ou son autorité.

Il adore raconter l'anecdote, d'ailleurs véridique selon lui, qui se résume en sa rencontre fortuite avec le président Bourguiba qui descendait à pied l'Avenue de France à Tunis entouré de sa nombreuse garde. Leurs regards s'étaient croisés l'espace d'un instant fulgurant mais qui lui parut une éternité. Ni Momo Premier ni le Président de la République n'eût le réflexe ou la faiblesse de baisser les yeux le premier. Alors, Momo Premier finissait toujours son anecdote en soulignant que, excepté lui, tous 'les gueux' baissaient toujours les yeux devant le regard charmant et inquisiteur du Président. Il tire une fierté inouïe en se flattant qu'il est le seul à n'avoir jamais ni baissé les yeux ni courbé l'échine devant qui que ce soit, fût-il le Combattant Suprême en personne !

Quelque temps après cet incident anodin, en somme, vers la fin du mois de juin, Momo Premier était invité au palais de Carthage pour recevoir son prix présidentiel en tant que lauréat licencié ès histoire, des mains du Président Bourguiba. Il fut pris d'une peur panique en se rappelant l'incident de l'Avenue de France et songea qu'il se ferait inéluctablement débusquer au moment où il croiserait le regard du Président à nouveau. Plusieurs fois, était-il tenté de ne pas y aller et de renoncer à ce prix prestigieux, racontait-il. Mais il finit par se dire que l'incident avait eu lieu quelques semaines, voire des mois auparavant, et que le Président avait sûrement bien d'autres chats à fouetter et que de se souvenir d'un quelconque passant qui lui aurait lancé un regard plein de défi pendant sa promenade au centre de Tunis, était pratiquement impossible. 'Fadaises !' se rassurait Momo Premier.

Après avoir pesé le pour et le contre, il se décida donc d'aller au Palais de Carthage recevoir son prix présidentiel sans tarder. Il se doucha, mit son costume de soirée, et prit un taxi en direction du Palais présidentiel. En montant sur le podium, son regard inévitablement croisa celui de Bourguiba qui lui sourit et lui fit signe de s'approcher. Bourguiba le félicita devant les caméras de la télévision nationale, le tapota sur la joue, et lui lança, en fronçant légèrement les sourcils, 'Ton visage me dit quelque chose, jeune homme. On s'est déjà rencontré quelque part ?' Momo Premier, sur le point de céder presque à la panique sous le charme charismatique du Président, bredouilla légèrement 'Eh, eh.' Mais en entendant le Président ajouter 'Peut-être à Monastir ?' Momo premier sentit aussitôt que c'était l'occasion ou jamais de mentir, sinon il serait perdu. 'Oui, Monsieur le Président,' s'empressa-t-il de dire. Rapide comme l'éclair, il saisit fébrilement le diplôme et le cadeau des mains du Président, le remercia, descendit les degrés du podium, et se fondit aussitôt dans la foule des invités de Carthage sans se retourner.

Par ouï-dire, on savait que Momo Premier s'amourachait d'une dulcinée du nom de Mina B. Mustapha, fille d'une grande famille bourgeoise de Tunis. Il l'avait rencontrée à la Faculté du 9 Avril du temps où c'était l'Ecole Supérieure. Elle préparait une licence de français moderne et lui une licence d'histoire ancienne. Ils menaient une vie de jeunes amoureux libres et sans complexes au début des années 1960.

Cultivés et libérés des tabous d'une société traditionnelle au temps où leurs camarades occidentaux contestaient la guerre américaine au Vietnam et parlaient de révolution sexuelle et de conflit de génération, Momo Premier et Mina suivaient de près, à la télévision en noir et blanc, dans les journaux, et dans les livres, les changements révolutionnaires amorcés par les étudiants et les travailleurs à Los Angeles, à New York, à Londres, à Berlin, à Paris, à Rome, à Madrid, et à Athènes, qui avaient atteint Alger, Tunis, le Caire, Beirut, Damas, Bagdad, et bien d'autres capitales du monde Arabe.

Momo Premier et Mina adhéraient corps et âme aux idées de gauche et s'enthousiasmaient pour une perspective communiste d'une société libre et égalitaire. Etudiants assidus des cours de Michel Foucault à l'université de Tunis, Momo et Mina et leurs camarades de la Faculté discutaient des idées marxistes, gramsciennes, nietzschéennes, foucaldiennes, de la Commune de Paris, du régime soviétique, de Lénine, de Trotski ; du régime chinois, de Mao et de Ho chi Minh ; de la crise de la baie des Cochons ; de Che Guevara et de Fidel Castro ; du rôle des syndicats et des mouvements ouvriers dans la dictature du prolétariat ; de l'expérience socialisante des coopératives en Tunisie, du théâtre de Brecht ; des Hippies, et des Happenings. Les cours magistraux, l'engagement politique, voire, l'aide logistique fournie aux étudiants de Tunis, d'un Michel Foucault au faîte de sa carrière, semblaient être les catalyseurs déterminants d'une grande agitation intellectuelle et artistique contestataire à l'université du 9 Avril de Tunis, antérieure à Mai 68.

Momo et Mina ne manquaient aucune manifestation estudiantine au campus et sur la grande avenue Habib Bourguiba. Ils rêvaient d'un avenir meilleur, d'une société affranchie, d'un monde libre, et d'un pays libéré du joug du capitalisme, du néocolonialisme, et de la mainmise d'un parti politique unique petit-bourgeois et hégémonique, même si son leader, Bourguiba, eût été considéré comme 'un despote éclairé'.

Un jour d'automne après les grandes vacances, Momo Premier alla chez Mina pour l'inviter au restaurant. Elle feignit ne pas se sentir en forme. Devant l'insistance de Momo Premier, elle lui signifia qu'elle n'avait pas envie de sortir ce soir-là. Ne saisissant pas clairement le comportement de sa bienaimée, il l'observa pendant un moment sans rien dire, et puis lui reprocha son manque d'entrain, surtout qu'ils ne s'étaient pas revus depuis deux mois. Elle ne dit rien, mais son visage s'empourpra légèrement laissant deviner Momo Premier qu'elle lui cachait quelque chose.

- 'Tu as changé mon amour ?' s'inquiéta-t-il, et ajouta 'Dis-moi, qu'est-ce qu'il y a Mina ma chérie ?'

Mina, la gorge nouée, sentit les larmes lui monter aux yeux et sa respiration s'accélérer.

- 'Mon amour,' soupira-t-elle 'Tu vas devoir ne plus me revoir !'

- 'Mais… Mais qu'est-ce qui te prend, chérie ?'balbutia Momo Premier interloqué.

- 'J'ai … J'ai …' bredouilla Mina, 'Mes parents ont donné ma main à mon cousin Brahim,' parvint-elle à ajouter.

- 'Comment ça ? Ton cousin ? Mais je rêve !' s'exclama Momo Premier, sous le choc.

- 'Une vieille histoire, chéri,' dit-elle en expliquant, 'J'ai toujours nié ça, et j'ai même pensé que c'étaient juste des histoires de famille, et c'est pour ça que je ne t'en ai jamais parlé'.

- ‘Mais chérie, qu’est-ce que cela veut dire ?’ interrogea Momo Premier incrédule.

- ‘Tu sais, certains parents projettent très tôt, ‘Mon garçon épousera sa petite cousine,’ ou ‘Ma fille ne se mariera jamais avec le fils d’un tel,’ etc., etc., etc. Moi, encore toute petite, on m’avait déjà promise à Brahim à peine plus âgé que moi. Mais j’ai toujours pensé que c’était juste une banale histoire de familles. D’ailleurs j’ai complètement oublié, mais pas eux. Cependant, comme il venait de terminer ses études de médecine, alors mes parents ne m’ont laissé aucune chance de refuser les fiançailles avec lui.’

- ‘C’est sérieux ce que tu dis là ? Tu t’es alors fiancée avec ton toubib pendant les vacances d’été ? Et notre amour Mina ? Nos projets ? Nos rêves à deux ?’

- ‘Oui je sais, je sais, chéri. Mais, je n’y peux rien. N’en parlons plus, s’il te plaît ! Nous pourrons toujours rester amis !’

- ‘Oui bien sûr…’ laissa s’échapper machinalement Momo Premier qui sentit subitement une grande lassitude s’abattre sur lui. Il n’avait jamais songé un seul instant qu’un jour il serait ainsi trahi, bafoué, désemparé, et perdu.

Momo Premier n’en revenait pas. Il toisa du regard Mina pendant de longues minutes sans plus rien dire. Dans ses yeux, il n’y avait ni haine ni rancune, mais seulement une incompréhension totale.

Il passa cette année universitaire tant bien que mal, sans réussir avec brio comme à l’accoutumé. Entre-temps, il entama des démarches auprès de l'ambassade de France afin de poursuivre ses études à Paris. Vers la fin de l'été, Momo Premier prit donc la ferme décision d'aller terminer son doctorat en France.

Après la consternation et les crises de spleen de la mère Malika et des sœurs, tout le monde dut accepter la décision de Momo Premier et les préparatifs pour son voyage commencèrent à un rythme diabolique. D'abord, le père Momo brada quelques pieds d'oliviers pour 'Parer aux dépenses impromptues,' se justifiait-il. Lui et Momo Premier se rendirent à Sousse, la plus grande ville de la région, pour faire les courses : deux paires de bonnes chaussures en cuir, deux pyjamas à rayures rouges et bleues avec des motifs d'oisillons jaunes, quatre chemises en coton à petits carreaux multicolores, quatre pullovers en laine, deux bordeaux et deux bleu marine, des sous-vêtements de toutes les couleurs, des tricots de corps blancs serrés, et un manteau marron foncé – 'un trenchcoat' disait le père Momo qui avait sûrement appris ce mot de la bouche des soldats britanniques bivouaqués dans la région pendant la Deuxième Guerre Mondiale – afin de protéger Momo de la pluie et du froid parisiens.

De leur côté, la mère Malika et les grandes sœurs se chargèrent de la suite des préparatifs et se mirent, elles aussi, à s'occuper du trousseau de voyage de Momo Premier. Elles prévoyaient deux paires de chaque pièce de vêtement au moins, pareillement à ce qu'on lui avait fait lorsqu'il était interne au Lycée de Garçons de Sousse. Elles rangeaient les chaussettes, les gants, les serviettes, les brosses de toutes sortes, les petits morceaux de savon de Marseille parfumés à l'eau de rose et au géranium tout ronds de fabrication artisanale faite par la mère Malika ; rien ne devait être laissé au hasard ou fait à la dernière minute. Toutes les pièces du trousseau devaient être préparées, vérifiées, comptées, étiquetées, soigneusement empaquetées, triées, examinées, réexaminées, et puis chaque article était méticuleusement repassé, plié, et rangé à l'intérieur de deux énormes valises de voyage vertes qui fermaient à clé.

Chapitre XVIII

(Paris)

Momo Premier partit alors en France à la mi-septembre, laissant derrière lui une mère et des sœurs éplorées, et des frères désorientés. Il ne songeait qu'à oublier Mina et conquérir Paris. Le Quartier Latin, Notre Dame, le Sacré Cœur, la Sorbonne, Versailles, le Louvre, les promenades sur les quais de la Seine, les bouquinistes, les bibliothèques, les librairies, et les restaurants le faisaient rêver et lui semblaient des palliatifs dignes de tous les sacrifices. Il prit une chambre d'étudiant à la Maison de Tunisie au 14e arrondissement. Cependant, il ne songea pas un seul instant à l'autre réalité moins glorieuse de la vie métropolitaine, qui est celle du métro frénétique et assourdissant, de la foule déferlante, de la solitude aliénante, de l'absence d'amis, et du dépaysement angoissant. Autrement dit, il ne savait pas que l'infâme routine du métro-boulot-dodo le guettait déjà.

En effet, dès les premiers jours gris et pluvieux, Momo Premier ne se sentit pas du tout chez-lui à Paris. Il avait l'impression que le ciel était plus bas, que les nuits étaient plus longues et plus froides, que les gens s'affairaient autour de lui sans le voir, que la nourriture était moins appétissante, et que même son goût pour la lecture et pour les études diminuait dramatiquement au fil des jours et des semaines. C'était peut-être un choc culturel imprévu qui mettait à dure épreuve l'élan de Momo Premier qui était pourtant imbibé jusqu'à la moelle, de culture occidentale en générale et française en particulier. Il s'avéra en un court laps de temps que c'étaient de simples connaissances livresques et théoriques qu'il avait glanées çà et là, grâce à ses innombrables lectures des classiques et des modernes.

Comme il ne buvait ni alcool ni café et ne fumait pas de tabac non plus, il passait le plus clair de son temps au fond d'un vieux bistrot, *L'écritoire*, situé au Quartier Latin, aux portes de la Sorbonne, à feuilleter les journaux ou à bayer aux corneilles, en siroter un diabolo-menthe ou une infusion de thé au citron. Il se morfondait. Il revoyait dans sa tête les jours heureux de son enfance où, étant encore le seul garçon parmi quatre filles, ses parents le choyaient comme un petit prince. Il croyait entrevoir le tendre sourire de la mère Malika dessiné sur le visage des passantes, et entendre les mots encourageants de père Momo quand il le félicitait d'avoir réussi à l'école.

Une foule d'images défilait dans sa tête, les unes le ramenaient à des baignades hilarantes en famille dans la mer du village ; les autres le projetaient dans les années d'internats au Lycée de Garçons de Sousse, grâce à une bourse pour pension complète décrochée à l'âge de onze ou douze ans. D'autres images encore le ramenaient à des expériences ultérieures tantôt heureuses comme ses études couronnées d'un prix présidentiel et tantôt tristes comme la rupture unilatérale d'avec Mina à Tunis. Sa tête bourdonnait et ses oreilles sifflaient à force de végéter malgré lui dans les images du passé.

De retour dans sa chambre d'étudiant à la Maison de Tunisie, Momo Premier se rendit compte, ce jour-là plus qu'auparavant, qu'il était terriblement esseulé, flottant, somnambulesque. Il n'arrivait pas à se concentrer du tout. Il eut l'impression très physique qu'il se détachait de son entourage, de sa chambrette, de ses livres qu'il feuilletait distraitement. Il lui semblait clairement qu'il se refermait sur lui-même comme s'il allait sombrer dans un sommeil profond, une quiétude béate, tout en restant paradoxalement très conscient de chacun de ses gestes, de chacune de ses idées, et de chacun de ses sentiments. Il se surveillait, s'examinait, se parlait, s'introspectait, sans arrêt. Parfois, il se surprenait à regarder intensément le mur en face de son lit pendant de longs moments, ou à contempler les motifs du papier peint sur lequel il croyait voir clairement des formes de monstres géants, de dragons volants, de nuages en forme d'un cheval ailé, et s'imaginait qu'il était tantôt en compagnie du Prophète en train de monter au septième ciel et tantôt jeté au tréfonds de la géhenne sous le regard moqueur et sulfureux de Satan.

Momo Premier semblait perdre petit à petit le goût de la vie. Il quittait de moins en moins sa chambre. L'envie d'aller prendre un thé à *L'écritoire* et de se promener dans Paris après, surtout du côté des bouquinistes, au bord de la Seine, et sur le parvis de Notre Dame, diminuait vertigineusement. Il se désintéressait de ses livres et de la musique classique dont il raffolait en compagnie de Mina quand il était à Tunis. Ni 'L'Arlésienne,' ni 'Le Boléro,' ni 'La Lettre à Elise,' ni 'La Pathétique de Tchaïkovski,' ni 'Les Nocturnes de Chopin,' ni 'Les Canons de Pachelbel,' entre autres, ne lui disaient plus rien de les écouter. Il sombrait imperceptiblement et inexorablement dans une sorte de torpeur et de languissement qui bloquaient en lui toute velléité de désir et de motivation. Il s'isolait de plus en plus dangereusement. L'enthousiasme qui l'avait poussé à venir étudier à Paris se perdait irrémédiablement dans le brouillard de ses fantasmes hallucinants et morbides auxquels il finit par succomber. Sa confrontation au quotidien parisien était vouée à l'échec.

Il sautait le repas de midi au restaurant universitaire sans se plaindre, allait au lit tôt sans souper, perdait le sommeil sans le rechercher. Quand il lui arrivait de dormir un peu, il se réveillait en sursaut ; il faisait des cauchemars insensés et terrifiants pendant lesquels il entrevoyait la géhenne grouillant de démons biscornus empalant, avec acharnement et à l'aide de leurs fourches acérées, les condamnés aux flammes de l'Enfer. Il était en nage, haletant, et paniqué. Il lui semblait distinctement qu'il faisait partie de ces êtres damnés dont il ressentait, dans sa chair, les angoisses et les supplices. Bref, le souvenir douloureux de la rupture voulue par son ex-amie Mina se faisait de nouveau oppressant et devenait insupportable, car il n'arrivait pas à comprendre son geste et encore moins à lui pardonner sa faiblesse devant ses parents et son manque de sincérité avec lui.

Il commença alors à sombrer petit à petit dans une dépression qui alla de mal en pis en se transformant en une grave crise de santé accompagnée d'une douleur psychique quasiment intolérable. Il ne supportait pas cet éloignement de sa famille, et même ses études ne lui disaient presque plus rien. Il sentait une grande lassitude et un incroyable besoin de repos. Il se retirait parfois pendant des heures et des heures dans le silence auguste de la bibliothèque de la Sorbonne en essayant de lire, mais en vain, car ses idées étaient tellement éparpillées et décousues. Alors il fantasmait sans arrêt et cela l'effrayait beaucoup car il n'arrivait plus à se concentrer sur quoi que ce fût. A plusieurs reprises dans la rue Danton, il se sentait investi d'un pouvoir occulte et d'une impulsion irrépressible qui le poussaient à descendre du trottoir, à aller se poster au beau milieu de boulevard Saint Michel ou de boulevard Saint Germain, afin de régler la circulation des voitures tel un agent de police, ou mieux encore, de grimper en haut de la Fontaine, embrasser l'archange Michel terrassant le Diable, et de pousser ensuite un cocorico tonitruant, rien que pour tenter de mettre un peu d'ordre dans un monde qui se dérobait sous ses pieds, ou pour se donner à voir et se sentir exister. La chute de Momo Premier était désormais inévitable.

Par un matin pluvieux à la suite d'une nuit blanche, il se laissa commander par une voix intérieure qui l'obsédait depuis quelque temps et qui l'ordonna de se manifester au monde afin d'imposer son ordre idéal fantasmé. Alors, il couvrit son chef d'un képi militaire qu'il subtilisa de la devanture d'une boutique de souvenirs sur les Quais et alla se planter au croisement de boulevard Raspail et du Passage d'Enfer. Il s'abîma dans l'orchestration du ballet diabolique des voitures, des motocyclettes, et des fourgonnettes des livreurs matinaux. Il se prenait pour un agent de la circulation recevant ses ordres d'en-Haut.

Son drôle de manège, qui ne dura que quelques minutes, avait failli lui être fatal à cause de la frénésie des véhicules de tous genres. Il se fit, toutefois, vite embarquer par les agents de police qui, après le contrôle d'identité d'usage et quelques questions posées sur le mobile de son acte, conclurent qu'ils avaient sûrement affaire à un 'pauvre bougre' mentalement 'dégingandé,' et ils le relâchèrent sans aucune autre forme de procès.

Après ce fâcheux incident, Momo Premier cessa tout bonnement d'aller à la Sorbonne dont l'ambiance, les bâtiments, les salles, et les grands escaliers au balustrades dorées, commençaient à lui devenir insupportables et évoquaient pour lui un mélange d'hôtel de luxe, de cathédrale gothique, et de temple païen, dont il n'en avait cure, pensait-il au fond de lui-même avec mépris.

Momo Premier, en proie à des idées morbides, végéta quelque temps dans sa chambre d'étudiant. Puis, il réussit, tout de même, après une semaine d'angoisse, de solitude quasi-totale, et de souffrance psychique insupportable, à appeler le médecin du foyer pour savoir ce qu'il lui arrivait. Le diagnostic était terrible. Momo Premier souffrait de graves crises d'angoisse. Il devait être transporté à l'hôpital psychiatrique le plus proche et le plus vite.

Au fond de lui-même, Momo Premier était persuadé que seule la maison familiale, la maison où il avait vu le jour, la maison de son enfance heureuse, pourrait lui offrir un semblant de consolation et de repos, s'imaginait-il. Toutefois, il se laissa interner à l'hôpital Sainte-Anne, en espérant qu'il n'y passerait que quelques jours avant de retourner chez-lui à Médiouna ! Paris tourna au cauchemar pour Momo Premier.

Chapitre XIX

(Psychothérapie par correspondance)

Le père Momo prit la lettre des mains du facteur, le remercia, et déchira avec empressement l'enveloppe portant un timbre-poste français. Il espérait avoir de bonnes nouvelles de Paris. Mais, en lisant à voix basse les mots tracés de la main de Momo Premier, son regard tomba sur 'admis à l'hôpital Sainte-Anne,' ses yeux s'écarquillèrent, et son front se plissa douloureusement. Il relit plusieurs fois la courte lettre sans trop comprendre au début, croyant que c'était peut-être l'œuvre d'un plaisantin malveillant ou bien une blague de mauvais goût. Il reconnut néanmoins l'écriture de son fils et il s'affaissa sur le banc à l'ombre du mur en saisissant pour la première fois l'ampleur du drame qui venait de s'abattre sur la famille. Il grilla plusieurs cigarettes pour se ressaisir.

Pendant que le père Momo ruminait ainsi, l'idée d'aller voir son fils à Paris s'imposa à lui. Il n'avait pas le choix, se dit-il. Même si dans l'immédiat, ses moyens ne le lui permettaient pas, il pourrait tout de même vendre quelques pieds d'oliviers, emprunter de l'argent, ou même vendre les bijoux de la mère Malika, songea-t-il, pour s'acheter un billet d'avion et avoir assez d'argent liquide pour se débrouiller à Paris. Il lui fallait un passeport. Il en fit aussitôt la demande auprès du poste de police local, en présentant tous les documents requis et en se laissant prendre les empreintes digitales par l'agent pour lui établir une fiche à ce propos. Il attendit impatiemment un jour ou deux et puis revint au poste pour voir si son document était prêt. On lui dit qu'il ne l'était pas encore et qu'il devait revenir après une semaine, autant dire une éternité pour le père Momo, vu la situation où il se trouvait.

Entre-temps, il trouva un acheteur pour dix pieds d'oliviers ; le prix négocié ne lui convenait pas du tout, mais comme il avait besoin d'argent pour son voyage, il était bien obligé de brader une parcelle de ses oliveraies. La deuxième semaine d'attente passa lentement. Au poste, on lui dit que sa demande fut expédiée à la Capitale et il qu'il n'y avait eu aucune réponse, depuis. Autrement dit, on lui fit comprendre qu'il pourrait attendre encore très longtemps pour recevoir son passeport. Vu les atermoiements des agents de police, il comprit que l'administration allait tout faire pour saboter sa demande, à cause de ses idées politiques et de son passé carcéral chargé malgré lui. Très probablement, sa démarche achoppa donc sur l'obstination et la servilité d'un opportuniste petit fonctionnaire, avide de promotion professionnelle, se contenta de conclure le père Momo, sans se laisser abattre, pour autant, par de telles mesquineries arbitraires et injustes.

Le père Momo rentra à la maison fort d'une résolution inébranlable : Si ma présence physique à Paris auprès de mon fils devait être empêchée par l'absence d'un titre de voyage, se disait-il, ma plume, en revanche, pourrait combler ce vide et nous sauver. Aussitôt dit aussitôt fait. Le père Momo sortit son fameux encrier et sa plume et s'appliqua à correspondre avec son fils en exil.

Ainsi, cette période était-elle marquée par l'une des occupations, ou préoccupations, quasi-religieuses et fébriles de père Momo, à savoir, la mise en route d'une correspondance intense et régulière avec Momo Premier ; une correspondance voulue comme procédé psychothérapeutique, où chaque mot, chaque virgule, chaque point, exigeait un temps long et un effort spécial de la part de père Momo qui n'avait qu'un but en tête, faire sortir son fils de Sainte-Anne au plus vite. Comme il rédigeait ses lettres en français, le père Momo usait et même abusait de son *Le Petit Larousse* dans lequel il puisait des vocables des plus savants et des plus techniques afin d'impressionner son fils en lui signifiant son pouvoir de père et de guide, d'une part, et afin de l'inciter à découvrir, d'autre part, dans la beauté de la langue de Voltaire, qu'il savait que son fils aimait tant, un intérêt accru et une échappatoire salvatrice pour évacuer son malaise psychique et son spleen parisiens.

Au début, il attendait le courrier aléatoire de Momo Premier pour lui répondre ; mais au fil des semaines et des mois, et tant que la guerre d'usure bureaucratique l'empêchait toujours de s'envoler pour aller voir son fils à Paris, le père Momo avait décidé de lui envoyer au moins une lettre par semaine. D'une lettre à l'autre, le père Momo gardait presque toujours le même style. En effet, ses lettres contenaient, grosso modo, les mêmes nouvelles, les mêmes exhortations, et les mêmes conseils sans trop varier, qu'il émaillait de moult tournures précieuses et de nombreux vocables savants empruntés au lexique médical et psychologique.

Après une brève introduction du style 'Cher fils : Maman, tes frères et tes sœurs vont bien et souhaitent que tu sois de même,' le père Momo enchaînait avec, 'Ton tout dernier petit frère vient d'avoir une année,' et puis il se lançait dans ses recommandations et ses conseils habituels du genre, 'Tu m'as écrit dans ta dernière lettre que le médecin t'a prescrit du valium ; attention fiston ! Ne te fie pas trop à cette drogue ni à l'avis des médecins ! Tu risques fort bien, hélas, de t'accoutumer à cette drogue néfaste ; et ça sera plus grave encore, peut-être, que ce dont tu souffres actuellement. Moi, je suis sûr que tu pourras t'en sortir tout seul ; écoute-moi bien, tout seul, tu peux guérir. Tu n'as pas besoin de drogue pour ça ! Les médecins se trompent souvent et ne sont jamais prêts à le reconnaître.'

La triste valse des lettres dura des semaines, voire, des mois. On était trop jeune pour comprendre de quoi souffrait Momo Premier. La raison d'être de la mère Malika semblait suspendue au fil ténu du courrier de son fils en exil. Elle attendait ses lettres avec impatience, dans l'espoir qu'un jour son mari ouvrirait l'enveloppe tricolore pour lui annoncer une bonne nouvelle, une surprise, la guérison ou, mieux encore, le retour prochain de leur fils chéri. Mais, les semaines et les mois se succédaient sans grand espoir et la mère Malika languissait douloureusement, l'âme en peine, prête à fondre en larmes à la moindre alarme.

Momo Premier croupissait toujours à l'asile psychiatrique parisien et le père Momo bataillait, en n'ayant que les mots du *Petit Larousse* contre les maux de l'aliénation de son fils. Le père Momo s'engageait corps et âme dans cette bataille épistolaire acharnée où toutes les armes, les ruses, les stratégies étaient permises afin d'influencer Momo Premier salutairement et de l'extirper des griffes des services psychiatriques parisiens, comme il aurait l'occasion plus tard de l'exhorter à sauter hors de la voie ferrée électrifiée du TGM à Tunis.

Inlassablement, il écrivait dans presque toutes ses lettres destinées à Momo Premier, 'C'est à toi seul que revient la décision de sortir de là ! Si tu ne le fais pas, ils pourront te garder à l'hôpital toute ta vie ; et pire encore, ils pourront se servir de toi comme cobaye pour tester leur drogue ! L'accoutumance au valium est pire que le mal en soi !' Et il concluait toutes ses lettres ainsi :

'Maman, tes frères, tes sœurs et moi-même t'aimons et t'embrassons très fort.

'Ne tarde pas de rentrer à la maison ! Nous t'attendons avec impatience !'

'Affectueusement,

'Ton père qui pense à toi'.

Les lettres de Momo Premier se ressemblaient elles aussi, mais dans un sens opposé à celles de son père. Elles étaient courtes, laconiques, et surtout pessimistes. Il avait carrément manqué ses desseins. Il n'espérait plus rien de la vie. Il ne savait pas quoi faire pour s'en sortir. Mais en tout cas, il n'avait pas l'air de le vouloir tant qu'il était pris en charge par les services sanitaires de l'asile ! A la limite, il s'y plaisait sans se l'avouer franchement. Il se sentait presque bien là-bas à Sainte Anne ; il passait de longues heures dans une torpeur soporifique, à moitié drogué ; il mangeait, dormait, et flânait dans les jardins du parc pendant des après-midi entières quand il faisait beau.

La verdure, les arbres, les sérénades des oiseaux du grand parc boisé de l'hôpital, et le valium aidant, rappelaient à Momo Premier, sans doute, le grand verger de son enfance et lui procuraient un certain apaisement, un semblant de sérénité, presque une paix intérieure. Au tourant d'une allée, ou derrière un bosquet, ou au coin d'une bâtisse, il croyait presque distinguer ses petits frères et ses petites sœurs surgir brusquement en courant et en jouant à leurs habituels jeux bruyants sans même remarquer sa présence, comme s'il les voyait dans un rêve éveillé.

Il s'arrêtait un instant, le dos courbé, les épaules tombantes, comme s'il fût écrasé par un poids occulte, afin de reprendre ses esprits ravis l'espace d'une hallucination passagère. Il retournait à son lit d'hôpital et s'allongeait sur le dos tout habillé, pendant de longues heures avant d'avaler sa dose de somnifère et dormir d'un sommeil agité, peuplé de rêves cauchemardesques. Il grossissait outrageusement et perdait sa silhouette de grand sportif agile et musclé.

Une année entière s'était écoulée depuis le départ de Momo Premier pour Paris. L'acharnement épistolaire psychothérapeutique de père Momo continuait sans répit, mais apparemment sans grands résultats. Ses lettres se ressemblaient, se reprenaient, se soutenaient. Elles constituaient un matraquage moral, affectif, et psychologique orchestré sciemment par le père Momo qui déployait toute sa faconde idiomatique, sa lucidité intellectuelle, sa stratégie curative, sa prouesse linguistique, et ses dons psychologiques et pédagogiques afin de montrer à Momo Premier qu'il devait se reprendre en main et sauver sa peau, seul contre tous.

Il offrait ainsi, à travers ses propres mots, une ultime alternative et un antidote salutaire à son fils en exil. Il lui tendait la paille, son unique planche de salut, pensait-il, pour l'aider à vouloir quitter l'hôpital le plus rapidement possible et à reprendre le cours de sa vie normale, et ne pas rester là enfermé, à moisir entre les murs de l'asile parisien. Une année rythmée par la correspondance assidue de père Momo ressemblait à une éternité pour tous ! C'était plus qu'une éternité pour la mère Malika qui avait énormément maigri en quelques mois en devenant diabétique et hypertendue. Après la prière de l'Aube, elle allait régulièrement s'assoir sous le vert amandier de Momo Premier. Elle priait Dieu avec ferveur, le visage mouillé de larmes et le cœur brisé par le chagrin ; elle l'implorait de venir en aide à son fils et de le ramener à la maison sain et sauf.

Chapitre XX
(Première tentative de suicide)

Par un beau matin d'été, en ouvrant la porte de la maison pour aller acheter du café et du chocolat en poudre chez l'épicier du coin, Le Trapu aperçut la silhouette de Momo Premier qui cheminait d'un pas lourd vers la maison. Il eut du mal à reconnaître son frère aîné qui avait été toujours dynamique, sportif, fort, leste, et souriant. Le Trapu fut très surpris ; il resta quelque temps perplexe et choqué à cause du changement physique, trop physique de Momo Premier. Corpulence boursoufflée, dos courbé, air fatigué, tête baissée, cheveux longs jusqu'aux épaules, barbe non rasée, regard hagard, Momo Premier avançait pesamment en traînant une énorme valise verte au bout de chaque bras. Le Trapu resta interdit en face de ce frère étranger, sans même pouvoir lui parler ou lui exprimer la bienvenue à son retour de France.

Dès que la mère Malika aperçut Momo Premier dans un tel état à l'entrée de la maison, elle poussa un cri étrange, mélange atroce de soulagement, de peur, de douleur, de joie, et de peine. Elle ressentit de plein fouet le drame insoutenable de son fils qui lui était revenu de Paris. Que pouvait-elle espérer de mieux ?

'Louanges à Dieu ! Viens mon fils que je t'embrasse et hume le parfum de ton corps !' s'écria-t-elle, les bras tendus et tremblants. Mais devant l'air insensible et hagard de Momo Premier, elle, la gorge nouée et les larmes aux yeux, s'alarma 'Qu'as-tu, mon fils ? Qu'est-ce qu'ils t'ont fait, chéri ? Qu'est-ce qu'il t'arrive ?'

Momo Premier lâcha les deux valises, les bras ballants et les yeux baissés, bégaya, s'avança vers sa mère en titubant, leva la tête et la regarda d'un air hébété, étrangement, d'un regard hagard qu'elle ne put déchiffrer, ne put supporter. 'Mon fils chéri ! Qu'est-ce que tu as ? Qu'est-ce que tu as ?' répéta-t-elle d'une voix faible, entrecoupée de pleurs et de soupirs insupportables. Elle se jeta sur lui et le serra éperdument dans ses bras pour le consoler et humer l'odeur de son cou, de son visage, de ses cheveux, et sentir battre son cœur.

La cadette des sœurs courut dans le vestibule pour voir pourquoi sa mère s'alarmait ainsi. Elle s'arrêta net en apercevant son frère aîné dans un état déplorable, les épaules voutées, tombantes, les cheveux raides et inhabituellement longs, le regard éteint ; est-ce bien lui qu'on appelait Sidi et qui n'arrêtait jamais de sourire et de plaisanter avec tout le monde ? Elle chancela et faillit tomber en pâmoison à la triste vue de son grand frère méconnaissable.

La mère Malika emmena Momo Premier dans la grande chambre familiale pour qu'il s'y reposât. Il n'avait qu'une seule envie, dormir car il était fatigué, très fatigué. Il se jeta tout habillé sur le grand lit à baldaquin, et s'y allongea en fermant les yeux. La mère Malika quitta la chambre sur la pointe des pieds et referma la porte doucement pour le laisser se reposer. Elle était très inquiète pour la santé de son fils, mais elle espérait qu'il irait bien mieux sans doute quand il se serait réveillé.

Mais, Momo Premier vivait une dépression nerveuse grave. Il n'était pas question de le déloger de la chambre familiale qu'il occupa quelque temps tout seul. On était alors contraint d'envahir la chambre à coucher de grand-mère qui était grabataire en ces temps-là. On y dormait tous ensemble, tant bien que mal, tandis que le père Momo couchait sur un lit de camp dans le vestibule.

Toute la famille était terrorisée à l'idée que la chose pût s'ébruiter et devenir un sujet de commérage chez les voisines. Et la mère Malika de se lamenter en soupirant devant ses filles attristées 'Quel malheur ! Nos ennemis vont jaser. Ils s'en réjouiront, sans aucun doute !' On nous interdisait formellement d'en parler à qui que ce fût. On n'osait même pas en parler entre nous. L'état de santé critique de Momo Premier devint vite un sujet tabou, une honte, et une tare familiale insoutenables. On n'abordait presque jamais le sujet ; mais lorsqu'il nous arrivait de l'évoquer, nous le faisions à voix basse, en répétant que Paris n'eut pas convenu à notre frère qui n'aurait pas dû y aller pour poursuivre ses études, qu'il aurait mieux fait de trouver un emploi après son prix présidentiel, et qu'enfin, il se sentirait, sans doute, bien mieux à la maison grâce aux soins de notre mère.

On ne pouvait parler à un Momo Premier muet et taciturne qu'à travers le fer forgé de la fenêtre qu'il avait laissée entrouverte et qui ouvrait sur la cour intérieure de la maison. Il était allongé du matin au soir sur le grand lit des parents. A l'exception de sa mère et d'une ancienne tante paternelle, Rekeia, personne ne pouvait l'approcher sur son lit de malade. Il ne mangeait pas, ne parlait pas, et ne sortait pas. Il s'était bel et bien cloîtré dans la grande chambre familiale et son état de santé ne montrait aucun signe d'amélioration. La mère

Malika, martyrisée, ne savait plus à quel saint se vouer. Afin d'alléger sa peine de voir son fils aîné, la prunelle de ses yeux, affalé sur le grand lit comme un cadavre inerte, elle ne faisait que prier et pleurer en cachette du matin au soir. Elle s'abimait les yeux qui, par leur rougeur et leurs cernes qu'elle n'arrivait pas à dissimuler sous une couche de Kohol, trahissaient son clavaire et ses tourments.

Au troisième jour, Momo Premier verrouilla la porte de la chambre de l'intérieur en la bloquant à l'aide du loquet, et plaça à son chevet un verre contenant un mélange jaunâtre d'eau et de souffre obtenu à partir des têtes d'allumettes réduites en poudre ! Quand la mère Malika trouva la porte de la chambre fermée de l'intérieur, elle alla à la fenêtre pour lui parler à travers les barreaux. En apercevant le verre contenant un breuvage bizarre, elle sentit son cœur bondir dans sa poitrine, et elle s'écria 'Mon fils, c'est quoi ce verre ? Ouvre-moi la porte et laisse-moi entrer !' Momo Premier ne lui répondit pas, mais se contenta de se retourner sur son côté droit en grommelant quelque chose d'incompréhensible.

'Mon fils chéri, pourquoi mets-tu le loquet ?' interrogea sa mère, proie à un grand désarroi, et demanda encore 'C'est quoi ce verre ? qu'est-ce qu'il fait là, ce verre ?' Il grogna et se redressa subitement en criant 'Je vais le boire. Je veux me tuer. J'en ai marre ! Je vais en finir !'Je n'en peux plus ! Allez-vous-en et laissez-moi tranquille !' La mère Malika, terrifiée, poussa un cri d'horreur et se lacéra le front et les joues de ses griffes en suppliant son fils à perdre haleine, 'Non, non ! Dis-moi qu'est-ce que tu veux ? Que dois-je faire pour toi, mon fils, mon chéri. Quoi ? Ouvre-moi la porte ! Que vont dire les gens ? Mon fils, tu es le meilleur de tous tes camarades, je le sais, tu le sais aussi, tout le monde te le dit, tu es le meilleur, partout, là où tu vas ! Laisse-moi rentrer, s'il te plaît, mon fils, s'il te plaît ne fais pas ça ! Ne me fais pas ça à moi, ta mère qui t'a mis au monde ! Enlève-moi ce verre de là ! Parle-moi, je t'en supplie !'

Tandis que sa mère, le cœur brisé et l'âme en peine, le suppliait, pleurait, et criait, en cherchant à le raisonner et à comprendre ce qui lui arrivait, Momo Premier, placide et muet comme une carpe, continuait à regarder dans le vide comme s'il eût été pétrifié, complètement insensible aux paroles et supplications de sa mère affolée, crucifiée, et sur le point de s'effondrer.

Après de longues minutes de suspense qui paraissaient interminables pendant lesquelles se jouait l'angoissante première tentative de suicide de Momo Premier, la cour de la maison commença à se remplir et à s'agiter. Les frères et les sœurs s'attroupèrent devant la fenêtre et se mirent à supplier leur grand frère de se lever du lit et de renoncer à son projet funeste. Les plus petits pleuraient sans mot dire parce qu'ils comprenaient à peine ce qui arrivait à leur frère qu'ils appelaient encore 'Monsieur' et les plus âgés soutenaient leur mère effondrée et répétaient ses paroles et ses prières en espérant recevoir en retour un petit signe de Momo Premier, ne serait-ce que l'ombre d'une allusion, d'un infime espoir, d'une mince promesse qu'il allât mettre fin à cette scène terrifiante et grotesque. Mais en vain, car Momo Premier s'entêtait et continuait à faire le mort ! Son verre de poison trônait toujours à son chevet.

Chapitre XXI

(Tante Rekeia)

La mère Malika, craignant le pire, dépêcha vite Le Genouflu et son frère cadet, Le Trapu, auprès de la vieille arrière-tante Rekeia qui vivait à l'autre bout de la rue afin qu'elle vînt en aide à la famille en détresse, en lui apportant son soutien moral et son réconfort spirituel habituels. Les garçons partirent comme un éclair en poussant la brouette dans laquelle ils devaient ramener leur ancêtre que les années avaient si rabougrie qu'elle ressemblait étrangement à la Sybille dont seule la voix était restée vivace. Mais, malgré les rides, marques d'un âge auguste et immémorial, le visage radieux et enfantin de Rekeia arborait toujours un grand sourire autour d'une bouche rose bonbon semblable à celle d'un bébé, entièrement édentée depuis si longtemps.

Lorsqu'on se baissait pour embrasser Tante Rekeia sur les joues ou sur son front labouré de rides, on sentait ses pommettes saillir à travers la peau rose et lisse de son visage. Elle sentait toujours l'exquis parfum de l'âge, mélange d'eau de Cologne, d'huile d'olive, et des cheveux blancs teints au henné. Elle tenait notre petit visage dans le creux de ses mains aux doigts noueux et doux en murmurant, 'Je vous aime, mes petits neveux. Ô combien vous aimé-je, mes enfants ! Que Dieu vous garde et vous comble de la baraka du saint Sidi Messaoud qui dort sur la colline pas loin !'

C'était toujours un plaisir et une joie indicibles de voir notre arrière-tante Rekeia chez-nous bavarder avec notre mère qui l'aimait tant et qui ne se confiait qu'à elle. Sa voix enchanteresse avait quelque chose d'angélique. Quand Rekeia nous parlait, elle semblait nous caresser de sa voix feutrée, douce et enjouée, dont elle jouait, dirait-on, comme d'un instrument de musique merveilleux. Elle avait à la fois l'air innocent d'une petite fille gaie et l'autorité d'une ancêtre grave et solennellement écoutée, aimée, et vénérée par tous. Nous la prenions très au sérieux. Nous l'aimions d'un amour immense mêlé d'une certaine vénération ressentie par tous. Elle était pour nous, notre sainte immortelle, notre ange gardien, et notre Karma ininterrompue. Elle disait avec ferveur ingénue qu'elle voyait la sainte Mecque et le tombeau du Prophète auréolés d'une lumière verte à chaque fois qu'elle se prosternait sur son tapis de prière. Grands et petits étaient charmés par ses confessions qu'elle prenait le soin de ne révéler qu'aux siens les plus dignes de sa candeur.

Dès son entrée dans la cour de la maison et bien qu'encore juchée dans la brouette dont la roue continuait de couiner jusqu'à l'arrivée devant la fenêtre de la chambre, Rekeia aperçut à travers les barreaux l'étrange breuvage, dont la mère Malika lui avait sans doute parlé en l'accueillant dans le vestibule, trôner au chevet de Momo Premier comme une épée de Damoclès. Elle se hissa dans la brouette et s'adressa aussitôt à Momo Premier d'une voix douce mais ferme, 'Ouvre la porte, mon petit neveu ! Ouvre que je te voie !' Momo Premier ne répondit pas. Il s'entêtait ou n'entendait pas qu'on lui demandait de déverrouiller la porte de la chambre et de les laisser entrer. La voix claire et forte, cette fois-ci, de Rekeia répéta, 'Ouvre pour que je te voie, mon cher petit neveu !' Momo

Premier remua dans son lit, en entendant vaguement que quelqu'un lui parlait à travers les barreaux de la fenêtre. Il bougea, se retourna sur son côté droit, mais resta muet comme une carpe et ne fit aucun signe.

Rekeia avait des dons mystiques. Toute la famille savait que, lorsqu'elle était encore jeune fille, elle commença à avoir des visions inexpliquées à la suite d'une grave maladie qui l'avait clouée au lit et plongée dans des crises fébriles et délirantes pendant des semaines. Tous croyaient que l'heure de Rekeia n'allait pas tarder. Mais, comme par enchantement, elle s'en était sortie indemne, car un beau matin, sa fièvre tomba et son délire s'arrêta subitement. Cependant, elle commença à montrer des signes de clairvoyance et de prédiction.

En effet, par une nuit pluvieuse, Rekeia, encore convalescente, annonça à son père et à son oncle qu'elle avait vu, dans un songe, un cierge allumé et une épée accrochée dans la niche nord du mausolée du marabout Messaoud dont la sépulture se trouvait sur la colline qui dominait la forêt d'oliviers de Médiouna, et qui était située à plus de deux kilomètres du village. Elle les somma d'y aller immédiatement. Personne ne prit l'étrange songe de Rekeia au sérieux. On pensait qu'elle délirait encore. De plus, il fallait parcourir tout le trajet à dos d'âne dans la nuit et sous la pluie afin de vérifier la vision singulière d'une Rekeia encore affaiblie par la maladie.

Mais, Rekeia insista que l'on dût aller récupérer l'épée de son marabout. En se rendant compte qu'on faisait peu de cas de sa vision, elle piqua une colère monstrueuse, tandis que sa voix de jeune fille angélique muait effroyablement en une voix virile, caverneuse, au timbre curieusement négroïde. Ne disait-on pas que le marabout prénommé Messaoud était originaire d'Afrique noire ?

Pris de peur, les membres de sa famille se mirent à marmonner des versets du Coran en priant le Tout-puissant, le Tout-Haut, et le Miséricordieux de chasser l'esprit maléfique qui semblait avoir possédé Rekeia.

Toutefois, son père et son oncle partirent aussitôt pour voir de quoi il s'agissait. De loin, ils voyaient en effet une lueur inhabituelle dans le mausolée du marabout, là-haut sur la colline. Ils se hâtèrent sous une pluie fine, en frappant leur monture nerveusement. En arrivant tout trempés au mausolée, ils furent sidérés d'apercevoir une épée dorée accrochée à la niche nord dans laquelle brûlait une bougie, exactement comme l'avait prédit Rekeia. Une grande peur s'empara des deux hommes qui hésitèrent de s'approcher de la niche…

Depuis ce soir-là, Rekeia avait pris une place particulière dans le cœur de ses parents et dans celui de tous ses proches. Elle fut toujours sollicitée par tous et toutes, surtout là où on échouait à résoudre des problèmes de famille ou à guérir des maladies graves et inexpliquées. Depuis ce soir-là le marabout Messaoud était devenu le saint ancêtre qui prodiguait une Karma mystique à la non moins sainte Rekeia et à ses proches.

Momo Premier remua encore une fois dans son lit en entendant la voix de son arrière-tante l'ordonner de se lever et d'ouvrir la porte pour qu'elle lui parlât et l'examinât. La mère Malika priait sans arrêt, pleurait silencieusement, et implorait Dieu et les Saints. La voix de Rekeia commença à muer légèrement en signes précurseurs d'une transe. Les enfants formaient un demi-cercle de curieux autour de la fenêtre et de la brouette dans laquelle juchait encore leur vieil ange gardien appelé en urgence pour guérir leur Momo Premier.

'O toi, Sidi Messaoud ! Fais que ta baraka soit avec nous !' hurla une voix caverneuse jaillissant de la poitrine squelettique de Rekeia. Sa voix ressemblait maintenant à un roulement de tonnerre lointain venant des fonds des âges ! Emus et effrayés, les enfants s'écartèrent loin de la brouette sur le champ, ne sachant plus s'ils devaient courir se cacher dans le grand jardin ou rester dans la cour de la maison pour assister à la séance d'imposition des mains de la Tante Rekeia.

On descendit Tante Rekeia de la brouette tant bien que mal et on l'aida à s'approcher de la porte de la chambre qui s'ouvrit comme par enchantement ; Momo Premier, le pas lourd, les yeux baissés, la tête brimbalante, venait de descendre du lit et de soulever le loquet, tel un somnambule. Sa mère se jeta à son cou et l'étreignit très fort en pleurant et en répétant, 'Pourquoi ? Pourquoi, mon fils chéri ? Pourquoi, tu nous fais peur ? Voici ta Tante Rekeia qui est venue spécialement pour toi. Tu te sentiras mieux. Tout ira bien. Crois-moi, mon chéri !' Tout en le rassurant, elle débarrassa hâtivement le verre de poison de son chevet et le donna à l'une de ses filles pour le jeter loin dans le jardin.

On installa Rekeia sur une peau de mouton à l'entrée de la chambre et on fit asseoir Momo Premier devant elle. Petits et grands retenaient leur souffle, car Rekeia allait procéder à l'imposition des mains et prier son saint marabout Sidi Messaoud pour intercéder auprès de Dieu en faveur de Momo Premier qu'elle fit reposer doucement la tête sur son genou comme pour le bercer.

Au fur et à mesure qu'elle murmurait des prières indéchiffrables, sa voix prenait un timbre grave et devenait de plus en plus gutturale semblable à un râle prolongé. Les plus jeunes se tenaient à l'écart et suivaient le déroulement de la scène d'imposition des mains avec des yeux écarquillés et des frissons dans tout le corps.

Rekeia fit signe à la mère Malika de s'asseoir à côté d'elle et de se joindre à l'imposition des mains. Pâle et toute tremblante, la mère Malika se mit à passer, elle aussi, la paume de la main droite sur les cheveux noirs de Momo Premier et sur tout son corps recroquevillé comme celui d'un bébé endormi. La mère Malika et la Tante Rekeia se relayèrent pendant un long moment à répandre des petites quantités de gros sel sur tout le corps de Momo Premier et à lui caresser la tête, le visage, les bras, le dos, le thorax, le ventre et les jambes, tout en laissant s'échapper de longs soupirs, de temps à autre, et en tombant sous l'emprise d'un accès prolongé de bâillements contagieux à s'arracher les mâchoires, et de larmoiements continus qui leur mouillaient les yeux et les joues. On dirait qu'elles manquaient d'air ou qu'elles pleuraient en silence.

La scène d'imposition des mains et des prières chuchotées dura longtemps, sans que Momo Premier ne se plaignît de rien. Pourtant, ses faibles gémissements sporadiques se laissaient entendre de temps à autre à travers les râles sonores de Rekeia et les supplications passionnées de la mère Malika. Mais soudainement, mu par un sentiment d'auto-apitoiement irrésistible, sans doute, Momo

Premier, qui avait toujours été fort et souriant, tel un veau qu'on traînait à l'abattoir ce jour-là, poussa un vagissement lugubre qui emplit les quatre coins de la cour et figea de peur les plus jeunes de ses frères et sœurs. C'était le signe d'une délivrance imminente, peut-être. Ou était-ce un cri de rage et de désespoir d'un Momo Premier hanté par le spectre d'abandon associé à Mina ? Ou bien encore, était-ce un râle arraché par un vieux sentiment de culpabilité ressenti par Momo Premier qui, selon certaines médisances, s'était laissé courtiser et entraîner par la femme d'un parent lointain, à l'époque où il était encore jeune étudiant à Tunis ?

L'imposition des mains touchait à sa fin, lorsque Momo Premier, jambes repliées, genoux serrés et tête rentrée dans les épaules, fut aspergé avec un mélange d'eau de rose et de géranium artisanal et puis conduit aussitôt à son lit afin de récupérer de la grande fatigue qui s'était abattue sur lui durant ces derniers temps.

Le ravissement mystique de Rekeia, d'une part, et l'attente angoissée de la mère Malika, d'autre part, simulaient étrangement une scène d'accouchement douloureux, où Rekeia jouait le rôle de l'accoucheuse traditionnelle qui espérait faire renaître son petit neveu Momo Premier et le retourner sain et sauf à sa mère et à sa famille endolories, grâce à l'intervention providentielle du marabout Messaoud et aux prières incantatoires adressées au Tout-puissant. Parfumé et couvert d'un drap blanc et bien bordé dans son lit par la mère Malika, Momo Premier semblait dormir comme un bébé. Il dormit en effet profondément cet après-midi-là.

Pendant quelques jours, il se laissait convaincre d'avaler quelques cuillérées de soupe au poisson, par-ci, quelques morceaux de poulet par-là ; et la famille pensait que les gros nuages sombres s'étaient déjà éloignés de la maisonnée et que Momo Premier, malgré son air toujours peu loquace et taciturne, allait retrouver sa forme et sa gaité habituelles sans plus tarder.

Mais hélas, rien de tel ne se produisit dans les jours qui suivirent. Bien au contraire, Momo Premier rechuta et menaça de mettre fin à ses jours encore une fois, car la vie, pensait-il, ne valait pas la peine d'être vécue et qu'à la fin, il avait perdu le goût de tout et n'arrivait plus à se supporter. Il était dégoûté de tout, ruminait-il sans arrêt. Le père Momo n'avait plus le choix ; il devait l'emmener chez un psychiatre. Momo Premier refusait, évidemment.

Sa mère était en proie à des affres pénibles et faillit succomber plus d'une fois. Son fils avait perdu la raison ? Que dirait-on, les voisins, les amis, et les proches ? Tout le village se mettrait à jaser ! 'Le fils aîné de la famille Momo, le lauréat, le prix présidentiel avait disjoncté, était devenu gaga, maboul, quoi !' Les moins cruels parmi les commères diraient 'Oh le pauvre, après tant de succès. Et tout ça, à quoi ça lui a servi ? Il s'est cramé les méninges avec ses études poussées et ses diplômes de l'enseignement supérieur !' D'autres encore diraient que 'Le miskin Momo Premier était frappé par le mauvais œil !'

Souvent, dans de tels cas, la famille du malade a recours aux marabouts, aux récitateurs du Coran, aux amulettes et à toutes sortes de pratiques superstitieuses contre la malédiction. Parfois, la santé du malade s'améliorait, mais souvent, elle se compliquait davantage. D'un revers de main, le père Momo fit table rase de tous les charlatans, les mystiques, les diseurs de bonne aventure, les guérisseurs, et les marabouts en délire. A peine tolérait-il, cependant, l'imposition des mains de sa vieille tante paternelle Rekeia dont la candeur avenante, la douceur inaltérable, et la bonne humeur pérenne calmeraient un dromadaire en rut.

En homme de science averti et en tant que grand lecteur abonné à la revue *Science et Vie*, le père Momo vantait les vertus des plantes et herbes médicinales qui poussent naturellement dans nos contrées et particulièrement sur les collines le long des côtes, et dont il recommandait l'infusion ou la décoction pour soulager la souffrance psychique de son fils. 'Ses nerfs sont à bout,' diagnostiquait-il. 'Il faut lui donner des infusions de romarin, de thym, et de marrube blanc pour leurs effets toniques et diurétiques,' ajoutait le père Momo à l'intention de sa femme et de ses grandes filles.

Également fidèle à sa théorie que le physique influe sur le psychique et vice versa, et étant au fait des découvertes psychanalytiques freudiennes récentes basées sur le 'talking cure,' le père Momo faisait de son mieux pour aider son fils à guérir en l'obligeant non seulement à prendre des breuvages variés à longueur de journée, mais aussi à parler, à sortir de sa solitude, et à renouer ses liens avec la famille, afin de pouvoir dédramatiser sa situation et retrouver sa bonne humeur d'avant. Mais rien n'y fit. Momo Premier refusait de boire et de manger, s'enfermait dans un silence pesant, et continuait d'avoir des cauchemars insupportables. Il coopérait de moins en moins. Il se crispait. Son regard errait dans le vide, il bayait aux corneilles, sa bouche grande ouverte bavait continuellement. Seule la main providentielle et les doux murmures de Tante Rekeia et les prières incessantes de la mère Malika semblaient lui procurer un peu de quiétude et alléger momentanément sa douleur intérieure.

Chapitre XXII
(Deuxième tentative de suicide)

Mais, n'en pouvant plus de voir la santé mentale de son fils aîné s'étioler ainsi au fil des jours et des semaines, le père Momo dut l'emmener, presque *manu militari*, à l'hôpital psychiatrique de la Capitale où, lui-même, à la suite d'une machination politicienne machiavélique, avait été interné quelques années plus tôt. N'eût été l'intervention avisée d'un certain docteur Frantz Fanon qui exerçait dans cet asile psychiatrique et qui, à la suite d'un entretien particulier avec le père Momo, ne lui trouvait rien d'anormal, ce dernier aurait été obligé de passer le reste de sa vie séquestré dans une cellule individuelle sous prétexte qu'il était fou à lier et qu'il dérangeait. Mais en réalité, il ne dérangeait que le pouvoir petit-bourgeois en place et surtout le directeur de l'hôpital, un certain Dr S.A., qui avait pourtant été un ancien ami et camarade de classe de père Momo.

Arrivés à Tunis, père et fils descendirent d'abord chez un cousin éloigné qui était gérant d'une station-service ESSO et habitait tout près de l'arrêt du tramway desservant la banlieue nord de la Capitale. Momo Premier connaissait très bien ce quartier depuis qu'il était étudiant à Tunis et visitait de temps à autre la famille de ce cousin. Il savait pertinemment bien aussi que les rails étaient sous haute tension électrique et une idée diabolique commençait déjà à germer déjà dans sa tête. A l'insu de son père, qui s'était absenté un court laps de temps pour aller chercher un paquet de cigarettes chez le plus proche buraliste sur les quais de la gare, Momo Premier sauta à pieds joints entre les deux rails électrifiés et se figea sur place. Un rictus étrange lui tordait la bouche en lui donnant l'air d'un farceur satanique.

En voyant la scène, le père Momo ne croyait pas ses yeux, tellement la situation était invraisemblable. Il crut même que le visage du jeune homme debout entre les rails lui était inconnu ! Mais, ne voyant pas Momo Premier sur le quai à l'endroit où il l'avait laissé, il se retourna d'un seul coup et reconnut aussitôt son fils debout sur une jambe, tout en levant l'autre pied, prêt à le baisser sur les rails mortifères.

Abasourdi, le père Momo hurla de toutes ses forces, 'Sors de là ! Tu vas te faire électrocuter !'

- 'A quoi ça sert ? Je vais en finir' murmura Momo Premier d'une voix d'outre-tombe, comme s'il se parlait à lui-même.

- 'Sors de là, te dis-je ! Le tram va arriver. Saute !' insista le père Momo, en proie à une angoisse atroce.

- 'Non. Va-t'en et laisse-moi. Je veux en finir !' cria Momo Premier, les poings serrés, le corps raidi, tétanisé, et le pied à mi-hauteur se balançant au-dessus du rail électrifié.

Un long moment d'angoisse et de frayeur s'écoula. Un attroupement de voyageurs et de badauds se forma sur les quais et un silence de cimetière tomba sur la gare de banlieue, la Goulette. Le père Momo continua désespérément sa lutte effroyable avec son fils en cherchant à le raisonner et à le dégager des mâchoires d'une mort certaine. Son regard fixe et sa volonté inébranlable étaient en butte au regard farouche et à la volonté terrible de son fils. Ils se livraient, tous deux, un combat sans merci. Leurs mots, leurs respirations, leurs pensées s'entrechoquaient, se heurtaient, et s'annulaient douloureusement. Sachant que la vie de son fils ne tenait qu'à un léger mouvement du pied ou de la main, le père Momo déployait toute son énergie et toute sa science pour empêcher Momo Premier de faire le geste fatal qui compromettrait définitivement sa survie.

Le père Momo luttait, luttait de toutes ses forces afin de sauver la vie de son fils désorienté. Il craignait par-dessus tout de dire un mot ou de faire un geste déplacé qui précipiterait la fin fatale de Momo Premier, ce qu'il ne pourrait jamais se pardonner pendant toute sa vie. Momo Premier s'entêtait, et, le pied toujours levé et se balançant à mi-hauteur, continuait à menacer de partir en fumée en marchant sur les rails électriques. Le père Momo, debout sur le quai en attente grave, gesticulant et haranguant, faillit, l'espace de quelques secondes fatidiques, s'abandonner au désespoir de voir l'aîné de ses fils se perdre à jamais en fumée noire sous ses yeux. Le temps semblait s'arrêter et les minutes étaient des années.

L'entêtement morbide de Momo Premier finit par exaspérer son père qui hurla de toutes ses forces, de tout son être, et d'une voix inhumaine en cherchant du regard les yeux hagards et distants de son fils :

- 'Regarde-moi ! Regarde-moi bien fiston ! Que dirai-je à la mère Malika quand je rentrerai seul, sans toi, à la maison ? Que lui dirai-je, à ta mère ? Hein, dis-moi ! Qu'est-ce que je vais lui répondre à ta mère, quand elle me demandera où est mon fils chéri, la prunelle de mes yeux ?'

Le père Momo exhorta ainsi son fils d'une voix méconnaissable, forte, et émue, entouré d'une foule de curieux médusés. Ses paroles étaient entrecoupées de larmes amères, tant et si bien que la plupart des voyageurs attroupés eurent les larmes aux yeux, eux aussi, et applaudirent Momo Premier pour l'encourager à mettre fin à ce drame insupportable en sautant hors des rails. L'horrible scène semblait s'éterniser et le suspense devenait intenable.

Cependant, touché par les paroles de son père, sans doute, et encouragé par les clameurs des voyageurs sur les quais, sûrement, Momo Premier posa son pied par terre, fléchit légèrement ses genoux, prit son élan, et bondit hors de la voie ferrée sous les applaudissements des voyageurs, qui reprenaient de plus belle. Le père Momo, en larmes, bégayant, sur le point de s'effondrer, sauta au cou de son fils miraculé, le serra fortement dans ses bras tremblants, et se mit à le rassurer en répétant que tout allait bien, tout allait bien. La famille Momo avait frôlé la fin tragique de l'un de ses fils aînés, qu'on appelait toujours 'Monsieur' à cette époque-là et qui représentait sans conteste l'espoir de ses parents et de ses frères et sœurs.

Quelques temps après la consultation chez le psychiatre qui lui avait prescrit des calmants tout en lui reprochant d'avoir interrompu son traitement de Sainte-Anne de son propre chef, Momo Premier commença petit à petit à manifester des signes d'amélioration dans son comportement. Il commença même à projeter de reprendre ses études de doctorat ; mais le père Momo l'encourageait à postuler plutôt pour une situation dans l'enseignement, tout en espérant, pour lui, que le travail et le gain d'un salaire régulier l'aideraient à se stabiliser et à dépasser sa dépression et ses angoisses de mort.

Poursuivre des études de longue haleine, sans profiter d'une situation stable, risquerait de provoquer d'autres dépressions et d'autres angoisses, pensait son père qui s'inquiétait beaucoup au sujet du valium prescrit pour son fils. Il répétait que l'accoutumance à cette drogue représentait le plus grand des dangers.

Le père Momo rappelait, à l'occasion, que sa santé, à lui, s'était également détériorée après l'incident de la voie ferrée et que Momo Premier lui avait du coup ôté la moitié de ses forces. Il ajoutait sur un ton mi-figue mi-raisin, que ce coup scabreux de son fils avait failli les envoyer tous deux à la tombe. Mais, il ne lui en voulait pas pour autant, car il estimait, non sans une certaine fierté à peine voilée et une larme au coin de l'œil, qu'ils s'en étaient sortis gagnants tous les deux et que plus rien ne pouvait gâcher la vie familiale après cet horrible incident. Et pour célébrer cette victoire sur la maladie et l'adversité, le père Momo ordonna de tuer un coq de la basse-cour de la mère Malika tout de suite, ce qui eut un effet réjouissant immédiat et bruyant sur ses enfants qui l'écoutaient et le regardaient avec fascination.

Repos continu et valium quotidien aidant, Momo Premier se sentit mieux et commença même à fréquenter quelques-uns de ses anciens amis d'enfance et surtout les adeptes de la confrérie locale spécialisée dans la méditation et les chants religieux soufis.

Comme il était connu pour ses succès universitaires inégalés, ses capacités intellectuelles hors pair, et ses talents de jeune poète dont la parution du premier recueil fut encouragée par une lettre de recommandation rédigée de la propre main du très illustre Président-poète Sédar Senghor du Sénégal, Momo Premier se fit offrir par le grand maître de la confrérie du village une cellule privée dans laquelle il déménagea toute sa bibliothèque qui comptait un très grand nombre de livres dont il tapissa les quatre murs de sa loge. Son maître spirituel lui accorda bien d'autres privilèges, y compris un confort particulier dont même les plus anciens adeptes de la confrérie ne pouvaient point rêver.

Quand Momo Trois allait chercher Momo Premier à la Zaouia de la confrérie, il restait bouche-bée pendant de longs moments, en regardant les livres à travers les arabesques du fer forgé de la fenêtre de la chambrette de son frère. Momo Premier prenait plaisir à passer le plus clair de son temps au sein de la confrérie, tant et si bien qu'il lui arrivait de s'absenter pendant plusieurs jours et plusieurs nuits à la file sans payer de visite à sa famille. Ses parents s'inquiétaient au début, mais, ils avaient de guerre lasse accepté les absences prolongées de leurs fils du moment où il se trouvât bien parmi ses coreligionnaires.

Oubliées les années de contestation révolutionnaire du temps où il était étudiant à Tunis, Momo Premier changea du tout au tout. Il adopta, à la suite de sa fréquentation assidue des adeptes de la Zaouia, un style de vie simple, rustre, et proche d'une forme d'indifférence fataliste qui reflétait sa soi-disant confiance absolue dans le pouvoir illimité du Tout-puissant. Ce rite de passage par lequel Momo Premier dut apprendre un certain fatalisme prudent et une certaine humilité étudiée, ne l'empêcha point de claironner très haut et très fort, quelques années plus tard, qu'il se considérait comme une sommité inégalée de la littérature francophone avec sa production incroyablement abondante de poèmes holorimes. Il se considérait indubitablement comme le plus beau fleuron de l'école franco-arabe de Médiouna des années 1940-1950. Il n'y a pas longtemps, il écrivit sur Facebook qu'il avait battu à plate couture tous les poètes et tous les écrivains français de souche. En outre, il se présente sur son site officiel comme l'unique poète qui ait produit 'La plus grande œuvre poétique de l'histoire avec un million cinq cent mille vers (plus que n'en avaient écrit tous les poètes d'Europe réunis pendant 6 siècles) [*sic*].' D'un trait de plume charitable et indigné, néanmoins, il daigna corriger magistralement la métrique imparfaite, selon lui, de Ronsard, de Boileau, de Victor Hugo, de Lamartine, de Baudelaire, de Rimbaud, de Verlaine, et d'Eluard, laquelle, selon lui, souffre de l'emploi erroné du 'e' muet. Il ajoutait hautainement, en arborant un malin sourire en coin et des yeux rieurs et étincelants, 'Il faut que Hugo,' par exemple, 'eût vécu 1000 ans pour écrire autant de poèmes que moi qui ne suis pas français de souche, mais qui suis tout simplement un pur produit de l'école franco-arabe de Médiouna.' Quand ses amis lui font remarquer qu'ils ne comprennent pas un traître mot aux calembours tarabiscotés de sa récente versification holorime, il leur répond candidement mais sèchement, 'Cela ne m'étonne pas ! Vous faites de la prose à partir de la poésie ; vous êtes des Messieurs Jourdain de la rime sans le savoir ; mais moi, je suis Molière, Racine, Corneille, et tous les

poètes francophones et francophiles réunis, et davantage encore. Je suis le prince des nuées, l'Albatros de l'Olympe ; car moi je n'écris pas en français, et encore moins pour les Français ; mais, moi, je compose des symphonies de musique avec la langue française, que goûteront peut-être les générations futures, et pas qu'en France !'
Mais, qui sait ? Ne dit-on pas que la reconnaissance des génies est toujours posthume ?
Les initiés de la confrérie adoptèrent alors Momo Premier comme l'un des leurs, et lui, il les considérait comme sa seconde famille. En effet, la confrérie devenait au fur et à mesure sa famille élargie au point où le père Momo ne pouvait s'empêcher de taquiner parfois son fils, non sans une certaine jalousie et une pointe de sarcasme. Il critiquait les nouvelles habitudes de Momo Premier, en lui faisant remarquer qu'il avait bel et bien une mère, un père, des frères et des sœurs, qu'il avait l'air d'oublier en se retranchant dans la Zaouia de son maître.
De plus, en tant que communiste dont le parti avait été banni par le pouvoir à la suite d'une tentative de coup d'état militaire attribuée injustement aux communistes d'alors, et en bon marxiste-léniniste, le père Momo ne cachait pas ce qu'il pensait de la religion, des confréries, et de leurs pernicieuses emprises sur l'esprit des gens et surtout sur les classes laborieuses. Lorsque Momo Premier se défendait en disant qu'il était chanceux d'avoir deux familles, une de sang et une autre d'esprit, son père l'interrompait sèchement en lui lançant cyniquement, 'Disons plutôt que la part de viande qu'on te sert là-bas est peut-être plus alléchante que celle que tu reçois ici des

mains de ta mère, n'est-ce pas ?' Et de reprendre toujours sur un ton plein de reproche, de désaccord, et de sarcasme 'Puisque tu t'y plais là-bas, dans ta Cour des Miracles, restes-y donc à la charge de ton grand maître Soufi. En quoi es-tu donc différent des autres pique-assiettes là-bas : les borgnes, les aveugles, les culs-de-jatte, les estropiés, et tous les souffreteux de la Zaouia ?'

En se moquant ainsi de son fils, de son gourou, et de ses disciples, le père Momo évoquait évidemment une part de vérité relative à des personnages réels qui peuplaient la Zaouia et qui étaient tous plus ou moins marqués par une quelconque tare physique ou mentale. Il concluait souvent ses tirades avec un balancement moqueur de son buste d'avant en arrière, en dodelinant de la tête tel un pachyderme à l'étroit, en poussant une série de râles semblables à des 'Om ! Om ! Om !' des yogis hindouistes, en singeant la danse et les chants mystiques des soi-disant soufis de la confrérie. Momo Premier riait parfois et ne répondait guère, ou rarement, à la provocation risible de son père qu'il devait, au fond de lui-même, plaindre et mépriser sans l'ombre d'un doute, parce qu'il le considérait comme une âme perdue vouée aux limbes éternels.

Parfois, pour toute réponse au persiflage vexant de son père, Momo Premier restait muet et affichait un énorme rictus de carnassier qui lui tordait les traits du visage et dévoilait ses dents que les médicaments avaient jaunies. Parfois sa poitrine se soulevait et s'affaissait sous l'emprise d'une colère effrayante qui ébranlait tout son corps. De tels accès de hargne incontrôlée le mettaient dans un état second où sa respiration devenait une sorte de ronflement bruyant et étouffé, semblable à des râles affreux d'une bête égorgée.

Chapitre XXIII

(L'épée de Grand-père et le 'Nifri' de Grand-mère)

Entre Momo Premier et son père se développa, pendant de longues années, une rivalité incompréhensible et imprévisible ; une relation caractérisée par une animosité inouïe que venaient compliquer une animation et une complicité puériles des plus surprenantes qui s'exprimaient parfois par le biais de chuchotements, d'accolades, de coups de coude complices dans le ventre, d'éclats de rire, de fous rires jusqu'aux larmes, et de trépignements surexcités dignes de collégiens en liesse. Père et fils se comportaient parfois comme de vrais grands enfants quand ils ne s'opposaient pas à couteaux tirés comme deux ennemis jurés !

A la naissance de son premier garçon, le père Momo, fort de sa science inégalée de l'horoscope et afin de perpétuer la mémoire de son propre père, donna à Momo Premier le prénom 'Mourad,' qui veut dire en arabe 'Le but,' 'L'objectif,' ou 'Désiré,' appelé ici pour l'économie du récit, Momo Premier, que grand-mère Douja et la mère Malika nous forçaient, dès notre très jeune âge, à appeler – Sidi – c'est-à-dire, Monsieur.

L'histoire de Mourad, le grand-père paternel qu'on n'avait jamais connu, continua à inspirer fierté et vénération dans la famille entière pendant très longtemps après sa mort. Il travailla pendant les années 1920 et 1930 comme chef douanier au port maritime de Sousse, une grande ville située à trente kilomètres de son village natal, Médiouna. Tant qu'il était encore célibataire, sa mère Salma, naturellement économe et bien prévoyante, lui préparait sa provision de nourriture hebdomadaire afin qu'il se nourrît sainement, et surtout, pour qu'il ne gaspillât pas son salaire dans les gargotes où on servait des plats chers et de qualité douteuse, par-dessus le marché.

Comme d'habitude, dimanche après-midi, le jeune douanier Mourad prenait congé de sa mère, de ses deux frères et de sa sœur Rekeia, enfourchait sa bicyclette bien chargée des vivres pour la semaine, et repartait, accompagné de la bénédiction et des conseils de sa mère, en pédalant vers la ville de Sousse où il avait loué une ancienne maisonnette au 40, rue Sidi Bouraoui dans la médina, près du port. Les plats qu'il devait finir à la fin de la semaine avant de retourner chez sa mère, commençaient souvent à virer au vinaigre, mais ayant été élevé par une maman prévoyante et économe, il ne jetait rien de ce qu'elle lui préparait à manger. Une telle discipline, une telle rigueur, et un tel stoïcisme avaient permis à grand-père Mourad d'acquérir, à la sueur de son front bien sûr, l'une des plus importantes oliveraies de la campagne de Médiouna, comptant quelques centaines de pieds répartis sur plusieurs parcelles de terre, qu'il lèguerait des années plus tard à sa femme Douja et à son fils unique, le père Momo.

Grand-père ne vécut pas très longtemps après son mariage avec Douja. Ils eurent cependant beaucoup d'enfants qui n'avaient pas tous survécu aux épidémies qui faisaient rage à une époque où sévissait une forte mortalité infantile causée par un manque d'hygiène, une absence de soins médicaux convenables, et une totale ignorance du vaccin. Le futur père Momo et sa sœur, notre tante Fatma à nous, furent des exceptions qui avaient miraculeusement échappé à une telle hécatombe ; ils s'accrochèrent à la vie. Mais notre tante Fatma que nous n'avions jamais connue, ne survécut pas très longtemps ; en réalité, elle décéda subitement à la fleur de l'âge quand elle n'avait que quinze ou seize ans, laissant derrière elle un fiancé éploré, un frère unique, et une mère veuve depuis deux ou trois ans déjà.

L'arme de grand-père, un sabre de douanier effilé, et sa veste kaki aux grandes épaulettes et aux gros boutons ronds dorés, représentaient pour nous des reliques inestimables chargées d'un sentiment de crainte, de fierté, et de plaisir. Le père Momo nous interdisait formellement de sortir le sabre de son père de sa cachette, derrière les grandes jarres des provisions, où grand-mère le gardait religieusement enveloppé dans un morceau de tissu épais, relique d'une ancienne tenture bordeaux. La mère Malika s'affolait toujours quand elle nous surprenait en train de nous sauver dans le jardin avec l'arme de grand-père que nous venions de subtiliser en la dissimulant sous nos grandes blouses d'écoliers.

Ayant grandi dans la fascination des films de Zorro, des trois mousquetaires, de Gérard Philippe, de Jean Marais, et d'autres personnages des films cape-et-épées, héros invincibles de notre enfance, et ayant été charmés par leurs attaques imparables, leurs parades époustouflantes, leurs estocades mortelles, et par la lettre Z géante lacérant le ciel de bout en bout sur un fond noir et blanc avec la pointe de l'épée de Zorro signant ainsi le début et la 'FIN' du film, nous aimions forcément imiter nos héros du grand écran, brandir tout haut l'épée de grand-père en criant 'en garde !' d'un air vaniteux et menaçant, surtout en présence des autres Toqués de notre rue, dont certains seraient prêts à donner n'importe quoi pour pouvoir emprunter notre arme et se mettre dans la peau de Zorro l'espace de quelques secondes que nous leur accordions parcimonieusement.

Nous aimions ferrailler contre un tronc d'amandier, d'olivier, ou de caroubier qu'on prenait pour un soldat ennemi ou un rival amoureux éconduit. Nous aimions aussi massacrer des pans entiers de haie de figuiers de barbarie en taillant des Z dans la pulpeuse chair des feuilles hérissées d'épines qui se mettaient à saigner de leur bave visqueuse et fétide. Nous aimions feindre d'engager parfois des escarmouches, comme ferrailleurs intrépides, avec des passants surpris et agacés ou avec les copains, histoire de les effrayer un peu, tout en riant aux éclats, avant d'aller vite ranger l'arme de nos crimes puérils à sa place habituelle, derrière les grandes jarres des provisions alimentaires, et surtout avant de nous laisser débusquer par grand-mère et nous faire punir d'avoir bravé l'interdit paternel. Plus tard, après le décès de grand-mère, on subtilisait sa canne en bois et l'épée de grand-père et on s'amusait dans le jardin, canne contre épée, en s'imaginant d'être métamorphosés en mousquetaires invincibles.

Grand-père Mourad mourut à l'âge de quarante-cinq ans, laissant Douja veuve à trente-six ans. Fidèle à son premier et unique amour, elle ne s'était jamais remariée après lui, bien qu'elle lui survécût pendant une bonne quarantaine d'années. Elle s'occupait de tout comme un homme libre, secondée parfois par son fils ou son neveu Mansour, surtout dans les affaires délicates comme la vente de l'excédent d'huile, la signature des contrats, et autres démarches administratives et juridiques.

L'Etat français versait à grand-mère une pension de veuvage trimestrielle. Cette pension correspondait donc aux services de grand-père rendus à la France, en tant que chef douanier dans le port de Sousse sous le Protectorat. La pension était sûrement modeste, quelques dizaines de francs, mais le jour où grand-mère s'en allait à la poste toucher son mandat, était une occasion spéciale qui animait la maisonnée d'une ambiance festive mêlée d'une certaine effervescence.

Avant de sortir, elle faisait un brin de toilette, s'accoutrait avec soin, se couvrait la tête de son foulard à grandes fleurs, ne manquait jamais de baiser tendrement la photo de grand-père qu'elle gardait accrochée au mur au-dessus de son lit, et partait en refermant la porte de sa chambre à double tour. C'était souvent un jour de fête, surtout quand elle était de bonne humeur et en bons termes avec le père Momo. Sinon, c'était une tempête houleuse qui faisait vibrer les murs et les portes de la maison lorsque grand-mère refusait de lui céder le moindre centime de son mandat.

Elle regagnait sa chambre aussi vite qu'elle le pouvait afin de cacher son argent et son 'Nifri,' qui, selon une corruption langagière des plus singulières de la part de grand-mère qui parlait une sorte de patois et pas un traître mot de français, désignait littéralement son 'Livret' avec lequel elle retirait sa pension de veuve. Le père Momo, vexé à l'extrême, ne manquait guère de monter sur ses grands chevaux en réclamant sa part de la pension en tant que fils unique et héritier à part entière. Grand-mère le sermonnait amèrement en lui rappelant qu'il devait plutôt honorer la mémoire de son père dans la tombe et de la laisser, elle, tranquille avec ses maigres revenus.

Le père Momo devenait de plus en plus têtu, intraitable, et menaçant. Il jurait qu'il la priverait une fois pour toute de son 'Nifri' dès qu'il en aurait l'occasion et qu'il l'empêcherait de toucher ainsi sa pension, ce qui mettait grand-mère hors d'elle et la faisait vociférer en lançant des imprécations contre lui du genre, 'Qu'Allah te punisse et te prive de jouir d'un tel jour !' Sur ces entrefaites, le père Momo grimaçait bizarrement, tirait nerveusement sur sa cigarette, et sortait de la maison en claquant la porte.

Le père Momo manquait souvent d'argent pour subvenir aux besoins de la famille qui s'agrandissait au fil des années. Il venait une fois de plus de perdre son emploi comme chef de chantier des travaux publics à Monastir, congédié pour la énième fois à cause de ses engagements de syndicaliste communiste. La querelle entre père et grand-mère durait parfois toute la journée sans que l'un ou l'autre ne montrât aucun signe de répit ou de compromis. Le mandat de grand-mère, son 'Nifri,' et leurs effets, tantôt pervers, tantôt bénéfiques, avaient bel et bien rythmé plusieurs journées, voire plusieurs années, de notre enfance au début des années 1960.

Toujours, avant d'aller au bureau de poste du village pour toucher sa pension trimestrielle ou avant de quitter sa chambre pour se rendre à la mosquée faire la prière du vendredi saint, grand-mère embrassait affectueusement le portrait de grand-père en murmurant des mots de tendresse et des prières inaudibles. Enfants, on guettait souvent ces moments singuliers en épiant grand-mère à travers les persiennes de sa chambre. Elle raccrochait au mur la fameuse photo d'un grand-père à la moustache soignée et vêtu d'un uniforme kaki impeccable avec des épaulettes et des boutons dorés. Elle se couvrait la tête avec son grand foulard et les épaules avec un voile en laine ou en tissu léger selon la saison, et se préparait pour sortir. Alors à ce moment précis, on se sauvait en courant dans le grand jardin, riant aux éclats avant qu'elle ne nous surprît en train de l'espionner. La mère Malika, bien au courant des rites privés de sa vieille belle-mère et en observant notre manège puéril, nous grondait systématiquement tout en riant sous cape. Elle savait par cœur les attendrissants baisers que notre grand-mère donnait régulièrement à la photo en noir et blanc de grand-père Mourad.

Et pourtant, le caractère hardi de grand-mère l'avait vraisemblablement bien aidé à s'affranchir assez vite de la tutelle des hommes de la société virile dans laquelle elle vécut. Elle n'avait pas attendu longtemps pour prendre les choses en main après la disparition de son mari. Comme son fils unique était influencé par la Révolution bolchévique dans sa jeunesse et par l'ambiance un tantinet idéaliste de l'Internationale d'après-guerre, comme il était aussi souvent inquiété et emprisonné à cause de ses idées politiques, et comme la mère Malika était fille de bonne famille, très jeune, et inhabituée à quitter le foyer familial, grand-mère devint presque malgré elle la femme autoritaire de la maison. Elle s'occupait de tout dès que son fils s'absentait.

La mère Malika, femme douce appartenant à une famille prestigieuse du village, dont le père fut kadi à Mahdia, n'osait jamais sortir faire les courses, par exemple ; alors grand-mère y aller volontiers. Elle se couvrait la tête d'un foulard à grandes fleurs multicolores, jetait son châle d'hiver ou d'été sur les épaules et partait allègrement faire les courses chez l'épicier, le marchand des fruits et légumes, le boucher, le poissonnier, et le boulanger du quartier. Elle avait également la responsabilité d'embaucher des travailleurs saisonniers pour les travaux agricoles dans les oliveraies et dans le grand jardin.

Les travaux des champs commençaient avec le premier labourage vers la fin de l'été ; suivaient la cueillette des olives en hiver et la taille des oliviers au printemps, et puis le deuxième labourage de la saison, et ainsi de suite bon an mal an. Grand-mère ou le père Momo gardait l'œil sur la presse d'olives afin de contrôler la production et la dégustation de l'huile dans les cuves. C'étaient des responsabilités délicates et souvent controversées. On était rarement satisfait des résultats de la presse que tout le monde soupçonnait de tricher. Mais on n'avait pas le choix, car toutes les presses étaient pareilles et leurs propriétaires étaient à des degrés différents peu honnêtes.

A côté des cueillettes des olives saisonnières, il fallait aussi semer blé, orge, fèves, pois-chiches, petits pois, lentilles, et autres céréales et épices, tout en espérant avoir de la pluie en automne. Ensuite, il faut assurer la moisson et engranger la récolte. Grand-mère supervisait tout cela tant qu'elle était relativement jeune et en bonne santé.

Chapitre XXIV

(Le cahier de mon père)

Depuis quelques temps, grand-mère avait remarqué que le père Momo se désintéressait presque complètement des affaires agricoles. Elle lui posa carrément la question, 'Qu'est-ce qu'il te prend mon fils ? A quoi penses-tu ces derniers temps ? Tu ne parles plus de la récolte d'olives qui va bientôt démarrer !' 'Rien !' lui répondit-il distraitement. Mais il ajouta presque aussitôt, 'Bon ! Je suis un peu occupé, c'est tout,' et en espérant la rassurer, il lui expliqua tant bien que mal qu'il était en train de travailler sur un livre important, que ses recherches accaparaient tous ses efforts, et qu'il n'avait pas vraiment le temps pour s'occuper des oliveraies et des travaux des champs. La mère Malika ajouta pour confirmer ses dires, 'Il lui arrive de passer des nuits blanches tellement il est absorbé par ce qu'il est en train d'écrire dans son cahier !' Grand-mère s'indigna dédaigneusement en faisant la moue, 'Quelle perte de temps ! Ce n'est pas avec ce cahier qu'il va gagner son pain et faire vivre sa famille !'

Des semaines et des mois passèrent. Le père Momo rédigeait son manuscrit sur le caractère humain et l'interaction du physique sur le psychique, auquel il donna le titre : *La Science Moderne à la Lumière du Tempérament ou l'Influence du Physique sur le Psychique et vice versa*.

Ses travaux de compilation, d'hypothèse, de thèse, d'antithèse, d'analyse, et de synthèse en rapport avec son sujet d'investigation, occupaient pratiquement tout son temps. Il s'attelait à sa tâche de chercheur engagé, qu'interrompaient de temps à autre ses soupirs, ses hésitations, et ses humm, ah, et oh, habituels. Il restait plongé dans ses livres et ses revues scientifiques jusqu'à une heure tardive de la nuit. Il rédigeait son manuscrit qui semblait interminable. A mesure qu'il avançait dans sa recherche, une douleur diffuse et des brûlures d'estomac commencèrent à l'indisposer désagréablement et ne tardèrent pas à devenir de plus en plus insupportables au fil des jours et des nuits.

Par un matin d'hiver, taraudé par des douleurs atroces, le père Momo interrompit son travail immédiatement et alla d'urgence consulter à l'hôpital de Sousse. Le médecin d'origine allemande, un célèbre gastro- chirurgien nommé Büschler, diagnostiqua un ulcère de stress. Une opération urgente s'imposa alors. Admis au bloc opératoire derechef, le père Momo subit une opération délicate qui se résumait en une perforation immédiate de l'estomac et une greffe compliquée d'un conduit secondaire pour une meilleure déglutition et pour la déviation des aliments loin des parties atteintes par l'ulcère. Quelques semaines après, le père Momo dut subir une deuxième opération, car la première n'était pas tout à fait réussie.

En se sentant mieux quelque temps après sa seconde opération, le père Momo n'avait qu'un souci, terminer vite la rédaction de son manuscrit et le présenter sans tarder à son ancien ami et camarade de classe, le Docteur S. A., grand médecin en psychiatrie nouvellement nommé Directeur de l'hôpital des maladies mentales à La Manouba dans la banlieue de Tunis. En présentant son manuscrit au Dr. S. A., le père Momo espérait avoir un avis professionnel sur son travail de recherche.

En effet, une fois son manuscrit terminé, révisé, et parachevé, le père Momo s'en fut vite à Tunis emportant dans ses bagages, et son livre pour être évalué scientifiquement, et un jerricane d'huile d'olive vierge pour offrir en cadeau à son ancien ami Dr S. A., par la même occasion.

Content de leurs retrouvailles après tant d'années, Dr S. A. fit un accueil amical à père Momo qu'il remercia pour le cadeau, appela sa secrétaire pour ranger le jerricane, prit le manuscrit des mains de son ancien ami et le rassura qu'il le lirait attentivement et qu'il le passerait même à son collègue français, le Professeur Mareschal, pour voir ce qu'il en penserait, en faisant remarquer qu'un deuxième avis serait toujours le bienvenu. Le père Momo ne voyait aucun inconvénient d'avoir un deuxième avis, mais bien au contraire, il était même ravi par la suggestion de Dr S. A. dont il prit congé, très reconnaissant et confiant.

Très fier de lui, le père Momo passa le reste de la journée à Tunis. Il mangea au restaurant et dormit à l'hôtel. Il reprit le chemin du retour le lendemain, après avoir acheté beaucoup des cadeaux rares qui ne se trouvaient qu'à la Capitale, pour faire plaisir à tous les membres de sa famille. Dans les deux couffins pleins à craquer de père Momo, il y avait plusieurs mètres d'étoffe écossaise en laine épaisse à carreaux verts et jaunes pour les robes des Fatma, des pullovers d'hiver bleu foncé et bordeaux, pour les jeunes Momo, des châtaignes exotiques importées de France, des boîtes de bonbons, du chocolat, et d'halwa à base de pâte d'amandes amères, pour la mère Malika et grand-mère Douja, des brosses à dent, et deux ou trois tubes de dentifrice de la marque 'Diamant' pour tous.

Quand le père Momo rentre à la maison transportant ses grands couffins remplis de telles surprises, l'excitation et la joie sont à leur comble pour tous ; et au moment où la mère Malika commençait à déballer les différents cadeaux, il nous semblait qu'un parfum spécial, de Tunis et de la France métropolitaine, emplissait tous les coins de la grande chambre familiale. C'était aux alentours de l'année d'Indépendance.

La rédaction du livre terminée, le père Momo guéri de ses opérations chirurgicales, la grand-mère Douja sauta sur l'occasion pour inciter son fils, en le haranguant à longueur de journée, à assumer sa part de responsabilité dans les affaires et les travaux agricoles. Le père Momo n'avait plus le choix. Il était acculé par une famille qui s'agrandissait sans cesse et des emplois temporaires occupés presqu'à la sauvette, ici et là, à cause de la répression politique. Il devait alors s'occuper des oliveraies d'une manière plus régulière, plus rentable, ou du moins temporaire, en attendant des jours meilleurs. Il avait quand même grand espoir que son manuscrit connaîtrait un succès mérité et du coup, pourquoi pas, une gloire imminente.

Dans la foulée, le père Momo participa à un concours de taille d'oliviers local. Le concours consiste à ce que chaque candidat taille un olivier sous le contrôle d'un comité de professionnels en agronomie. Pour évaluer le travail de chaque candidat, ce comité prenait en considération la durée, la technique, et l'esthétique. A la remise des prix et cartes de tailleur professionnel d'olivier, la surprise de père Momo fut grande, car il avait été unanimement félicité par les membres du comité pour l'excellent travail qu'il avait exécuté. On lui avait même décerné le premier prix et lui avait remis sa carte de tailleur d'oliviers professionnel portant son nom, son prénom, et le numéroté 001 de la promotion, dont il était si fier. A titre anecdotique, il rappelait à qui voulait bien l'entendre, et non sans un malin plaisir, que cela n'arrivait pas qu'au Président Bourguiba de s'octroyer, au lendemain de l'indépendance, une carte d'identité nationale avec son nom, son prénom, et le numéro 001, qui est toujours exhibée à son mausolée de Monastir.

Bien que le père Momo obtînt sa carte de tailleur d'oliviers professionnel en bonne et due forme avec la félicitation unanime des membres du jury, il ne songea jamais à la faire fructifier en travaillant pour le compte de qui que ce fût. En revanche, ce nouveau titre et cette carte l'encouragèrent à s'occuper de ses propres oliveraies à lui, tout en étant secondé souvent par deux de ses plus jeunes garçons, Momo Deux et Momo Trois qu'il réveillait de bonne heure pour l'accompagner aux champs pendant les dimanches et les vacances.

Avant de grimper au cœur de l'olivier ou sur la double échelle dressée contre les branchages, le père Momo faisait d'abord le tour de l'arbre, scrutait ses rameaux, jaugeait sa forme, repérait les tiges à couper, imaginait la ligne d'attaque qu'il devait suivre, et se perdait ensuite dans la frondaison épaisse de l'olivier, armé d'une grande scie et d'une paire de sécateurs géants.

La taille des gros troncs abimés ou malades dont il cherchait à débarrasser l'arbre se faisait à l'aide de la grande scie qui donnait le la à un étrange ballet, à une série de mouvements, où le père Momo s'animait et s'abîmait corps et âme dans une chorégraphie insaisissable, semblable à une danse d'abeilles. Les deux Momo, médusés, suivaient du regard les mouvements tantôt agiles, tantôt lents et calculés, de leur père affairé.

Il passait de la double échelle au cœur de l'arbre. Il grimpait sur les branches les plus hautes comme un équilibriste. Il redescendait sur les marches de l'échelle. Il sciait une grosse branche par-ci, élaguait à l'aide des sécateurs des rameaux fourchus par-là ; puis il mettait pied à terre, s'éloignait de l'olivier en faisant quelques pas en arrière, tête rejetée à la renverse ou penchée sur l'épaule pour mieux contempler les effets de son travail. Il essuyait la sueur de son front, scrutait l'arbre, marmonnait quelque chose, et puis grimpait encore sur l'échelle en brandissant sa grande scie par-dessus la tête tel un fleurettiste en position d'attaque. Il mettait ainsi des heures et des heures de travail méticuleux pour terminer la taille d'un seul olivier avant qu'il ne s'exclamât à par lui-même 'Et voilà ! C'est un bel olivier maintenant débarrassé de toutes les branches mortes ou parasites. Regardez-moi ça ! Un véritable œillet ! Un basilic tout frais !'

Tout à coup, il prenait conscience de la présence de ses deux enfants qui jouaient à portée de sa voix, et il les héla, 'Tas de fainéants, qu'est-ce qu'on attend pour me débarrasser de toutes ces branches qui traînent à mes pieds ? Comment voulez-vous que je me déplace avec mon échelle au milieu de cette pagaille ?'

Momo Deux et Momo Trois s'arrêtaient de jouer et obéissaient à leur père, sans grand enthousiasme. De voir leur père se comporter comme un artiste, tantôt emballé, tantôt distrait, et tantôt contrarié, les deux frères avaient plutôt envie de rire. Toutefois, excédés par ses ordres, abrutis par le travail absurde, et fatigués par les escapades de l'âne qui détalait à la première occasion, ils trouvaient la saison de la taille des oliviers longue, trop longue, fastidieuse et frustrante.

Depuis la remise du manuscrit à l'ancien ami psychiatre de père Momo, quelques semaines s'étaient écoulées sans nouvelles. Le père Momo un peu inquiet décida alors d'envoyer la longue lettre suivante à Dr S. A. en guise de rappel des grands traits de son ouvrage, et afin de savoir aussi où en était le docteur dans sa lecture du manuscrit :

Médiouna le 15/10/1956

Illustre Docteur

Après les marques de respect qui vous sont dûes (sic), j'ai l'honneur d'exposer à votre Haute Connaissance le fruit d'une étude personnelle sur le rôle joué par le tempérament humain dans tous ses points de vue. – Je suis convaincu d'avance que cette étude si modeste pourra d'autre part revêtir le caractère d'une thèse médicale dans le cas où elle sera approuvée par votre Haute Compétence en la matière. –

J'estime que la thérapeutique aussi bien que la chirurgie ont toutes deux besoins (sic) de connaître le tempérament de leur malade afin d'obtenir les véritables victoires de la santé sur la maladie c'est-à-dire les victoires sûres et durables puisqu'elles sont basées sur les aptitudes strictes du malade selon sa propre nature.

En l'occurrence je suis convaincu que la Médecine dépourvue de cette conception si élémentaire et si naturelle ne serait qu'un vaste labyrinthe sans issue parce que les médicaments ou les soins divers seraient mal répartis ou mal placés. –

Par conséquent les meilleures guérisons ne s'accompliraient que dans la mesure où ces médicaments et ces soins s'adapteraient à tel ou tel tempérament excluant ainsi tous ces tâtonnements superflus dont le malade n'a pas besoin. –

En effet les caractères des humains sont connus sous 4 formes très distinctes l'une de l'autre plus ou moins sensibles et inégalement prédisposés (sic) aux différentes sortes de maladies. –

Ce sont les caractères des 4 parties du Zodiaque renfermant chacune 3 signes correspondant à un tempérament qui représente l'un des 4 éléments fondamentaux de la structure si différente du genre humain.

C'est ainsi que l'on connait cette différence de structure par le comportement physique et moral de l'individu qui ne peut être que le reflet incontestable de son état organique ou psychique. –

C'est donc sous cet étroit rapport de l'abstrait et du concret que l'on peut aisément classifier le genre humain comme suit :

1°) <u>Tempérament bilieux</u> (Feu) chaud et sec

2°) <u>Tempérament nerveux</u> (Terre) froid et sec

3°) <u>Tempérament sanguin</u> (Air) chaud et humide

4°) <u>Lymphatique</u> (Eau) froid et humide

Cette connaissance des caractéristiques de chacun des tempéraments, et de leurs mélanges, est à la base de la physiologie et de la psychologie. Elle aide à la connaissance, elle révèle les dispositions et les différents états individuels. Elle signe en quelque sorte la personne humaine par la forme, la stature, la couleur, le détail des parties et des éléments physiques. L'expérience en montre les conséquences, les réactions sur le comportement du sujet, de même qu'on reconnait l'arbre à ses fruits. –

1°) <u>Par exemple le tempérament bilieux</u> nous indique que la personne qui le revête est prédisposée aux affections bilieuses ou inflammatoires en relations directes avec <u>le foie, le cœur et les muscles</u>.

Quant au point de vue psychologique ce caractère représente un esprit vif avec des initiatives hardies, un jugement réfléchi préoccupé du pour et du contre, une imagination positive, une volonté ferme, énergique, entreprenant, audacieux, autoritaire et violent même. – Les aptitudes sont plutôt scientifiques, c'est une âme de chef, de Directeur d'Entreprise, souvent indépendant. Par ailleurs, c'est aussi le contremaître appliqué, l'ouvrier consciencieux, celui qui respecte les consignes. – La forme de la main est rectangulaire, elle est épaisse et musclée, ferme et solide. Le toucher en est chaud et sec, plutôt rude. Les doigts sont allongés et raides, leur bout carré ; le pouce est long et puissant, la paume creuse. Rien de superflu ; les veines sont apparentes, _le pouls rapide_, les articulations bien formées et dégagées. La couleur est sombre, _aux tons jaunes et orangés_. L'ensemble est net, solide, fort. C'est la main du réalisateur positif persévérant, conscient de ses droits et de ses responsabilités. – _Son point faible est l'estomac._

2°) _Le tempérament nerveux_ est prédisposé aux affections nerveuses et glandulaires en relations avec le cerveau, le cou, l'intestin, les articulations. –

La mobilité est excessive, passant d'une extrême à une autre portant souvent à des excès. La sensibilité morale et physique est très développée, le tact est fin et nuancé, la studiosité aisée. On remarque aussi de grandes facilités intellectuelles, l'inspiration et l'enthousiasme. Mais il il (sic) y a en même temps les défauts de ces qualités : le nervosisme, l'irritabilité, la susceptibilité, l'inquiétude, *le pessimisme ; en somme beaucoup de contrastes. – C'est le tempérament de l'intellectuel, du créateur, du scientifique. On le trouve au barreau, en chaire, dans la médecine, dans toutes les professions qui s'appuient sur les personnalités, et, au bas de l'échelle sociale chez l'intermédiaire souple, avisé, opportuniste. – La main est effilée, triangulaire, allongée, sèche et osseuse au toucher. Les doigts sont minces, aux bouts pointus ; le pouce est long et écarté. La paume est étroite, souple et tourmentée. Tout est nerveux, mobile, agité. Les mouvements, déliés, sont rapides et démonstratifs. La couleur est neutre, grise et terne. – Cette main s'allie à l'habileté et à la souplesse des gestes, à la grâce de l'attitude, à la joliesse de la forme, à une maigreur…… ; elle annonce un créateur qui sait s'affirmer et persuader. –*

3°) <u>Le tempérament sanguin</u> : Ses effets portent principalement sur le sang et sa circulation, sur les poumons, les reins, les chevilles en provoquant tous les troubles conséquents (affections pulmonaires, déséquilibre dans la composition du sang).

Le comportement est le plus souvent doux et affable. Il est caractérisé par l'importance des sensations, la nécessité primordiale et instinctive de l'optimisme, la recherche de toutes les aises. Il s'agit d'un bon vivant, facile à vivre et satisfait quand tout va bien, conciliant, respectant la hiérarchie, traditionnaliste et représentatif, cérémonieux même et très attaché à l'estime de son entourage. –

Le sens artistique est développé mais sans outrance. L'individu est doué pour la peinture, l'architecture et tout ce qui est agréable, vivant, nuancé, à portée des sens. – Il est content de soi. Les affaires, le commerce surtout d'exportation, les transports par la route et par l'air, l'électricité et ses applications modernes, lui conviennent particulièrement. – la main est large, équilibrée, solide et bien formée, chaude et humide. Les doigts sont assez longs et arrondis, un peu épais, la paume ferme et bien en chair. Qu'on s'imagine, par exemple, la main et les gestes d'un prélat. – On remarque souvent de l'enflure ; le ton est clair, rosé. – Avec l'âge il devient couperosé et congestionné. – Telle est la main de ceux chez qui la sensation a la primauté sur la sensisibilité (sic).

4°) <u>Le tempérament lymphatique</u> : Ici la prédominance appartient aux humeurs et liquides organiques, à l'action des muqueuses. Son action se fait surtout sentir sur l'estomac, l'intestin, les fonctions assimilatrices. C'est par excellence la sensisibilité (sic), l'impressionnabilité, la suggestion, l'assimilation, l'adaptation qui dominent dans ce caractère, ou bien le rêve, une imagination qui dépasse les possibilités, l'apathie, l'utopie, les émotivités excessives. Et aussi tous les caprices. Dans un juste milieu, l'esprit s'attache à tout ce qui relève de l'expérience, de la réflexion, de la méditation, l'être est compatissant, attiré par tous les mystères (vie, maladie, au-delà), par les rêves et les prémonitions. Il fait preuve de compréhension et de passivité ; il est sujet aux réminiscences. – La musique, la poésie, et tout ce qui est émotif, plaisent. L'eau attire, et tout ce qui y touche de près comme de loin. Une minutie pratique, une adaptation illimitée sont l'apanage de ces caractères, qu'on retrouve dans les infirmières dévouées, les sœurs de charité, les fonctionnaires et les employés des administrations. – la main est ronde, massive et boursouflée, en apparence grasse, mais molle au toucher, froide et humide. Les doigts sont boudinés, les phalanges sectionnées, écourtées et renflées. La paume est très douce et grande, et les empreintes en creux. La coloration est très blanche, fade, avec des tons tirant sur le vert. – C'est la main des êtres sensibles jusqu'à la compassion, des rêveurs nostalgiques aux réactions lentes et rares, mais quelquefois sublimes. – <u>Comme on voit, il n'est pas nécessaire, pour</u> avoir des renseignements dur la mentalité d'un individu, de s'armer d'une loupe et de scruter les lignes de sa main. Un simple coup d'œil suffit. –

En conséquence ce tempérament qui est le don propre de chaque individu n'est pas autre chose que la juste traduction de l'état et de la nature de sa constitution physique et psychologique. C'est par excellence tous les traits qui constituent un inébranlable rapport entre cet état organique de l'individu et son comportement à la fois physique et moral. – Ce rapport entre le concret et l'abstrait est d'une réalité telle qu'il devient très exact de noter que le plus souvent c'est notre caractère qui fait que nous sommes heureux ou malheureux et non notre situation. –

Cette influence du tempérament est à la base des bons ou des mauvais jours. C'est elle qui engendre des désordres mentaux et des *perturbations organiques ; elle constitue donc le levier de commande de tout ce qui se rapporte à l'organisation et à l'harmonie de notre vie ainsi que de toute ses fluctuations. C'est en somme un point de repère de notre situation physique et morale et par là le meilleur diagnostique (sic) de notre santé en période de maladie parce qu'il constitue une aide des plus précieuses dans la sûre reconnaissance de cette maladie. – Il contribue ainsi à prévenir contre cette maladie pendant les heureux jours parce qu'il la connait d'avance avant même le jour de sa naissance et dans le cas échéant il aidera à sa guérison d'après son rôle et son incontestable position dans la réglementation de toute notre constitution. –*

En effet les systèmes nerveux, circulatoire, digestif, respiratoire, endocrinien, cellulaire ou autres ne sont-ils pas solidaires par une commune relation avec ce point de départ ou tempérament ? Ne se trouvent-ils pas directement influencés par lui sinon comment expliquer cette prédisposition d'une telle personne à telle maladie notoire et d'une telle autre à une autre affection non moins notoire ? C'est tout le secret de notre sujet d'aujourd'hui que j'espère poursuivre. Je (illisible) votre indispensable appui. –

Le père Momo reçut, par retour du courrier, la réponse non datée dont voici un court extrait :

Cher ami,

Croulant sous mes engagements professionnels et mes nouvelles responsabilités de directeur de l'hôpital des maladies mentales de

La Manouba, comme tu le sais sans doute, je n'ai pu terminer la lecture de ton manuscrit que je trouve, par ailleurs (et provisoirement bien sûr), d'une facture assez singulière et originale, etc.

Je te prie de me laisser davantage de temps afin de ...

Dr. S. A.

Le père Momo ne pouvait qu'acquiescer. Il rédigea aussitôt une brève missive dans laquelle il remercia le Dr S.A. d'avoir déjà accepté de jeter un coup d'œil sur son manuscrit, et lui demanda combien de temps mettrait-il encore pour lui communiquer son avis par écrit.

Chapitre XXV
('sans esprit de retour')

Quelques semaines s'écoulèrent sans nouvelles de son manuscrit. Le père Momo s'impatienta et envoya une autre lettre au Dr S.A., en le priant de répondre à son courrier. Aucune nouvelle de la part de S.A. Père continua d'écrire au docteur lui demandant des nouvelles de son livre sur le rapport entre la maladie et le caractère humain, mais c'était toujours en vain. Le courrier à sens unique de père Momo dura des semaines, voire, des mois, jusqu'à ce que Dr S.A. se décidât un jour de lui répondre en lui envoyant une courte lettre dans laquelle il exprimait son étonnement en disant qu'un fâcheux malentendu avait sûrement eu lieu. Il nia tout bonnement l'existence du cahier que père ne cessait de lui réclamer depuis longtemps.

Une fois le choc passé, le père Momo reprit avec acharnement l'écriture des lettres à l'attention de Dr S.A. en lui demandant de ne pas commettre une telle infamie envers un ancien camarade de classe et ami. Il lui faisait savoir, avec insistance, qu'il n'était pas prêt à abandonner ses réclamations et que, tôt ou tard, ce que lui revenait de plein droit, c'est-à-dire son manuscrit qu'il avait mis des jours et des nuits à rédiger, lui serait restitué avec ou sans l'avis de cet illustre médecin.

De longs mois passèrent encore sans réponse. Mais le père Momo ne lâchait pas prise. Il guerroyait avec Dr S.A. dont le silence effarant n'arrivait pas à faire taire les rafales des missives et des lettres recommandées que le père Momo lui expédiait à intervalle régulier et qui étaient tantôt pleines d'espoir, tantôt menaçantes, et tantôt désespérées :

Tunis le 21/2/57

(LR sans enveloppe Copie conforme)

A Monsieur
Le Dr S. A.
26 Jazira à Tunis
Très cher Dr et ami
de marque. –

C'est avec toutes mes considérations les plus distinguées que je viens conformément à notre entrevue de Sousse de Dimanche passé vous demander pour la dernière fois la restitution de ma Documentation Médicale intitulée « La Médecine Moderne à la Lumière du Tempérament » dont j'ai le plus grand besoin en vue de pouvoir l'achever par d'autres nouvelles et non moins judicieuses constatations espérant ainsi la mettre prochainement en publication dans le Cadre actuel de notre inéluctable évolution nationale vers le progrès social à tous ses points de vue et en marge de notre libération totale dans tous les domaines. –

Je tiens à vous fixer définitivement que je n'ai jamais pensé à vous vendre cette thèse Médicale exclusivement personnelle quel qu'en soit le prix et que je ne vous l'ai remise que sous les directives d'ailleurs très appropriées de votre collègue le Dr A. Razgallah

195

dans le seul but d'information purement amicale et scientifique à travers un sujet qui paraît-il vous intéresse tout particulièrement.

Je vous précise en l'occurrence et avant qu'il ne soit trop tard que je m'estime bien fondé de m'adresser à vous par la voie postale parce que j'ai senti que vos promesses concernant cette restitution pourtant si équitable, ne sont en réalité que d'inconcevables et irraisonnables tergiversations du fait de m'avoir récemment déplacé jusqu'à Tunis pour me déclarer en fin de compte que cette Etude se trouve bel et bien à Sousse. –

Je vous affirme en conséquence, que loin de céder devant votre attitude devenue si incompréhensible, je ne peux qu'élever davantage ma voix la plus défensive pour vous réclamer solennellement et sans répit cette documentation qui m'est fort indispensable et que vous devez normalement me rendre en toute paix et dans la même atmosphère de confiance et de cordialité qu'auparavant. –

Dans l'attente combien brûlante de cette légitime restitution que je témoignerai régulièrement par un reçu signé par moi-même dès sa réception le Vendredi 22 courant au plus tard, je prie inlassablement le Souverain Dieu d'user de tout son pouvoir afin que votre « Vénus » ne vienne pas provoquer une collision inutile sinon désastreuse avec mon « Mars » déjà fortement attristé par le choc psychologique si inattendu que vous lui avez cependant bien voulu faire subir à tort par votre déclaration la plus fallacieuse selon laquelle vous prétendez en fin de compte que cette Etude Médicale se trouve chez vous à Sousse et non à Tunis.

Dans l'ultime espoir que notre amitié ne finisse pas par un recours obligatoire à la Justice qui demeure incontestablement la chose du monde la plus convoitée, veuillez agréer, cher Docteur et compatriote de marque, l'expression de mes sentiments les plus respectueux ainsi que mes vifs remerciements d'avance.

Une quinzaine de jours après, le père Momo reçut un extrait de son Etude médicale jointe à une lettre de Dr S. A., qui voulait être rassurant à sa façon en admettant finalement que le cahier de père Momo avait bel et bien quitté le territoire tunisien emporté dans les bagages de son confrère français, le docteur Mareschal, et qu'il n'y avait nul 'esprit de retour,' ajoutait-il :

Docteur S. A.   *Copie de Pièce*
Tunis 6/3/57

Cher (Monsieur) Mo...

Je me permets de vous envoyer l'extrait de votre observation que je vous ai promis –

Au surplus vous auriez pu venir le retirer vous-même soit à mon bureau soit ailleurs et je ne vois pas pour ma part la cause de vos appréhensions, à ce sujet –

Quoiqu'il en soit et comme il se confirme que l'observation complète a été emportée par le Docteur Mareschal en France lors *de son départ, par mégarde ou par oubli, **et sans esprit de retour**, je pense que vous pourrez très facilement utiliser le sommaire ci-joint que je vous envoie et que nous avons <u>heureusement</u> gardé dans nos dossiers – Il vous sera certainement très aisé de développer encore plus largement ces données judicieuses à partir des notes substantielles et <u>très consistantes dans leur brieveté</u> (sic) que renferme cet extrait – Je serais heureux pour ma part d'être tenu au courant de ce que vous aurez pu développer à l'avenir et vous promet (sic) cette fois-ci de garder jalousement pour vous même et <u>à votre disposition</u> toutes les œuvres et textes que vous produirez à l'avenir – Veuillez agréer je vous prie mes salutations distinguées –*

(Signature illisible)

Chapitre XXVI

(Plainte à une autorité supérieure)

Déception, étonnement et colère se lisaient sur le visage intrigué de père Momo qui, en feuilletant distraitement les quelques pages de l'extrait de son Etude médicale, promenait son regard inquiet sur la lettre de S. A., sans l'air de comprendre ce qu'il y était écrit. Allait-il, oui ou non, récupérer son manuscrit ? Pourtant, il avait bien flairé anguille sous roche depuis belle lurette et cette lettre confirmait sans l'ombre d'un doute toutes ses appréhensions à l'égard de Dr S. A. Mais tout de même, il était passablement satisfait de la réponse de Dr S. A. qui reconnaissait, pour la deuxième fois au moins, avoir reçu le manuscrit et l'avoir perdu par la suite en laissant son confrère Dr Mareschal l'embarquer avec lui en France.

Le père Momo espérait mieux que cela, bien sûr, mais était relativement content d'une telle réponse. Fort de ces révélations et de ladite lettre de Dr S. A. en poche, il écrivit le jour même au Président de la Société Tunisienne des Sciences Médicales. Deux jours après, il expédia une autre lettre presque identique au Président du Conseil de l'Ordre des Médecins Tunisiens, afin d'attirer leur attention sur l'abus et l'injustice qu'il venait de subir de la part de Dr S. A., d'épouser sa cause, et d'intercéder en sa faveur pour qu'il pût récupérer son livre auprès de ce dernier :

Tunis le 6/3/57

A Monsieur
Le Président de la Société Tunisienne des Sciences Médicales

C'est en signe de respect pour la Science la plus humaine ainsi que pour ses honorables adeptes que je viens solliciter de votre bienveillante Compétence, en votre qualité de Président de la Sté Tunisienne des Sciences Médicales de vouloir bien intervenir en ma faveur auprès du Dr S. A. (26 El Jazira – Tunis) en vue de le décider à me livrer amicalement au moins l'extrait de ma documentation médicale intitulée « La Médecine Moderne à la Lumière du Tempérament » étant donné que cette documentation se trouve actuellement en France en la possession du Dr Maréchal.–

Je vous précise que la livraison de cette copie ne signifie pas un renoncement à la restitution de l'initial qui devra s'accomplir dès son rapatriement de France. –

Dans l'attente bien entendu de cette copie provisoire jusqu'à ce (sic) j'aurai l'ultime satisfaction de récupérer toute mon Etude complète, je vous informe que le Dr A. Charrad m'a rendu les 2 copies de mes 2 lettres recommandées sans enveloppes que je vous ai remises à la Maison du Médecin, le 1ᵉʳ Mars en cours et qui étaient destinées au Dr S. A. –

Dans l'espoir d'obtenir cet extrait le Vendredi prochain à 18H à mon adresse sus-indiquée, veuillez considérer, Monsieur le Président, ma présente requête comme un devoir tout à fait normal envers votre Eminente Sté dont vous êtes l'Authentique représentant que je ne peux outrepasser dans une question exclusivement médicale où vous êtes à la fois le Juge et l'Intéressé. –

Convaincu que votre entremise puisse mettre un terme à tout ce long calvaire, je vous adresse d'avance l'expression de ma reconnaissance la plus proufonde (sic).

....

Les insupportables sentiments de trahison et le calvaire vécus par le père Momo allaient durer encore des semaines, voire, des mois pendant lesquels il attendait impatiemment, désespérément la restitution de son manuscrit scientifique de la part de Dr S. A. Le ton de ses lettres devenait tour à tour menaçant, pathétique, ou philosophique. Fort de la promesse du Président du Conseil de l'Ordre des Médecins de l'aider dans sa démarche, le père Momo ne désarmait point et écrivit la lettre suivante à Dr S. A., en haussant sensiblement le ton :

Tunis le 23/3/57

A Monsieur
Le Dr S. A. (26 El Jazira à Tunis)

Docteur,

Je dois vous apprendre que je suis informé par la Haute Compétence de Mr le Président du Conseil de l'Ordre des Médecins de votre décision de me restituer mon Observation complète vers le 20 Mai prochain et qu'à cet effet vous avez déjà fait signe au Docteur Maréchal [sic] en France. –

Or il est à vous signaler en substance que ce signe peut revêtir tant d'équivoque ce qui est de nature à m'empêcher de vous accorder un aussi long délai d'ailleurs si incompréhensible pour une aussi simple opération qui ne devait pas dépasser normalement une vingtaine de jours jusqu'à ce que vous m'auriez expliqué par écrit le sens exact de ce signe précité

Pour cette explication écrite je vous attends donc d'ici le Mardi prochain à 18H au plus tard et dans le cas où vous vous abstiendrez d'un tel éclaircissement je me verrai obligé de vous poursuivre judiciairement. –

Dans cette attente, veuillez agréer Docteur, mes salutations distinguées.

Bien que ses attentes et son espérance fussent grandes, le père Momo n'en souffrait pas moins. Il était bien obligé de prendre son mal en patience. Un mois et demi plus tard, il se vit dans l'obligation d'envoyer la lettre suivante à Dr S. A. en rappel de la date fatidique à laquelle la restitution de son manuscrit devait avoir lieu, selon la promesse antérieure de ce dernier. Le ton de la lettre traduit bien le grand optimisme de père Momo, qui venait de célébrer ses quarante ans, de récupérer l'intégralité de son manuscrit, d'une part, et de voir, d'autre part, son pays, affranchi du Protectorat français depuis un peu plus d'un an, rentrer de plain-pied dans la voie du progrès et de la science :

Médiouna le 7 Mai 1957

A Monsieur
Le Dr S. A. (26 El Jazira – Tunis)

Docteur,

L'approche du 20 Mai m'incite à vous exposer la raison capitale de mon optimisme ~~pour~~ ~~la~~ ~~récupération~~ [ratures dans l'original] concernant la récupération totale de mon Observation Médicale complète. –

En effet je tiens à vous reproduire quelques passages du mémorable discours prononcé par notre illustre Président du Gouvernement à la date du 23 Fév. 1957 au cours de la Séance inaugurale de la Société Tunisienne des Sciences Médicales : -

Je dois vous signaler que ces quelques passages contenus dans le discours de notre Bien Auguste et Bien Aimé Chef du Gouvernement sont à eux seuls suffisants pour enraciner définitivement dans mon esprit cet optimisme qui est finalement traduit par ma conviction la plus totale d'obtenir gain de cause malgré toutes les intrigues que j'ai déjà rencontrées, toutes les entraves qui pourraient éventuellement surgir. –

Au fait il est dit en substance que :

« Chacun doit faire profiter les autres du fruit de ses observations et ouvrir des horizons nouveaux ; d'où la nécessité pour les hommes de travailler en commun. –

« Le Gouvernement est décidé à aider la recherche. – Tant que nous n'aurons pas donné aux hommes doués les possibilités matérielles pour poursuivre des recherches, nous ne pourrons pas dire que nous marcherons dans la voie du progrès !

« C'est par d'autres savants qui ne sont pas Médecins, comme Pasteur, que la Médecine a progressé !

« Le Gouvernement facilitera et favorisera la recherche et nous serons satisfaits si les fruits du travail de un sur cent ou même de un sur mille de nos chercheurs nous paient des sacrifices que nous aurions faits pour eux. »

Chapitre XXVII

(Le complot)

Le père Momo, lassé, dépité, et presque complètement désespéré, monta à Tunis pour voir Ahmed Ben S., le Secrétaire d'Etat à la Santé Publique de l'époque, qui était, lui aussi, un vieil ami commun de père et de Dr S. A., afin qu'il intercédât en sa faveur et lui faciliter, vaille que vaille, la restitution de son livre.

Arrivé à Tunis la veille de son entrevue avec le Secrétaire d'Etat à la Santé Publique, le père Momo passa la nuit chez Béchir M., neveu de la mère Malika, qui vivait dans une chambre d'hôtel pour étudiants et itinérants.

D'après le témoignage oral de ce dernier bien des années plus tard, le père Momo était en forme ce soir-là et semblait même très confiant du fait qu'il espérait, grâce à l'intervention du Secrétaire d'Etat, pouvoir enfin récupérer définitivement, son précieux livre auprès Dr S. A.

Le lendemain matin, le père Momo se leva de bonne heure, se brossa les dents, se rasa de frais, dégusta un bon café turc préparé par le jeune étudiant Béchir, mit son trenchcoat et prit congé de son hôte en le remerciant de son hospitalité, après lui avoir promis de revenir le soir-même, peut-être, passer la nuit chez-lui au cas où il ne trouverait pas de moyen de transport pour rentrer à Médiouna.

Le père Momo alla à pied directement au ministère de la Santé qui se situait à quelques centaines de mètres seulement. Apparemment, il ne rencontra aucune difficulté à se faire introduire au bureau de

Ahmed Ben S. qui le reçut dans une grande pièce impressionnante servant de salon et de bureau de travail. Le Secrétaire d'Etat était originaire de la même région que le père Momo. Bien qu'il fût avenant, sympathique, et plein de promesses, il n'était pas sans savoir que, politiquement, le père Momo n'était pas de son bord, et que, pire encore, il était un opposant farouche et un membre actif du parti communiste.

Néanmoins, Ahmed Ben S. fit semblant d'écouter attentivement les doléances de son ancien ami au sujet de son manuscrit et de la mauvaise foi de Dr S. A. Tout ce que le père Momo voulait, c'était évidemment récupérer son travail scientifique, ni plus ni moins ; et d'ajouter qu'il lui serait extrêmement reconnaissant s'il pouvait téléphoner à Dr S. A. et tirer tout cela au clair. Le père Momo insistait bien sûr, car il était quelqu'un qui ne mâchait pas ses mots et avait la fâcheuse habitude d'aller droit au but ! Il fit savoir à Ahmed Ben S. qu'il était franchement très déçu de Dr S. A., de sa mauvaise foi, et de ses tergiversations.

Le Secrétaire d'Etat écourta l'entrevue avec le père Momo, le rassura qu'il téléphonerait aussitôt à Dr S. A., et le pria d'attendre dans le grand salon en face de son bureau, ce que fit le père Momo après l'avoir vivement remercié. Il était plein d'espoir et n'avait pas le moindre soupçon au sujet de ce qui allait se tramer à son insu dans le bureau du Secrétaire d'Etat.

Après une longue attente, le père Momo vit entrer dans la grande salle aux meubles somptueux et au confort feutré quatre hommes, dont deux étaient en blouses blanches et deux en costumes noirs. Les deux civils se dirigèrent aussitôt vers le père Momo et lui demandèrent son identité. Le père Momo, très intrigué, leur montra néanmoins sa carte d'identité en leur demandant qui étaient-ils et pourquoi lui demandaient-ils son identité. Les deux policiers en civil ne lui fournirent aucune explication. Ils se contentèrent de toiser de leurs regards sévères et inquisiteurs le père Momo et ses papiers, ce qui intrigua davantage ce dernier, qui pensa que cela ne pouvait être qu'un quiproquo regrettable et de mauvais goût.

Après vérification de l'identité de père Momo qui écarquillait les yeux de plus en plus, les policiers donnèrent l'ordre aux deux infirmiers qui se tenaient prêts de lui enfiler la camisole de force. Se voyant pris au dépourvu, le père Momo tenta de quitter son fauteuil, mais les quatre individus se jetèrent sur lui, l'assaillirent, et lui passèrent la camisole de force en un tournemain, sans lui laisser la moindre chance de s'expliquer. Se sentant humilié, le père Momo se mit à se débattre, à gesticuler, à donner des coups de poing dans l'air et à crier, en appelant Ahmed Ben S., le Secrétaire d'Etat, et en disant qu'il sortait à l'instant de son bureau. Il gigotait, criait de plus en plus fort, et prenait à témoin les employés et les secrétaires du ministère, qui alarmés par les bruits insolites, sortirent devant leurs bureaux, s'échangèrent des regards étonnés dans les couloirs, puis coururent vers la grande salle d'attente d'où venait le vacarme et où ils avisaient un père Momo, vociférant, haletant, cramoisi de colère, et très agité, qui avait tout l'air d'un fou à lier. Les quatre hommes s'affairaient brutalement autour de lui pour terminer leur besogne. Très vite, le père Momo fut maîtrisé, encamisolé, et ligoté par les quatre individus dépêchés sur place par le Dr S. A. après l'appel téléphonique traître de Ahmed Ben S.

Entre-temps, pendant que le père Momo se démenait comme un véritable aliéné dans le salon, le Secrétaire d'Etat à la Santé Publique fila à l'anglaise par une porte dérobée pour éviter le scandale, en quittant son grand bureau confortable aux meubles anciens en bois massif. De plus, il ne voulait pas manquer son déjeuner avec le Président de la République au Palais de Carthage.

Aussitôt, le père Momo fut transporté *manu militari* dans une ambulance, toutes sirènes hurlantes, vers l'hôpital des malades mentaux dirigé par le sinistre Dr. S. A., sous prétexte que le père Momo était fou à lier et qu'il n'arrêtait pas de le harceler avec ses lettres insensées. Le complot ourdi par le non moins sinistre Ahmed Ben S. et le Directeur de l'hôpital psychiatrique contre le père Momo avait jusque-là réussi d'une manière scabreuse et malsaine.

Dès son arrivée à l'hôpital des malades mentaux, le père Momo se fit, sous l'ordre de Dr S. A., injecter une forte dose de tranquillisant sédatif et fut aussitôt conduit, malgré ses protestations les plus vives, dans une cellule individuelle de quatre mètres carrés, encore fagoté dans une camisole de force, humilié, et maîtrisé d'une manière avilissante comme s'il eût été un notoire criminel de droit commun.

Soumis à un traitement médical de choc brutal qui consistait en de nombreuses injections intramusculaires quotidiennes, un confinement cellulaire continu, un maigre régime alimentaire de bagnard, une absence totale de communication avec le monde extérieur, le père Momo s'abrutissait davantage de jour en jour sans pouvoir se libérer des griffes impitoyables de ses bourreaux de l'institution hospitalière psychiatrique et à leur tête son machiavélique ennemi Dr. S. A.

Plusieurs jours passèrent sans aucune nouvelle de père Momo. Bien qu'on fût, à la maison, passablement habitué à ses absences imprévues à la suite d'une brève arrestation pour des raisons politiques ou à cause d'un voyage inattendu à la Capitale, on s'inquiéta, néanmoins, plus particulièrement de sa disparition cette fois-ci, parce que personne ne sut ni ne put deviner où il pourrait bien être depuis plusieurs jours, voire des semaines, sans la moindre trace, sans le moindre signe de vie.

Souvent, accompagnée de l'un de ses petits-enfants, grand-mère Douja prenait sa canne et faisait le tour du village en quête du moindre indice et de la moindre piste qui pussent la mettre sur les traces de son fils disparu depuis des jours et des semaines. En frappant à toutes les portes des proches et des connaissances de la famille, elle espérait apprendre quelque chose sur son sort. La police n'était au courant de rien, d'aucune arrestation d'opposants ces derniers temps-là. En tout cas, le nom de père Momo ne figurait dans aucune de leurs listes cette fois-ci.

La mère Malika et les enfants en âge de comprendre étaient plongés dans l'inquiétude, l'angoisse, et la peur. Ils guettaient chaque jour avec impatience le retour de grand-mère dans l'espoir d'avoir des nouvelles rassurantes au sujet de leur père. Mais, c'était toujours le néant. Pas de nouvelles bonnes nouvelles, dit-on souvent ; mais là, les nouvelles n'étaient pas si bonnes que cela. C'était le black-out total au sujet du père Momo. Personne n'était au courant de rien. Personne ne l'avait vu depuis des semaines, peut-être même des mois, maintenant. L'angoisse pesait lugubrement sur tous les membres de la famille. La disparition de père devenait de plus en plus insoutenable surtout qu'elle était inexplicable.

Le père Momo n'était pas homme à abandonner mère, épouse, enfants, amis, et camarades du jour au lendemain sans aucun avertissement ! Il était sociable, joviale, motivé, aimant, aimé, et cultivé. Il avait quarante ans et en pleine possession de toutes ses facultés mentales et physiques hormis son opération sur l'ulcère d'estomac. Il ne souffrait de rien. Il avait grand espoir de se faire connaître en tant qu'écrivain et homme de science. Son manuscrit allait lui ouvrir une avenue royale vers la renommée, la gloire, et la reconnaissance en tant que chercheur, philanthrope, et militant au service de la jeune Tunisie nouvellement indépendante. Il songeait en son for intérieur qu'il était au service de l'humanité tout entière.

Les jours et les mois se succédaient sans apporter la moindre nouvelle au sujet de la disparition énigmatique et insupportable de père Momo. La famille était sur le point de sombrer dans le désespoir et la détresse. Momo Premier âgé de treize ans piquait des crises de nerfs continuellement car il craignait de perdre définitivement sa bourse d'interne au Lycée de Garçons de Sousse, à cause de l'absence de son père. Il se faisait du mauvais sang aussi car il ignorait qui l'installerait à l'internat pendant l'imminente rentrée scolaire. Les camarades du parti communiste s'alarmèrent beaucoup et ne surent à quel saint se vouer à cause de la disparition subite de père Momo. Ils enquêtaient de leur côté, eux aussi, mais sans grands résultats. L'un des camarades rendait compte, de temps en temps, à grand-mère des moindres nouvelles et indices, mais toujours en vain, car rien de neuf au sujet de l'absence énigmatique de père Momo n'était signalé.

Chapitre XXVIII
(Franz Omar Fanon)

Six longs mois ! Toujours rien de neuf au sujet de la disparition subite de père Momo dont l'internement à l'hôpital de La Manouba coïncida avec la nomination d'un jeune médecin psychiatre français, un certain Frantz Omar Fanon, qui prit la nationalité tunisienne par la suite. Ce médecin s'intéressait davantage à la sociothérapie qu'à la psychothérapie médicamenteuse traditionnelle que semblaient préférer, en revanche, ses confrères autochtones, y compris ce lugubre Dr S. A.

Le nouveau psychiatre d'origine martiniquaise s'intéressa de près au cas de père Momo qu'il trouva, après plusieurs entretiens, cultivé, sain d'esprit et de corps, quoique légèrement excentrique, mais surtout affaibli moralement et mentalement à cause du traitement de choc auquel il avait été soumis. Sans perdre un seul jour, il le fit sortir de sa cellule individuelle, observa son comportement durant quelque temps, et décida de lui confier, d'une façon inattendue pour tous, le rôle d'animateur culturel au profit des malades de l'hôpital.

Le père Momo, aux anges et très flatté dans son amour propre, forma sans perdre une minute, une troupe théâtrale avec la participation de plusieurs patients qu'il réunissait dans une petite salle de l'hôpital, après le repas de midi, pour des répétitions, des chants, et des danses. Les malades étaient ravis dans tous les sens du terme et leur état de santé s'améliorait notablement sous la houlette de docteur Frantz Fanon et l'animation de père Momo qui, comme un poisson dans l'eau, s'amusait énormément dans ce nouveau rôle d'animateur de théâtre, qui lui allait comme un gant. Les malades s'amusaient beaucoup aussi. Les différentes activités artistiques et théâtrales animées par le père Momo leur convenaient à merveille, à la grande satisfaction de Docteur Fanon.

Les malades en tiraient le plus grand profit grâce à l'encouragement bienveillant du médecin et à l'attention compatissante de père Momo. Ils avaient même réussi à monter *Le Cid* de Corneille dans une version franco-arabe où Don Diègue devenait Doggui, Rodrigue Bouriga, Chimène Cheyma, Elvire Alfire, Don Gomès Daguez, Don Sanche Achèche, Léonor Lanoir, Dona Urraque Donia, Don Arias Darras, et Don Alonse Dannas.

Comme la troupe de théâtre était exclusivement masculine – les bâtiments de l'hôpital abritant les femmes et les hommes étaient cloisonnés – les rôles féminins étaient naturellement joués par de jeunes garçons déguisés en femmes. Le père Momo avait du mal à convaincre ces jeunes hommes de se mettre dans la peau d'une fille ou d'une femme en imitant la voix et les manières féminines. Tout comme il lui était pratiquement impossible de persuader Don Gomès que le soufflet administré à Don Diègue n'était rien qu'un léger effleurement de la joue de ce dernier avec le bout du gant et non pas un coup de poing en pleine figure. Et pourtant, à chaque répétition on assistait à la même scène surréelle de querelles, de bouderies, de gesticulations, et de commentaires osés qui émaillaient l'ambiance bon-enfant de la troupe dont les membres semblaient s'amuser follement sous la houlette du père Momo qui, en s'inventant directeur de théâtre amateur, ménageait fort bien sa troupe et malmenait rudement le texte de Corneille afin de l'adapter à tout prix au contexte tunisien, aux conditions hospitalières, et aux humeurs changeantes des malades.

Plusieurs semaines de réunions, de répétitions, et d'ambiances conviviales dans la petite salle de spectacle de l'hôpital, soudèrent amicalement, tant et si bien, les relations humaines et artistiques entre le père Momo et les autres patients, que le jour de sa sortie définitive de l'asile psychiatrique, ou plutôt de sa libération réclamée et défendue par Docteur Fanon contre l'avis obstiné de Dr S. A., tous les malades pleuraient à chaudes larmes le départ de leur compagnon Momo qu'ils considéraient comme l'un des leurs, comme un père sévère mais attentionné, ou comme un grand frère affectueux et engageant.

Au moment où grand-mère allait abandonner son bâton de pèlerin et où la famille commençait à désespérer en songeant d'arrêter les recherches au sujet de la disparition de père, un voisin frappa à la porte de la maison pour dire qu'on savait où il se trouvait et que grand-mère devait de ce pas aller chez Monsieur Zara, l'un des amis juifs de père Momo, qui lui en dirait plus long sur les tristes rebondissements de l'incroyable histoire de son fils incarcéré à La Manouba.

Chapitre XXIX
(La libération de père Momo)

Monsieur Zara est originaire de Médiouna et ami de la famille. Il possédait un grand bazar à la Capitale géré par l'un de ses fils. Parfois, le hasard fait bien les choses ; un client fidèle du bazar était infirmier à l'hôpital psychiatrique de La Manouba. Un jour, en bavardant avec Zara fils, il révéla que l'un des patients qui avait l'air d'être originaire de Médiouna et à qui l'on avait fait subir un traitement inhumain pendant un certain temps, était, du jour au lendemain, chargé de l'animation théâtrale au profit des malades. Ce patient spécial n'était autre que le père Momo dont le nom fut par la suite révélé à Zara fils qui à son tour le communiqua à son père demeurant à Médiouna.

Sans perdre une seconde, grand-mère se hâta donc tant bien que mal chez monsieur Zara qui habitait à l'autre bout du village. Il la reçut avec un grand sourire, la fit s'asseoir sur le banc près de lui, et lui raconta les événements rocambolesques de la disparition de son fils Momo. Il la rassura sur la santé de ce dernier et lui proposa qu'il passerait le lendemain matin la prendre dans sa voiture pour aller voir Monsieur A., le père de Dr S. A., qui habitait dans la grande ville de Sousse. Il demanda aussi à grand-mère d'amener avec elle deux ou trois de ses plus jeunes petits-fils ou petites-filles. Zara avait déjà une idée derrière la tête ; il avait concocté sa propre stratégie d'exercer une pression sur le père de Dr S. A. afin de le faire intervenir auprès de son fils et mettre fin au calvaire de père Momo, qui n'avait que trop duré.

Accompagnée de Fatma Quatre, de Momo Deux, et de Momo Trois, qui étaient âgés entre cinq et neuf ans, grand-mère et ses petits-enfants montèrent dans la Simca Aronde blanche et bleue de monsieur Zara. En route, il lui expliqua qu'en arrivant chez Monsieur A., elle devait faire un scandale et ameuter tout le quartier en criant de toutes ses forces. Elle n'aurait pas à s'expliquer et devrait lui laisser, à lui, le soin de détailler le reste de l'histoire au père de Dr S. A.

Une heure plus tard, la voiture de Zara s'arrêta silencieusement à quelques mètres de la villa de Monsieur A. Grand-mère et ses petits-enfants descendirent vite de la voiture et firent irruption dans le jardin de Monsieur A. Grand-mère se mit aussitôt à pousser d'horribles cris de lamentations sur le sort de son fils en invoquant Allah de brûler celui ou ceux qui veulent du mal à son fils et à sa famille. Attiré par les hurlements horribles dans son jardin, Monsieur A., affolé, ouvrit la porte et se précipita en peignoir de bain dans la véranda. Il regardait d'un air médusé cette vieille femme et ces enfants craintifs apparus de nulle part chez-lui, dans son jardin. Il ne comprenait pas ce qui se passait. Il ne reconnut ni la dame qui se lamentait à tue-tête et qui s'arrachait les cheveux, ni les enfants apeurés qui sanglotaient spasmodiquement de tout leur corps et qui semblaient plus effrayés que tout autre chose. Monsieur A. était médusé, abasourdi, ne sachant que faire ou quoi dire.

Après un long moment qui lui sembla une éternité, Monsieur A. demanda d'une voix chevrotante, 'Mais, mais … Madame ! Madame ! c'est quoi tout ça ? Mais qu'est-ce qui se passe ? Qui êtes-vous ?' Il retenait son peignoir autour de la taille d'une main tremblante et gesticulait sans arrêt de l'autre main ; le sexagénaire tremblait de tous ses membres et tenait difficilement sur ses jambes.

Grand-mère se contentait de crier de plus belle après avoir jeté par terre son grand foulard multicolore, en découvrant ainsi ses cheveux gris et en se lamentant, comme le lui avait demandé auparavant monsieur Zara. 'Mais qui sont ces enfants ? Qui vous a envoyés chez-moi ? Que faites-vous dans mon jardin ?' continuait Monsieur A. de plus en plus inquiet et intrigué. Il perdait patience et sentait la colère le gagner petit à petit.

De longues minutes graves et pénibles s'étaient écoulées sans la moindre réponse de la part de grand-mère. Zara, qui était resté dissimulé derrière un arbre, fit son entrée au moment précis où Monsieur A. allait vraiment perdre patience avec cette femme qui hurlait à la mort dans son jardin et qui ne répondait pas à ses questions. Monsieur A. s'avança sur le perron pour descendre dans le jardin, jeter tout ce monde dehors, et mettre fin à cette mise en scène cauchemardesque. Mais, en avisant la présence calme et digne de l'autre inconnu, Zara, il s'arrêta net, saisi par une frayeur plus marquée et un étonnement plus grand encore. Grand-mère se calma un peu, ramassa son foulard à grandes fleurs multicolores, et se couvrit la tête.

D'une voix forte et pleine d'assurance accompagnée d'un geste de la main digne d'un orateur Carthaginois, Zara lâcha à l'intention de Monsieur A. 'Cette dame et ses petits-enfants, monsieur, pleurent la mort accidentelle de votre fils Dr S. A.' Monsieur A. chavira un instant et s'affala dans un fauteuil en rotin dans la véranda. A peine eut-il la force de demander 'Comment ? Mon fils ? Un accident ?' Monsieur Zara enchaîna en expliquant à Monsieur A., 'Oui hélas, votre fils vient d'avoir un accident de voiture mortel. Cette dame ici présente est affligée parce que son fils unique est pris en charge par votre fils à l'hôpital de La Manouba. Elle est perdue maintenant. Elle veut vous présenter ses condoléances. Elle ne sait plus qui va s'occuper de son fils là-bas.' Sans douter un seul instant de l'authenticité de cette horrible nouvelle apportée par un homme à l'allure aussi respectable que celle de ce monsieur Zara, le bon Monsieur A. faillit s'évanouir en pensant qu'il venait vraiment de perdre dans un accident de voiture, son fils unique, à lui aussi.

Un cauchemar et une tragédie insupportables pour Monsieur A. ! Mais Zara fit bien de rassurer aussitôt le pauvre Monsieur A. qui était sur le point de défaillir, en lui expliquant que rien de tel n'était vrai, que Dr S. A. ne lui était arrivé aucun mal, et qu'on avait inventé cette histoire seulement pour le sensibiliser au sujet de la situation dramatique de père Momo, fils de cette grand-mère et père de ces enfants, qui croupissait à l'hôpital psychiatrique depuis plus de six mois, à la suite d'une machination montée de toute pièce par son fils à lui, Dr S. A., et le Secrétaire d'Etat à la Santé.

Monsieur A. n'en revenait pas et continuait de regarder tout ce monde avec étonnement. Mais il se sentait déjà légèrement mieux. Les enfants ne croyaient pas leurs oreilles non plus. Ils étaient confus et effrayés par la scène inouïe à laquelle ils venaient de participer malgré eux, ne comprenant que vaguement ce qui se passait autour d'eux. Ils continuaient de pleurer en silence en se cachant le visage de leurs petites mains tremblantes.

Monsieur A. reprit ses esprits tant bien que mal et balbutia quelques mots d'excuse à propos de sa tenue peu présentable. Puis, il pria tout le monde de monter s'asseoir dans la véranda un instant pour qu'il tirât tout cela au clair. Monsieur Zara profita de l'occasion pour fournir d'autres détails sur la disparition subite de père Momo et pour défendre l'intégrité mentale de son ami. Le vieux Monsieur A. écouta attentivement les paroles de Zara et lui promit que s'il s'avérait que son fils eût une quelconque main traîtresse dans cette machination abominable, il le déshériterait *illico presto* et sans autre forme de procès, et le renierait pour le reste de sa vie.

Monsieur A. s'excusa de nouveau à cause de sa mise débraillée avant de rentrer chez-lui pour se rhabiller et téléphoner à son fils au sujet de cette histoire dramatique de père Momo. Il ne tarda pas à ressortir retrouver monsieur Zara, grand-mère et les enfants qui, bien que rassurés par ses promesses, attendaient du père de Dr S. A. des résultats concrets et rapides. Il leur sourit légèrement en voyant leur inquiétude. Il leur confessa qu'il venait de parler à son fils au téléphone qui reconnut que le père Momo était bel et bien à l'hôpital de Manouba, mais que lui, il n'était pas impliqué dans les faits rocambolesques dont on l'accusait ; pour preuve, il promettait de laisser son patient quitter l'hôpital dans peu de temps, maintenant qu'il allait mieux. Grand-mère poussa un long soupir de soulagement et remercia Monsieur A. d'avoir intercédé en leur faveur auprès de son fils. En prenant congé de Monsieur A., Zara et grand-mère le remercièrent chaleureusement et le prièrent d'excuser encore une fois leur visite importune. Grand-mère demanda à ses petits-enfants de grimper vite dans la voiture pour rentrer à la maison et annoncer la bonne nouvelle.

Grand-mère poussa la porte de la maison en lançant des you-yous de joie et toute la maisonnée s'anima aussitôt. Quelques jours plus tard, monsieur Zara emporta dans sa voiture grand-mère et Momo Trois âgé de cinq ans à la Capitale pour rendre visite au père Momo à La Manouba, en espérant le ramener avec eux à la maison. Momo Trois était à ce moment-là le seul garçon non scolarisé et en âge de faire le long voyage jusqu'à Tunis. Il était plutôt beau gosse avec sa mèche de cheveux sur le front et ses taches de rousseur de blondinet choyé par tout le monde. De l'avis de tous, c'était une bonne idée que Momo Trois les accompagnât à Tunis, d'abord pour l'exhiber comme l'un des nombreux enfants de père Momo, et puis surtout, pour faire pression sur les responsables de l'hôpital en leur montrant que le père Momo avait des enfants en bas âges qui avaient besoin de lui au foyer et qu'il était forcément un bon père de famille…

Le voyage de deux cents kilomètres semblait interminable pour Momo Trois qui avait la nausée dès le premier quart d'heure, à cause de l'odeur d'essence et des soubresauts imprévus de la voiture.

Cependant, bercé par le ronflement du moteur de la Simca, il finit par sombrer dans une somnolence vaseuse qui avait, néanmoins, le mérite d'atténuer ses angoisses de vomir sur le siège arrière de la voiture ou dans les robes de grand-mère assise à côté de lui.

En arrivant à l'hôpital de La Manouba, au milieu de l'après-midi, on confia Momo Trois au gardien qu'il fit attendre tout seul dans une petite pièce mitoyenne du vestibule. Momo Trois avait un sentiment étrange de solitude et de peur, en attendant son père dans cette petite pièce au quatre murs nus et froids. Le temps passa lentement. Pressé par un besoin urgent d'uriner, et tremblant de frayeur, le petit Momo Trois ne put ou ne sut appeler le gardien pour lui montrer les toilettes. Subitement, il sentit quelque chose de chaud et d'humide ruisseler le long de ses jambes. Une sensation de moiteur tiédasse envahit tout son petit corps chétif et tremblant. Il ne sut que faire ; des larmes de frustration et de peur coulèrent sur ses joues. Il éprouva un indicible sentiment de honte et de culpabilité.

Au retour de grand-mère et de monsieur Zara accompagnés de père, Momo Trois se sentit sauvé. A son grand soulagement, personne ne remarqua sa culotte mouillée ou son air inquiet. Père le serra fortement et longuement dans ses bras, tant et si bien que Momo Trois en éprouvât un léger sentiment de gêne qui le dépouilla brièvement de la joie tant attendue de voir enfin son père libéré.

En voiture, le père Momo prit place devant à côté de son ami Zara, grand-mère et Momo Trois montèrent à l'arrière comme à l'aller. En route, Momo Trois somnolait sur les genoux de grand-mère qui, se sentant heureuse et soulagée par la libération de son fils, passait et repassait doucement, distraitement ses doigts dans les cheveux fins et raides de son petit-fils en lui fredonnant des berceuses. Le père Momo racontait à Zara, avec force détails, son calvaire depuis son arrestation humiliante au ministère de la santé publique, jusqu'à son séjour à l'hôpital des malades mentaux et l'intervention inespérée et bienveillante de Docteur Frantz Fanon qui le fit sortir de sa cellule individuelle prévue normalement pour les forcenés et les fous furieux.

Il raconta comment les malades adoraient répéter leurs rôles dans des scènes théâtrales et des sketches improvisés ; comment certains avaient quand même fini par trouver très amusant de se déguiser en femme et de parler d'une voix fluette et aiguë pour jouer des rôles féminins, tout en oubliant de se raser la barbe et la moustache, ce qui rendait, aux yeux de leurs camarades, leur déguisement plus hilarant encore. Puis, il retourna au sujet de l'injustice nauséeuse dont il venait d'être victime tout en soulignant ses soubassements politiques et ses rebondissements rocambolesques. Il exprimait aussi sa joie d'être libéré et sa gratitude à son ami Zara qui avait tout fait pour l'aider à sortir de là. Le père Momo était tout de même très content bien qu'il n'eût pas pu récupérer son manuscrit scientifique que Dr Mareschal avait emporté avec lui en France ; telle était du moins la version de Dr S. A.

Tout en conduisant sa Simca, monsieur Zara raconta à père Momo comment il avait appris au sujet de son internement et comment il avait mis à exécution son astuce et sa fantaisiste mise en scène chez le père de Dr S. A. pour le fléchir et gagner son indulgence.

La nuit commençait à tomber sur la route du retour. Grand-mère se perdait dans les louanges à Dieu qui avait aidé son fils à quitter 'l'hôpital des fous.' Elle ne cessa d'invoquer les prophètes, les saints, et les ancêtres pour que le retour à la maison se passât sans embûches. La voix de père racontant son séjour à La Manouba se faisait de plus en plus rare, tout comme les remarques de Zara qui devenaient monosyllabiques à mesure que l'obscurité s'épaississait. Zara regardait devant lui fixement la route goudronnée qui défilait sous la voiture à la lueur jaune des phares. De temps à autre, il toussotait comme s'il voulait se rassurer et rassurer ses passagers qu'il était bel et bien éveillé et parfaitement maître à bord.

Quand la Simca Aronde s'immobilisa devant la maison de père Momo, il était déjà minuit passé et Momo Trois dormait profondément sur la banquette arrière en reposant la tête sur le genou de grand-mère.

Le lendemain matin, c'était la fête à la maison. Grand-mère et la mère Malika étaient radieuses ; elles répandaient la gaité et la joie autour d'elles. Elles racontaient des histoires drôles et édifiantes et poussaient, de temps en temps, des youyous vibrants et gais. La mère Malika, aidée par ses filles aînées, vaquait aux tâches ménagères et préparait un grand repas de famille – un de ses légendaires couscous au mouton – pour célébrer le retour inespéré de père Momo.

La fête terminée, le père Momo reprit ses attaques épistolaires contre Dr S. A., avant de s'embarquer dans des procès interminables qui étaient presque tous voués à l'échec !

Chapitre XXX

(Dernier Avertissement)

Devant le silence persistant et insupportable de Dr S. A. et du Président de la Société Tunisienne des Sciences Médicales, le père Momo envoya, en dernier recours aux effets peu probables à ce stade-là, l'ultime et dernière lettre recommandée en double exemplaire à Dr S. A. dans l'espoir de récupérer son livre. Il avait cessé depuis quelque temps de désigner Dr S. A. de 'Cher Docteur et ami' comme il le faisait auparavant, et il ne s'adressait à lui, désormais, que comme 'Monsieur le Docteur S. A.' ou 'Docteur' tout court. Dans cette lettre désespérée et pathétique, le père Momo ose rappeler à Dr S. A. de l'avoir, entre autres choses, refoulé 'arbitrairement à l'Hôpital de Manouba dans le but de renoncer à (son) dû...,' en ajoutant : *'toute votre démence ne s'exécute qu'au détriment de ma santé, de mon temps et de mon argent,'* et rappelle encore l'intérêt que porte le gouvernement à la voie du progrès et des lumières :

A Monsieur
Le Docteur S. A.
26 Rue El Jazira à Tunis)

Docteur,

Cette 6ème lettre recommandée est assurément la dernière que je vous adresse sans enveloppe et si je vois encore la nécessité et l'urgence d'agir ainsi ce n'est nullement :

Pour vous annoncer l'approche du 20 Mai courant qui signifie bien la date d'expiration du délai que vous avez-vous-même fixé à deux mois et que vous avez demandé à Mr. le Président du Conseil de l'Ordre des Médecins en vue parait-il de me restituer mon Etude Médicale complète sitôt que vous l'auriez rapatrié (sic) de France. –

Ni pour vous conseiller de faire honneur à cet engagement afin que je puisse oublier hélas, toute la gamme de souffrances à laquelle vous m'avez si cruellement assujetti depuis que vous vous êtes emparé frauduleusement de ma dite Etude Médicale sous le prétendu prétexte d'information amicale en l'occurence (sic). –

Ni pour vous réaffirmer qu'à défaut de la restitution de ce dû que vous m'avez pourtant soustrait, je serai en mesure d'user de mon droit de vous traduire en Justice sans la moindre négligence. –

Ni pour vous rappeler avant qu'il ne soit trop tard qu'en pareille circonstance je me verrai obligé de relater tout l'abus de confiance dont (à r. s. v. p) je suis malheureusement victime de votre part avec tout ce qu'il m'a comporté de préjudices et d'inévitables offenses. –

Ni pour vous reprocher d'avoir osé, en dépit de tout bon sens me refouler arbitrairement à l'Hôpital de Manouba dans le but de me forcer à renoncer à mon dû avec plus de tranquillité et d'assurance. –

225

Ni pour vous apitoyer sur mon triste sort en vous décrivant toute la ruine que vous m'avez causée depuis que je me suis senti effectivement frustré de mon Etude Médicale avec sérénité et sans véhémence. –

Ni pour vous énumérer toutes vos multiples et combien douloureuses tergiversations, vos fausses promesses si cruelles ainsi que vos intrigues autant de mépris que d'indifférence. –

Ni pour vous répéter que tout ce triste tableau reflète très bien le si peu de cas que vous attachez à mon existence puisque vous êtes déjà avisé que toute votre démence ne s'exécute qu'au détriment de ma santé, de mon temps et de mon argent et que vous êtes préalablement tenu d'en supporter toutes les lourdes conséquences. –

Mais pour vous exposer uniquement la raison fondamentale de ma conviction d'obtenir finalement gain de cause dans cette affaire d'usurpation de mon Observation Médicale qui n'est en somme qu'une thèse Médicale des plus approfondies et des plus rénovatrices de la Médecine Moderne. –

En effet n'est-ce pas dans le sens de l'encouragement à la recherche Médicale par ceux qui sans être Médecins se voient néanmoins tout particulièrement enclins à faire progresser la plus humaine des Sciences, que notre Illustre Président du Gouvernement s'est exprimé comme suit et en substance dans son discours Officiel qu'il a prononcé le 23 Février 1957 au cours de la Séance inaugurale de la Société Tunisienne des Sciences Médicales ?

« Le Gouvernement est décidé à aider la recherche tant que nous n'aurons pas donné aux hommes doués les possibilités matérielles pour poursuivre des recherches, nous ne pourrons pas dire que nous marchons dans la voie du progrès. – (à r. s. v. p.)

« C'est par d'autres savants qui ne sont pas Médecins, comme Pasteur, que la Science a progressé !

« Le Gouvernement facilitera et favorisera la recherche et nous serons satisfaits si les fruits du travail de un sur cent ou même d'un sur mille de nos chercheurs nous paient des sacrifices que nous aurions faits pour eux ». –

Puissent enfin ces paroles si mémorables prononcées par notre Bien Aimé Chef du Gouvernement qui est notre unique Source de Lumière, contribuer à vous rendre à la Sagesse en vous décidant de vouloir bien mettre fin à cette si déchirante obstination qui n'a que trop duré, par une restitution des plus amicales de ce qui m'est légitimement dû et auquel je ne renoncerai jamais ?

Dans l'espoir qu'il en soit ainsi et que dans peu de jours je rentrerai équitablement en possession de mon Etude Médicale Complète, je tiens à vous notifier d'avance que cette restitution devra s'effectuer par l'intermédiaire de votre très honorable Confrère Mr. Le Président du Conseil de l'Ordre des Médecins qui vous transmettra en retour le reçu de récupération en dûe (sic) forme signé par moi. –

Dans l'attente de cette ultime détente, je vous prie de vouloir bien agréer, Docteur, l'expression de mes plus vifs remerciments (sic) d'avance.

Chapitre XXXI

(Profanation au Bulldozer)

Hormis les interminables tracasseries administratives et judiciaires endurées à cause de ses procès, le père Momo devait faire face aussi aux divers frais exorbitants qui mettaient sa bourse à rude épreuve. Le père Momo attaqua en justice Dr S. A. d'abord. Ensuite, il s'attaqua au Secrétaire d'Etat à la Santé. Et enfin, il s'attaqua au maire qu'il soupçonnait d'être de connivence avec ses geôliers, et qui avait été auparavant un concurrent malhonnête et un rival déloyal de père Momo aux élections locales. Autant dire des élections factices !

En effet, ces élections avaient été orchestrées de sorte que le rival de père Momo, le maire élu, pût ramasser toutes les voix des électeurs ou presque. Le père Momo se présentait comme candidat unique de l'opposition de gauche face au propriétaire de l'une des plus grandes presses d'olives de la région qui jouissait, de surcroît, de relations népotiques inféodées au parti de Bourguiba qui gouvernait le pays à cette époque-là.

Le jour des élections du futur maire, on avait fait venir sur la grande place publique près du mausolée de Sidi Médiouni, ancêtre fondateur du village, une centaine d'adultes et de vieillards dont la plupart croyaient dur comme fer que l'âge d'or de la communauté musulmane était révolu, car il se situait à l'époque du Prophète, quatorze siècles plus tôt, et qu'il était absurde, voire blasphématoire, de prétendre au progrès et à la modernité ; autant dire qu'ils étaient d'emblée farouchement opposés à la candidature du communiste père Momo.

Les deux candidats se tenaient debout à quelques mètres l'un de l'autre. On avait demandé aux électeurs de se ranger derrière le candidat de leur choix. Le père Momo contesta ce singulier mode de scrutin qui ne respectait ni les règles du secret des urnes ni l'intégrité morale des électeurs qu'on acculait à élire le magnat de l'huile d'olives par crainte et intimidation. Les autorités présidant au soi-disant bon déroulement des élections firent peu de cas des contestations de père Momo. Les élections du maire de Médiouna eurent lieu alors selon le plan des autorités, qui prévoyaient que tous les électeurs ou presque se rangeraient inévitablement derrière le candidat de leur choix, c'est-à-dire le rival de père Momo.

L'une des premières tâches du nouveau maire était de déplacer le très ancien cimetière qui s'étendait sur le flanc est de la colline qui surplombe la mer. Il voulait le déménager sur une autre colline située à l'ouest du village, prétextant qu'il avait l'intention de faire agrandir l'école primaire jouxtant le vieux cimetière.

D'abord, les habitants crièrent au sacrilège, à la profanation, à la violation du repos de leurs ancêtres. Mais très vite après, ils se résignèrent et se rallièrent au projet du maire tout-puissant qui, d'un côté, menaçait les plus démunis, et de l'autre côté, promettait monts et merveilles aux plus riches. De plus, la tendance politique générale du pays fraîchement débarrassé du joug du Protectorat français était à la modernisation dans tous les domaines.

Le chantier, le remue-ménage, les excavations, et les déménagements durèrent des semaines, voire des mois, pendant lesquels les pierres tombales furent par les fossoyeurs retournées et soulevées, et les ossements par les familles des défunts mis à nus, ramassés soigneusement dans des draps blancs, et transportés dans des camionnettes ou dans des charrettes tirées par des mules pour être inhumés dans des centaines de petites fosses communes identiques, creusées dans le sol du nouveau cimetière situé sur le versant d'une autre colline face au couchant.

Les nouvelles fosses tombales étaient séparées par des cloisons en ciment et dans lesquelles on entassait les restes des squelettes qui parfois s'effritaient dès qu'on les touchait. La dépouille mortelle de grand-père Mourad vieille d'une trentaine d'années à cette époque-là eut le même sort que les restes d'une multitude d'autres défunts. Il incomba à père et à grand-mère de prendre soin du transport des restes de grand-père à sa nouvelle et ultime demeure en haut du nouveau cimetière au-delà de notre vaste verger. Enfants, nous suivions ce remue-ménage funèbre de loin, tristement, et en ressentant un mélange de peur et de révérence pour l'ancienne dépouille de grand-père.

Plusieurs tombeaux du vieux cimetière étaient anonymes et délabrés. Ils n'étaient ni reconnus, ni entretenus, car les défunts qui y étaient ensevelis n'avaient plus personne pour s'occuper d'eux, depuis longtemps. Leurs sépultures étaient très anciennes et presque à l'abandon. Le contenu de ces vieux tombeaux exposé au grand jour par les fossoyeurs, se perdait irrémédiablement à mesure que s'agrandissait le chantier de l'antique nécropole et que s'intensifiait le grouillement des chercheurs d'ossements et des éventreurs d'anciennes sépultures. Au fil des semaines et des mois, le chantier d'excavation et de déménagement du vieux cimetière jouxtant notre école ressemblait tellement à une scène d'apocalypse que l'on était souvent obligé d'enjamber une tombe récemment éventrée ou de marcher sur un vieux fémur qui craquait sinistrement sous nos souliers neufs et nous faisait sauter de peur et fuir à toutes jambes sans regarder en arrière.

On avait sans doute agrandi l'école du village en rajoutant une ou deux salles de classe et un petit jardin ; mais les deux hectares restants de ce que fut très probablement une antique nécropole punique, phénicienne, ou romaine furent cédés quelque temps après à des promoteurs immobiliers dans des conditions opaques où les pots de vin et abus de pouvoir avaient sûrement joué un rôle prépondérant pour assurer un marché juteux conclu avec une entreprise de construction dirigée par le non moins douteux neveu du maire.

Effectivement, peu de temps après la fin du chantier de déménagement de l'ancien cimetière, on avait tout rasé, nivelé, aplani, recouvert de sable et de tuf calcaire. Ainsi avait disparu à jamais toute trace des tombeaux anciens parmi lesquels serpentaient, autrefois, des sentiers familiers que nous empruntions à l'aube estivale, les paupières encore mi-closes de sommeil, pour descendre nous baigner à la mer en contre-bas du village.

Toute la partie antique inférieure du cimetière, contenant fort probablement des vestiges historiques, fut tout bonnement recouverte de terre meuble pour servir de jardin à l'école primaire en extension. Sur la partie supérieure, qui est la plus vaste du terrain aménagé, poussèrent comme des champignons plusieurs appartements de deux étages, un nouveau local pour la municipalité, une sorte de petit théâtre romain à ciel ouvert avec des gradins disposés en demi-cercle, et un parking.

Une fois le nouveau cimetière inauguré de l'autre côté de notre verger familial, une rumeur alarmante commença à circuler dans le village. Le maire projetait de créer un raccourci conduisant de la mosquée au nouveau cimetière. Ce raccourci devait obligatoirement passer par notre grand jardin qu'il couperait en deux parties égales au sud et au nord du tracé projeté.

Notre grand jardin était notre petit paradis terrestre. C'était un immense verger d'à peu près deux hectares situé à la limite du village, qu'entourait une épaisse haie de cactus dont les feuilles étaient si denses et si épineuses que le plus intrépide des braconniers ou des maraudeurs n'oserait jamais s'en approcher. Nos jeux d'enfants turbulents, curieux, et innocents à la fois avaient pour théâtre ce coin de paradis cernant la maison familiale par trois côtés, sud, nord, et ouest. Dans notre jardin, on se gorgeait de figues mûres et charnues, d'amandes douces et craquantes, de grenades écarlates et juteuses. On y goûtait à tout, les baies sauvages, le pissenlit, l'oxalis pied de chèvre, les pistils des figues de barbarie, et tout ce qui était comestible et qui poussait sous les haies et aux pieds des arbres fruitiers.

Également, plus d'une fois, on surprenait avec effroi un serpent ou un scorpion se tortillant hors d'un trou du mur crevassé qui séparait le jardin de la maison à l'est. Pendant les grandes chaleurs suffocantes de l'été, on laissait les adultes faire la sieste dans les pièces passablement fraîches de la maison et on allait errer oisivement, çà et là, dans tous les coins et recoins du jardin que l'on connaissait par cœur.

A nous apercevoir de loin, on aurait dit que nous étions en train de poursuivre un but précis ou de rechercher un objet perdu. On retournait de grandes feuilles de cactus moisies tombées par terre sous lesquelles grouillaient parfois des fourmis rouges et noires ou des larves d'insectes livides et repoussantes ; on grimpait dans les amandiers afin de cueillir les quelques dernières amandes oubliées sur les hautes branches et que les rayons de soleil d'août avaient rendues craquantes ; on livrait des batailles acharnées à des ennemis imaginaires subitement métamorphosés en hautes herbes ou en branches de cactus feuillues sur lesquelles on se déchainait avec des armes improvisées - des bâtons surtout ou parfois l'épée dérobée de grand-père – et qu'on n'abandonnait que lorsque le massacre eut été total et que les feuilles charnues des figues de barbarie impitoyablement déchiquetées laissaient dégouliner une sève visqueuse et putride sentant le savon de Marseille rance.

La voie projetée pour le raccourci menant au nouveau cimetière était de douze mètres de large sur deux cents mètres de long. Elle détruirait une grande quantité d'oliviers, d'amandiers, de figuiers, et de pêchers, à l'exception de tous les grenadiers qui poussaient loin du tronçon en question. La rumeur insupportable énerva toute la famille et fit dire à la grand-mère Douja 'Jamais ça ne se fera,' 'sur mon cadavre,' 'plutôt mourir que voir ça,' 'quand je serai morte,' 'jamais de mon vivant,' et bien d'autres expressions apocalyptiques les unes aussi effrayantes que les autres à nos oreilles d'enfants. Quant au père Momo, lui, il incita ses enfants, en âge de pouvoir le faire, à grimper, le moment venu, dans les arbres fruitiers et à n'en point descendre. Il menaça d'attendre les destructeurs commandités par le sinistre maire de pied ferme en brandissant l'épée légendaire de son père. Momo Premier se chargerait de lâcher Loulou, notre nouveau chien de garde, sur le maire et ses acolytes afin de les empêcher de profaner le jardin familial défendu. La mère Malika les aspergerait d'eau et d'huile bouillantes du haut du toit en terrasse de la maison. Les Fatma pousseraient des cris atroces pour ameuter tout le village.

Les rumeurs continuaient d'aller bon train en se répandant dans le village comme un feu de brousse. Tous les habitants semblaient être au courant du projet pernicieux du maire. Certains attendaient même avec impatience et un malin plaisir le jour où ils pourraient avoir libre accès au verger familial inviolable et découvrir ainsi ce qu'il renfermait. Des amis et des proches sympathisaient de toute évidence avec nous, car ils venaient de temps en temps rendre visite à la mère Malika pour lui exprimer leur solidarité et leur indignation en disant, 'Oh sœurette qu'est-ce que c'est horrible !' 'Par Allah, nous sommes avec vous dans cette épreuve ! Nos cœurs sont brisés pour vous !' Les amies et parentes de la mère Malika finissaient souvent leurs lamentations en prononçant des imprécations terribles contre le maire en lui souhaitant les pires châtiments tels que, 'Qu'il se fasse écraser par un camion !' ou 'Qu'il se fasse déchiqueter par les chaînes d'un bulldozer !' ou 'Qu'Allah le brûle avec les flammes éternelles de la Géhenne !'

Fatidiquement, le jour J arriva pour confirmer les infâmes rumeurs au sujet du raccourci vers le nouveau cimetière. Par un matin printanier, pendant les vacances scolaires de Pâques, un grand bruit de moteur ébranla tout le village. Des roulements de tonnerre et des grincements de fer devenaient de plus en plus assourdissants et insupportables à mesure que les vrombissements et les pétarades d'un engin géant s'approchaient de notre maison.

Un énorme bulldozer de couleur jaune-ocre dont les chaines étaient barbouillées de glaise et de boue s'immobilisa avec un grincement métallique infernal devant l'entrée du verger en dégageant une fumée noire qui se répandait dans les airs. L'heure tant appréhendée de l'affrontement sonna. La mère Malika s'affola dans la cour de la maison ne sachant que faire et ne pouvant sortir à cause de la présence de plusieurs badauds dans la rue. Le visage défait et blême, elle épiait la scène par l'entrebâillement de la porte en maudissant le maire et ses comparses. Prise au dépourvu, elle avait complètement oublié de faire bouillir de l'eau ou de l'huile, comme moyens d'autodéfense.

Grand-mère attrapa un foulard pour couvrir ses cheveux et s'élança dans la rue en criant au secours tout en agitant sa canne par-dessus la tête, et se posta derechef devant l'énorme masse jaune du monstre de fer. Momo Premier courut chercher Loulou dans le jardin. Les autres Momo et les Fatma, tremblant de peur et de colère indéfinissables, grimpèrent dans les amandiers en fleurs et les figuiers couverts de feuilles vert tendre, comme leur avait demandé leur père auparavant. Le père Momo, négligeant ou oubliant la fameuse épée de grand-père, se précipita vers le maire et ses conseillers en hurlant et en gesticulant d'un air menaçant et désespéré.

Un attroupement de curieux se forma sur le champ. Des gamins ricanaient, chuchotaient, tournaient curieusement autour de l'énorme machine dressée sur des chenilles géantes qui s'enfonçaient dans le sol. Les gamins ne tardèrent pas à s'égailler en courant dans tous les sens dès que la bête de fer et d'acier, prête à foncer, s'ébranla pour prendre position devant la haie de figuiers de barbarie qui jouxtait la porte cochère de la maison et clôturait le verger.

Ni les cris et coups de canne de grand-mère sur la lame effrayante du bulldozer, ni les protestations animées de père Momo, ni les imprécations de la mère Malika, ni le sit-in des enfants perchés sur les branches d'arbres fruitiers, ni les aboiements d'un Loulou plus effrayé par le tintamarre de la bête de fer qu'effrayant, n'arrêtèrent ni le monstre infernal ni la décision hargneuse du maire de couper le grand verger familial en deux et d'imposer un raccourci menant au nouveau cimetière.

Après de longues palabres et de sages interventions des anciens du quartier, il eut bien fallu accepter le projet prétendument d'utilité publique en recevant en contrepartie une chiche compensation proposée par les autorités d'aménagement du territoire. Le père Momo, le cœur gros et se rendant à l'évidence que ses protestations étaient vaines, sonna le retrait en sommant ses enfants de descendre de leurs arbres et de rentrer à la maison. Quant à sa vieille mère, il eut du mal à lui faire comprendre et accepter les raisons d'une telle reddition collective.

C'était avec une grande peine et un chagrin indicible que Momo Trois, âgé de neuf ou dix ans, assista impuissant aux pleurs amères de sa mère et de ses sœurs sur la destruction du jardin familial. Avec des sanglots étouffés qui lui soulevaient spasmodiquement le cœur, il regardait tristement leurs amandiers arrachés, retournés, brisées, racines en l'air laissant des trous noirs dans la terre rouge recouverte de leurs fleurs blanches mouchetées et de leurs feuilles vert pistache. Les haies de cactus éventrées, déchiquetées, et rejetées de part et d'autre de la voie ouverte par le bulldozer formaient de petits monticules verdâtres çà et là et laissaient traîner par terre de grandes feuilles écrasées qui suppuraient. Une sève visqueuse dégoulinait partout et se mélangeait à la terre rouge fraîchement creusée, retournée, malaxée, et malmenée par les chenilles métalliques du monstre qui allait et venait sans arrêt en produisant un vacarme assourdissant de moteur et d'insupportable craquement de branches brisées. Aux yeux de Momo Deux et de Momo Trois, la percée inique de cette voie dans l'intimité de leur jardin d'enfance représentait une triste défloration.

Les épines acérées des feuilles de cactus à moitié ensevelies sous la terre du raccourci s'enfonçaient impitoyablement dans la plante des pieds des curieux et des passants oisifs, comme pour les punir à cause de leurs sentiments hargneux et leur indifférence cynique envers la famille Momo qui venait de subir une profanation des plus arbitraires de leur jardin intime. Les badauds, les promeneurs, les envieux, et les amoureux, ne tardèrent pas à affluer dans notre verger dont les moindres coins et recoins avaient à jamais perdu tout leur secret, tout leur charme, toute leur intimité, et étaient devenus totalement exposés aux regards peu sympathiques de ces gens-là.

Mais la pire chose pour la famille, c'étaient les enterrements. Les cortèges funèbres à intervalle plus ou moins régulier, accompagnés de prières scandées à hautes voix pendant la longue et lente marche vers le cimetière tout proche, passaient inéluctablement devant la maison de père Momo en empruntant l'infâme raccourci. Dès qu'on entendait les chants funestes s'approcher, on rentrait vite à la maison et on refermait aussitôt la porte d'entrée que la mère Malika gardait d'habitude entre-ouverte pendant la journée sans aucun souci.

Le maire avait sûrement réussi à avoir son raccourci menant à son nouveau cimetière et le père Momo avait eu quelques pieds d'oliviers par-ci et des petits lopins de terre par-là en compensation de son verger scindé en deux et de ses amandiers et autres arbres fruitiers détruits. Mais les plus grands perdants c'étaient d'abord et sans conteste la mère Malika qui ne pouvait presque plus préparer son bon pain parfumé dans le four traditionnel en terre cuite qui se trouvait dans un coin du verger, et ensuite et dans une moindre mesure, les enfants qui avaient perdu pour toujours la liberté et le loisir de jouer, courir, et s'amuser comme des fous dans le jardin – leur paradis sur terre – à l'abri des regards curieux d'autrui. Le raccourci avait aussi mis à nu la célèbre Cachette de Momo Deux, de Momo Trois, et de leurs copains du quartier. C'était la fin de la fameuse Cachette enfouie dans l'intimité de l'épaisse haie de figuiers de barbarie à l'autre extrémité du jardin familial. Elle fut définitivement exposée, désertée, et finalement détruite ; sa destruction mit un terme à la candeur, à l'innocence, et à la folie des rites de passage des Toqués.

Chapitre XXXII
(A quelque chose malheur est bon)

De guerre lasse, le père Momo finit par se résigner et n'intenta plus de procès contre le maire. Mais bien au contraire, il trouva le moyen de faire fructifier, après coup, le raccourci imposé par son ancien rival aux élections. D'abord, il condamna l'ancienne porte cochère de la maison ouvrant sur la petite place au nord et fit percer une nouvelle entrée à l'ouest donnant accès sur le raccourci qui forme une grande voie large de douze mètres. Le plus important, c'est qu'il aménagea la partie opposée à la maison, qui est située de l'autre côté du raccourci, en plusieurs lotissements, et se mit à vendre des petits lots séparés. Ce projet lui permit d'avoir une rentrée d'argent supplémentaire non négligeable, surtout au moment où les Momo en pleine scolarité et les deux dernières Fatma cadettes non encore mariées le pressaient sans arrêt avec leurs demandes pécuniaires, soit pour les achats indispensables de fournitures scolaires soit pour les dépenses coutumières pour les trousseaux de mariage. 'A quelque chose malheur est bon,' se disait le père Momo en prenant la chose avec philosophie, et en se consolant un tant soit peu de la décision inique du maire !

Le père Momo eut aussi l'idée de clôturer la partie sud du verger accolée à la maison en construisant un mur longeant la voie nouvellement percée. Il voulait protéger les amandiers et les grenadiers épargnés par le chantier du raccourci, et sauvegarder en même temps l'intimité familiale dans cette partie du jardin. Le père

Momo n'y alla pas de main morte dans son nouveau projet. Comme il avait récolté une bonne somme d'argent de la vente des lots de terrain à construire situés de l'autre côté de la nouvelle rue, il acheta une énorme quantité de pierres, de briques, et de parpaings pour la construction de l'enceinte du jardin, dont la livraison à domicile s'étala sur plusieurs jours à l'aide d'une procession continue de charrettes et de camionnettes lourdement chargées.

Les travaux de déblayage et des fondations coïncidèrent avec les grandes vacances d'été. Alors Momo Deux et Momo Trois, à peine en âge de manier la pelle et la pioche, furent réquisitionnés instamment pour exécuter la besogne. Ils devaient creuser les fondations. 'Au boulot !' leur criait le père Momo en ajoutant, 'Au lieu de bayer aux corneilles, espèce de fainéants !' Il était intraitable à ce sujet. Pas question de rechigner longtemps avec lui. Alors, armés d'une pioche, fraîchement aiguisée chez le forgeron du village, et une pelle au long manche, les deux Momo devaient attaquer le tracé de la clôture que leur père avait auparavant tiré au cordeau.

Les deux Momo se mirent à creuser une tranchée rectiligne longeant le raccourci récemment créé par le Bulldozer. Ils commençaient le travail de bonne heure à cause de la chaleur estivale, ce qui irritait énormément Momo Deux et Momo Trois ; le premier parce qu'il haïssait cette corvée absurde et le second parce qu'il aimait faire la grasse matinée pendant les vacances. Lorsque les deux Momo se plaignaient à leur mère à cause de l'insupportable besogne, elle en parlait au père Momo qui, parfois, faisait embaucher un ou deux ouvriers, à la journée, pour effectuer les travaux que ses jeunes garçons ne pouvaient pas faire. Mais le plus souvent, Momo Deux et Momo Trois devaient s'en tirer tout seuls dans les travaux de déblayage, de creusage, et d'évacuation de la terre et du sable hors des fondations qui avaient l'air de s'allonger et de s'approfondir au fil des jours, sans que les garçons n'en vissent le bout.

C'était comme un rituel sacré pour le père Momo que d'inspecter quotidiennement l'avancement des travaux de ses deux enfants. Il ne pouvait pas s'empêcher de remarquer à chaque fois que la profondeur de la tranchée ne lui paraissait pas suffisante, et que ses enfants ne lui semblaient pas y mettre du leur. Alors Momo Deux et Momo Trois étaient bien obligés de revenir quelques pas en arrière, en maugréant, et d'approfondir davantage la partie du fossé qu'ils croyaient avoir terminée la veille.

Le père Momo ne semblait avoir à la bouche que 'Creusez plus en profondeur, plus en profondeur, tas de fainéants, têtes de pioches !' Un beau jour, Momo Deux, chamailleur et fier, comme d'habitude, et de surcroît, bien excédé cette fois-ci, s'arrêta net de creuser, jeta la pioche au fond du trou, et rétorqua à son père, du haut de ses treize ans : 'C'est la Muraille de Chine que tu comptes bâtir autour du jardin ?' Quant à Momo Trois, appuyé sur le manche de la pelle, ne croyait ni ses oreilles ni ses yeux. N'ayant jamais entendu parler de la Muraille de Chine auparavant, il n'eut aucune idée à quoi voulait en venir son frère. Mais le geste brutal de Momo Deux était éloquent. Sa colère se lisait dans son regard exalté et sur ses joues enflammées.

Le père Momo, pris au dépourvu par la vive réaction de son fils, et quelque peu flatté par l'originalité du commentaire retors et ironique de ce dernier, sourit d'un sourire jaune et dénigra Momo Deux sévèrement, en lui lançant sur un ton autoritaire :

- Qu'est-ce que t'en sais, espèce de 'Joufflu ?' Creuse et tais-toi, espèce de Genouflu insolent !'

- C'est une simple clôture de jardin, murmura Momo Deux, vexé par les surnoms humiliants par lesquels continuait à l'appeler son père.

- La fondation doit être assez profonde, voilà ce que je demande ! Je veux une clôture solide qui résiste aux tremblements de terre et aux inondations, voilà ce que je veux, moi, tas d'ignorants ! Vous ignorez bien sûr que nous sommes dans une zone à risques, têtes d'hidalgo !' expliqua-t-il, à son habituelle manière emphatique et vexante.

- D'accord, d'accord, mais on en a marre ! On n'en voit pas le bout ! Lâcha Momo Deux, rouge de vexation, une fois de plus.

- A peine une semaine de travail et vous en avez déjà assez ? Rappela leur père d'un ton fâché. Toutefois, il continua, après un court silence, sur une note plutôt apaisée, 'Bon, bon, allez prendre une petite pause et retournez vite au travail !'

Il ne leur fallait pas d'avantage aux deux Momo pour sauter hors du trou et courir loin de là. Le père Momo alluma une cigarette, éteignit l'allumette soigneusement en l'agitant vigoureusement plusieurs fois avant de la jeter dans le fossé, et expulsa la fumée par le nez et la bouche. Il toussota légèrement, se racla la gorge, et lança à ses enfants qui se sauvaient en sautillant comme deux jeunes boucs couverts de poussière et de sueur :

'Sachez bien que vous faites ça pour protéger notre jardin ! Personne ne vous surveille si vous le faites bien ou non. Alors, creusez quand vous voulez et reposez-vous quand vous voulez ! L'essentiel c'est de terminer les fondations au plus vite, avant la fin des vacances. Et surtout bien avant les grandes pluies d'automne !' Et il maugréa entre ses dents, 'M'entendez-vous, tas de fainéants ? Bras ballants !'

Déjà hors de la portée de la voix de leur père, Momo Deux et Momo Trois, se dandinant de gauche à droite et droite à gauche tout en étalant leurs bras à hauteur des épaules, tels deux rapaces aux ailes déployées et prêts à fendre sur leur proie, croassèrent à l'unisson, tout en faisant la moue :

-   Moui... moui ! D'accord... d'accord !

Les deux Momo, aidés par quelques ouvriers intérimaires par-ci et par quelques copains par-là, passèrent tout l'été à creuser et à préparer les fondations de la clôture. Ils avaient réussi à terminer les travaux de déblayage, d'excavation, et de tassement à l'aide d'une dame de fer, mais, faute de fonds suffisants, la 'Muraille de Chine' voulue par le père Momo ne vit jamais le jour.

La pénible corvée des deux Momo de cet été-là consista à creuser une longue tranchée serpentant autour du grand jardin et à la remplir ensuite avec des tonnes de pierres, de cailloux, et de sable mélangé à du ciment ou à la chaux vive qu'ils arrosèrent abondamment d'eau avec un tuyau en caoutchouc et damèrent et tassèrent avec une lourde dameuse que Momo Trois pouvait à peine soulever en s'y agrippant à deux mains. En définitive, les fameuses fondations de la clôture ne dépassèrent jamais le niveau du sol, jusqu'à ce jour.

Après la taille des oliviers ('On n'est jamais mieux servi que par soi-même,' disait le père Momo), après les navettes quasi-quotidiennes pour acheter du pain rassis chez le boulanger Ismaïl ('C'est bon pour la santé,' justifiait le père Momo), et après le transport à dos d'âne des cruches d'eau depuis la fontaine publique ('Plus saine que l'eau du puits chez les voisins,' répétait le père Momo), le déblayage, l'excavation, et le tassement des fondations de l'enceinte murale du grand jardin familial furent les dernières corvées de l'enfance de Momo Deux et de Momo Trois, et marquèrent indéniablement leurs ultimes guéguerres avec le père Momo, avant leur exil volontaire ultérieur, en tant qu'étudiants vers Tunis d'abord, puis vers l'Angleterre et la France comme enseignants-chercheurs ensuite.

Chapitre XXXIII

(Le Procès de mon père)

Complètement absorbé par son fameux procès, le père Momo se démenait comme un beau diable dans le but de trouver des témoins sûrs et de faire aboutir ses poursuites judiciaires contre Dr S. A. Il alla voir l'infirmier qui avait ébruité son incarcération à La Manouba au bazar de monsieur Zara et fils. Mais l'infirmier, craignant de mécontenter son directeur, Dr S. A., et ne désirant point perdre son emploi, se rétracta à la dernière minute, à la grande déception de père Momo qui, de surcroît, ne pouvait pas compter sur le témoignage des aliénés mentaux de l'hôpital, lequel témoignage était considéré comme nul et non avenu aux yeux de la loi.

Cependant, le père Momo s'accrochait encore à un infime espoir, à savoir, retrouver Docteur Frantz Fanon et obtenir un petit mot écrit de sa part comme témoignage irréfutable en sa faveur. Mais ce dernier avait déjà quitté la Tunisie et le père Momo ne sut ni comment le joindre ni à quelle adresse lui écrire. Parmi les personnes interrogées à Tunis au sujet de Frantz Fanon, il y en avait ceux qui disaient qu'il était reparti en Algérie, d'autres supposaient qu'il eût pris le bateau pour Marseille, et d'autres encore prétendaient qu'il avait émigré en Amérique ou qu'il était retourné à Fort-de-France.

A la longue, le père Momo ne savait plus à quel saint se vouer. Il se fit à l'idée d'affronter la justice à 'mains nues,' tout seul et sans témoins, et surtout de bien se préparer au procès contre Dr S. A. Dans la salle d'audience, il déploierait tous ses talents oratoires nourris d'une diction savante et d'une gestuelle théâtrale, songeait-il. Il croyait fermement au bienfondé de sa juste cause. Il espérait que la confrontation avec son adversaire, sa voix contre la sienne, aboutirait à une réparation équitable de tous les torts qu'il n'eut de cesse de subir depuis qu'il avait remis son étude scientifique à ce dernier pour avoir son avis aussi amical que professionnel.

Cependant, son procès contre le Secrétaire d'Etat à la Santé et le maire du village avaient lamentablement échoué du fait que ses adversaires bénéficiaient, logistiquement, du soutien et du poids de la machine du parti au pouvoir, alors que le père Momo, lui, ne jouissait que de la solidarité de ses camarades de l'opposition ; une opposition politique à peine tolérée par le régime quasi-despotique et soi-disant éclairé de Bourguiba.

Croulant sous la lourde charge des dépenses procédurales inouïes, le père Momo commença par liquider sa felouque et congédier les deux pêcheurs de poulpes qui travaillaient dessus. Sa voiture de location avait déjà disparu depuis des années ; l'ânon et l'ânesse suivirent la liquidation d'autres biens familiaux à la même époque où des dizaines d'oliviers avaient été également bradées pour faire face aux frais des procès et subvenir aux besoins grandissants d'une famille hors pair.

En revanche, quand le père Momo commençait à lorgner du côté de la pension de sa vieille mère et de son 'Nifri' pour continuer de financer ses procès sans fin et sans gain jusque-là, grand-mère Douja s'y opposait farouchement. Elle défendait son unique rente, becs et ongles, à chaque fois que son fils y faisait allusion ou lui demandait carrément de lui prêter de l'argent, par exemple, jusqu'à la prochaine récolte d'olives. Elle ne se départait jamais de son précieux 'Nifri' qu'elle enveloppait dans l'un de ses grands foulards à grosses fleurs rouges et bleues, le glissait discrètement sous son lourd matelas en laine et crin, et fermait la porte de sa chambre à double tour.

Les querelles à ce sujet duraient des heures et des jours sans le moindre répit, sans la moindre entente, et sans le moindre compromis. De son côté, le père Momo embellissait l'issue du procès en cours en espérant se faire compenser royalement en touchant des grosses sommes d'argent pour dommages et intérêts. Il ne manquait pas d'ajouter qu'il achèterait, dès qu'il se serait indemnisé, des bijoux en or massif pour la mère Malika et pour grand-mère Douja, et des chaussures d'hiver neuves pour tous ses enfants. Grand-mère s'accrochait désespérément à ses petits revenus et à son Livret de pauvre veuve, en évoquant toujours son besoin de médicaments, de sécurité matérielle, et d'indépendance personnelle ; car elle voulait se prémunir des coups imprévisibles du destin, se plaignait-elle, tout en exhibant devant ses petits-enfants, son fils, et sa bru, ses gros doigts noueux et ses genoux boursouflés par le rhumatisme. En tout cas, tout le monde savait aussi qu'elle ne se privait de rien, surtout lorsqu'elle touchait sa pension et rentrait à la maison avec des emplettes dignes d'une bourgeoise cossue.

Quand le père Momo insistait pour recevoir sa part de la pension, et passait à l'attaque en invoquant l'urgence de sa demande et les éventuelles retombées bénéfiques de son procès qu'il considérait comme gagné d'avance, la mère Malika le toisait du regard pour le dissuader de chercher querelle à la pauvre grand-mère et pour le persuader d'être plus réaliste et moins rêveur. Grand-mère, elle, faisait souvent semblant de ne pas entendre son fils quand il s'emportait contre elle. Elle se retranchait plutôt derrière un flot de prières dites à haute voix comme pour narguer son fils. Elle souhaitait paix éternelle à l'âme immaculée et béatitude sans borne au paradis d'éden à son regretté mari qui, de son vivant, et même après sa mort, avait toujours été bon avec elle. De plus, il lui avait laissé des centaines de pieds d'oliviers et cette pension trimestrielle pour l'aider à finir ses vieux jours tranquillement, sans souci d'argent, et sans être à la merci de quiconque.

Le père Momo, pris au dépourvu par tant de dévotion et de piété spontanées de sa vieille mère, qui se mettait parfois à verser des larmes d'impuissance et d'apitoiement, mettait fin à ses jérémiades et à ses menaces injustifiées, et s'en allait en claquant la porte de la maison bruyamment.

Il avait pris l'habitude de rédiger ses propres plaidoiries tout seul, car il n'avait confiance en personne. Ni tribunaux, ni greffiers, ni procureurs, ni juges, et encore moins les avocats véreux, disait-il, ne lui inspiraient confiance. Il passait alors des après-midis entières à rédiger, à réviser, à corriger, à élaguer, à lire, et à relire à haute voix ce qui lui semblait percutant et convaincant aux yeux de la loi et ses soi-disant garants.

En se raclant bruyamment la gorge plusieurs fois avant d'entamer à haute voix sa plaidoirie escomptée, il se mettait à répéter son rôle de plaignant devant un juge imaginaire. Il utilisait toujours la même formule d'attaque : 'Monsieur le Juge ! Honorables membres de la Cour,' marquait une pause courte, se trémoussait quelques instants sur ses jambes comme s'il eut voulu prendre son envol d'un perchoir imaginaire, et ajoutait d'une traite, 'Voilà, les faits sont bien têtus, Monsieur le Juge, car je ne vous cache rien et je ne vous apprendrai rien de plus que ce que contient le dossier sous vos yeux. Le lundi 15 avril de l'année 19…, jour de mon quarantième anniversaire, j'ai remis au Dr S.A. mon manuscrit intitulé *'La Science Moderne à la Lumière du Tempérament ou l'Influence du Physique sur le Psychique et vice versa'* qu'il m'a promis de lire et de me donner ensuite son avis professionnel là-dessus. Or, plusieurs mois après, ne recevant aucun signe de vie de Dr S. A., j'ai décidé de lui écrire pour savoir où il en était dans la lecture de mon travail scientifique. Dr S. A. a souvent négligé de répondre à mes lettres de plus en plus pressantes. Son mutisme m'inquiétait atrocement. Il a néanmoins fini par m'envoyer un mot assez laconique – dont j'ai d'ailleurs inclus, dans ma plainte, une copie certifiée conforme à l'original établie par monsieur le préfet de police de Monastir, dans lequel mot il me proposait mille francs pour mon travail et me disait que mon manuscrit avait été, en tout cas, emporté en France par son confrère le docteur Mareschal et qu'il n'y a <u>aucun esprit de retour</u>, expression soulignée avec deux traits dans l'original...'

Pressentant que le juge allait probablement l'interrompre pour lui demander d'abréger son préambule trop détaillé, le père Momo s'empressa d'ajouter dans la foulée, 'Je n'en revenais pas Monsieur le Juge, car il n'avait jamais été question de vendre mon travail à Dr

S. A., ni d'associer son confrère, le Docteur Mareschal, à l'évaluation de mon Etude scientifique.'

Persuadé que le juge lui demanderait, à ce niveau-là, de conclure vite sa plaidoirie et d'en venir aux faits, le père Momo n'y alla pas de main morte en lâchant à haute voix :

- Monsieur le Juge, il est clair que le Dr S. A. doit être inculpé de tentative d'homicide préméditée à mon encontre, d'usurpation de droit d'auteur, de séquestration, et d'abus de pouvoir. Il doit être aussi tenu responsable de la perte de mon travail scientifique, fruit de mes efforts intellectuels et physiques qui ont accaparé tout mon être, toute ma pensée, et ma santé pendant des mois, voire des années. Monsieur le Juge…'

Subitement, le père Momo, se rendant compte qu'il s'enthousiasmait inutilement car il était en train de répéter son rôle en solitaire à la maison, se tut net et bredouilla quelque chose d'inaudible entre ses dents. Puis, il posa son texte sur la table, avala une gorgée d'eau du pichet, alluma une cigarette qui le fit toussoter, et ajouta calmement, entre deux bouffées de fumée, comme pour se convaincre lui-même, plus que pour convaincre un quelconque magistrat imaginaire, 'D'ailleurs, l'expression 'il n'y a aucun esprit de retour,' voyez-vous Monsieur le Juge, rédigée de la main de Dr S. A., est un aveu clair et net, et qui plus est, représente une preuve accablante contre lui, du fait qu'elle met en exergue la responsabilité de ce médecin dans la perte de mon manuscrit que je lui avais confié à lui et non pas au docteur Mareschal, et dont je renoncerai jamais la restitution.'

Le père Momo déployait toutes ses facultés, tous ses stratagèmes, et tous ses efforts, pendant des mois, afin de gagner ce célèbre procès contre le directeur de l'hôpital de La Manouba qui lui avait subtilisé son ouvrage scientifique et qui l'avait, par-dessus le marché, séquestré pendant longtemps à l'asile des malades mentaux en le traitant comme tel. Mais, c'était en vain. Il n'avait jamais eu gain de cause. La balance de la justice truquée, sans doute, penchait toujours du côté de son adversaire. La plainte de père Momo contre Dr S. A. fut rejetée par le juge de première instance faute de preuves convaincantes. Le père Momo fit appel. Mais la cour confirma le jugement du tribunal de première instance. Le père Momo, toujours combatif et plein d'espoir encore, eut un dernier recours auprès de la Cour de cassation. Mais en vain, le père Momo n'eut pas eu de gain de cause dans son fameux procès contre son ancien ami et camarade de classe devenu fortuitement son ennemi juré à la suite d'une entrevue des plus fortuites.

Au fil du temps, le père Momo oublia ou plutôt s'occupa d'autres procès plus récents liés à l'héritage de la mère Malika qui avait été lésée par sa vieille belle-sœur, Gazelle, et le fils de celle-ci ; ou encore s'engagea dans d'autres batailles de la vie quotidienne, telles que ses activités politiques et professionnelles, l'éducation de sa nombreuse progéniture, les dépenses pour les mariages de ses cinq filles.

Toujours était-il que plusieurs années plus tard, le père Momo apprit que son ancien manuscrit venait d'être publié sous forme d'un livre dont le nom d'auteur n'était autre que le docteur S. A., et que ce livre était édité en France et est en vente dans les librairies de Tunis. Un soir, le père Momo ne put s'empêcher de raconter l'événement de la parution de son livre à ses fils et ses filles réunis. Ils furent tous profondément indignés par l'abus de confiance d'une soi-disant sommité de la psychiatrie en Tunisie. Toutefois, le père Momo prenait, lui, le dénouement de cette fameuse histoire plutôt philosophiquement, en blaguant et en ricanant que le Dr S. A. devenait, en fin de carrière, fêlé, maboul, et un plagiaire dévergondé. Il conclut que ce médecin était plus à plaindre qu'à blâmer et qu'il devait se faire soigner par un psychiatre plutôt que de tenter de psychanalyser des soi-disant malades.

Chapitre XXXIV
(Le Pardon)

Plusieurs années plus tard, par une tranquille soirée d'été, la famille était réunie au complet dans la cour de la maison autour d'une ou de deux énormes pastèques découpées en grands morceaux rouges et verts alléchants et succulents. Tout le monde regardait paresseusement la télévision noir-et-blanc en sirotant du thé à la menthe. La présentatrice du journal de vingt-heures égrainait routinièrement les différents événements de la journée qui débutaient toujours et immanquablement par les images, les paroles, et les mimiques du Président Bourguiba ressassant ses incontournables directives au peuple et aux responsables du pays et en les exhortant de vaincre le sous-développement et l'ignorance, quand tout à coup, on entendit le nom de docteur S.A. dont la figure, cachée à moitié derrière une grande paire de lunettes de soleil noires, crevait le petit écran.

Tous les regards se tournèrent spontanément vers la télé et fixaient le visage du perfide ennemi, l'ennemi numéro un de la famille Momo. Subitement, un lourd silence régna dans la cour de la maison et tout le monde retint son souffle pendant quelques instants. On pouvait entendre les mouches voler. Quand tout à coup, Momo Cinq, âgé de seize ans, hurla :

-   Papa ! C'est lui ? C'est lui le Dr S. A., papa ?
-   Oui. C'est bien lui.

- Quelle sale tête ! Laisse-moi te venger 'Ya Baba' ! J'irai le retrouver à Tunis et je lui planterai mon couteau dans le bide, à ce corbeau de malheur !

Tous les regards médusés se tournèrent vers Momo Cinq qui était déjà devenu tout blême et tremblait de colère. Il paraissait tétanisé. Ses yeux étaient presque révulsés, les veines de son cou sur le point d'éclater, et les poings serrés. Tout son corps tremblait maintenant, comme agité par une colère noire qui le ballotait tel un bateau ivre. Il bavait et continuait de hurler 'Je le tuerai ! Je le tuerai !'

Le père Momo, interloqué pendant un court instant, ricana d'un rire jaune et s'empressa de dédramatiser la situation sur un ton théâtral afin de rasséréner Momo Cinq et calmer sa rage incontrôlée, et afin aussi de déjouer l'attention nerveuse et tendue de tous les autres membres de la famille réunie. Sur un ton emphatique et théâtral, le père Momo déclama à haute voix en parodiant Don Diègue qui interpelle son fils :

- Bouriga[2] as-tu du cœur ?

Et il enchaîna avec la fameuse réplique de Rodrigue, 'Tout autre que mon père l'éprouverait sur l'heure,' en sachant bien que Momo Cinq qu'il venait de surnommer 'Bouriga,' ne parlait pas couramment la langue de Corneille et n'avait probablement jamais lu *Le Cid*.

Puis, à l'étonnement plutôt enjoué de tous, le père Momo tapa dans ses mains, comme pour applaudir l'élan spontané et la noblesse d'âme de Momo Cinq qui désirait le venger d'un affront vieux de

---

[2] Signifiant celui qui bave. Ici 'Bouriga' est l'un des sobriquets de Momo Cinq qui, en effet, bavait tout le temps quand il était petit.

plusieurs années. Personne ne sut si c'était un persiflage ou une la flatterie de la part de père Momo à l'endroit de Momo Cinq qui devenait de plus en plus confus et embarrassé. Toutefois, bien que le père Momo semblât bien accueillir l'élan intrépide de son fils, il ajouta dans le vernaculaire des plus crus en sidérant tout le monde :

- Ferme-la, imbécile heureux ! Tu veux finir tes jours au fond d'un trou comme un rat ou au bout d'une corde de potence comme un macchabée ? Tu sais mieux que moi, idiot ? Moi, j'ai pardonné à Dr S. A. depuis longtemps. Je ne lui en veux plus. C'est fini ! Tu m'entends ? C'est fini ! Sois un homme bourricot ! Occupe-toi de tes oignons et essuie la bave de tes grosses lèvres de taré !'

Les déclamations théâtrales surprenantes et l'aveu de pardon inattendu de père Momo tombèrent, en vérité, comme une pluie automnale, subite, drue, et apaisante, qui nettoie les champs de la crasse, de la poussière, de la paille, des feuilles et des branches mortes qui s'accumulent durant les longs mois arides et caniculaires de l'été. Tous les membres de la famille reprirent leur souffle en se sentant apaisés, soulagés, et réconciliés avec un passé pénible, frustrant, et opaque, qui avait duré longtemps, trop longtemps, peut-être. Un véritable drame familial dans lequel Dr S. A. avait joué le rôle de Méphistophélès venait de toucher à sa fin en apportant un dénouement apaisant !

Chapitre XXXV
(Momo Cinq)

Cependant, la naissance dramatique de Momo Cinq, survenue approximativement neuf mois après le retour inespéré de père Momo de l'hôpital psychiatrique de La Manouba, représenta pendant longtemps une honte secrète vécue par certains membres de la famille sensibles et intrigués ; en particulier par Momo Premier qui était âgé de quinze ans à l'époque, et qui croyait fermement et 'preuves scientifiques à l'appui,' que le retard mental de Momo Cinq – qui n'avait parlé qu'à l'âge de cinq ans – son enfance difficile, son échec scolaire, ses manies et entêtements imprévisibles, sa manière de baver, de beugler, et de pleurer sans arrêt jusqu'à l'âge de sept ou huit ans, tout cela, insistait Momo Premier, était causé par les médicaments nuisibles tels que les tranquillisants sédatifs, les barbituriques, et toutes autres sortes d'injections administrées au père Momo lors de son séjour forcé à l'asile psychiatrique de La Manouba. Momo Premier n'avait de cesse d'incriminer le bourreau Dr S. A. qui était la cause indirecte de la quasi-monstruosité congénitale de Momo Cinq.

Par ailleurs, le cas de Momo Cinq fut interprété autrement par certains qui invoquèrent le mauvais œil frappant une famille nombreuse, relativement aisée, et dont les enfants étaient bien portants et réussissaient toujours à l'école. Et voilà que le destin décide de s'acharner sur l'un d'eux. Momo Cinq est donc la victime choisie par le destin qui l'accable dès sa naissance et pendant son enfance difficile de tous les maux d'un retardé mental et d'un hyperactif impossible à se tenir tranquille. C'était comme si ce pauvre garçon eût été une sorte de libation que la famille Momo devait répandre en offrande expiatoire sur le sol de l'œil maléfique afin de se protéger d'autres malheurs.

Cependant, la chose la plus drôle et la plus insolite, à la fois, concernant la scolarité de Momo Cinq, c'est qu'à force de redoubler, il avait fini par se faire renvoyer de l'école. Pourtant cette année-là, l'année de son exclusion définitive, où il était en troisième primaire, Momo Cinq était premier de sa classe, mais ne pouvait plus rester à l'école parce qu'il avait atteint l'âge scolaire limite de douze ans à cette époque-là !

Momo Cinq souffrait sans aucun doute d'une hyperactivité congénitale. Bien que sa langue ne se déliât que tardivement, vers quatre ou cinq ans, son bavardage fut interminable par moments. Il lui prenait de parler, parler, parler sans arrêt, comme s'il cherchait à noyer ses angoisses infantiles et ses maux indicibles dans un torrent de mots.

Bien qu'il cessât de fréquenter l'école, il n'arrêta pas pour autant de se lever aussi tôt que ses frères cadets, de leur tenir compagnie pendant qu'ils prenaient leur petit déjeuner et se préparaient pour aller à l'école ou au lycée, et de leur parler, parler, parler sans discontinuer. C'était l'une de ses manies qui agaçait ses frères et mettait en colère parfois la mère Malika qui finissait toujours par lui dire, 'Tu as terminé ton bavardage, maintenant ? Tu vas laisser tes frères partir, maintenant ? Arrête de les retenir avec tes histoires ! Ils vont manquer l'autocar pour l'école ! Arrête idiot !'

Evidemment tout le monde ignorait son hyperactivité et ses troubles de déficit d'attention, à l'exception de père Momo fort probablement. On pensait alors qu'il était plutôt jaloux de ses frères parce qu'ils continuaient, eux, d'aller à l'école et le laissaient seul à la maison. Pauvre garçon incompris !

Avec le recul, Momo Trois se dit que chaque famille avait son Benjy Compson bien qu'il considérât son petit frère malade comme une copie sensiblement améliorée du personnage Faulknérien. Momo Cinq semblait être une véritable boule de nerfs toujours prête à s'embraser. Enfant, il vagissait, hurlait, et se débattait tout le temps. L'une de ses lubies d'enfant les plus intempestives consistait à ne boire son lait ou son chocolat chaud, par exemple, qu'à condition que sa mère ou l'une de ses sœurs eût posé la tasse sur la tête, l'épaule, le bras, ou le genou d'une telle ou telle personne, même si la personne en question eût été une invitée de marque. Ces scènes chroniques devenaient un véritable calvaire et un embarras insupportable pour toute la famille et surtout pour la mère Malika qui rougissait de honte à chaque fois. A la longue, et afin de dissimuler son embarras, elle avait pris l'habitude de s'exclamer : 'Quel enfant ! Je ne sais pas de qui il a pris ce sale caractère ! Pauvre garçon !' Souvent par courtoisie, l'invité cachait sa gêne et se laissait faire devant l'insistance de Momo Cinq qui sanglotait, criait, et bavait. L'invité finissait toujours par accepter avec un sourire jaune qu'on posât enfin sur son genou, son épaule, son bras, ou sa tête la piètre tasse de lait chaud qui trônerait là, en équilibre précaire, pendant quelques instants avant que Momo Cinq ne retrouvât son calme et réclamât son breuvage en le montrant du doigt et en criant d'une manière inarticulée 'Um ! Um ! Um !' Là, l'ambiance se détendait aussitôt et la famille et l'invité ou les invités pouvaient rire du diktat insolite du petit Momo Cinq.

Mais en grandissant, son caractère se radoucit quelque peu. Il réussit, en tant qu'autodidacte, à se forger une personnalité singulièrement aimée et respectée par les habitants de Médiouna. Il s'intéressa à la littérature, à la politique en lisant beaucoup, surtout les journaux et les revues en langue arabe. Il savait presque tout sur les révolutionnaires et les personnages célèbres du monde entier, la reine Didon de Carthage, Hannibal, la reine berbère Al-Kahina, Robespierre, Marat, l'Emir Abdelkader, Omar Al-Mokhtar, Bourguiba, Lénine, Trotski, Staline, Mao Tsé Toung, Fidel Castro, Che Guevara, Les Panthères Noires, Salvador Allende, Angela Davis, Martin Luther King, et bien d'autres personnages encore, connus et moins connus dans le monde. Souvent, il étonnait, par l'étendue de sa culture générale, ses frères aînés qui avaient pourtant poursuivi des études supérieures approfondies.

Après avoir écouté attentivement les remontrances et les déclamations théâtrales de son père au sujet de son élan de vendetta fantasmée contre le Dr S.A., Momo Cinq, les yeux baissés, ne sachant que dire, fendit subitement en larmes. Il pleura longuement en dissimulant son visage dans l'ample corsage de sa mère Malika qui le couvait de tout son amour maternel. Tout en lui caressant tendrement les cheveux, elle lui parla doucement comme à une bête blessée afin de le calmer. Elle éprouvait un amour singulier et une tendresse particulière pour son petit Momo Cinq qui était si différent de tous ses frères. Mais bien qu'elle le choyât et le gâtât plus que les autres, elle ne craignait pas moins ses crises de nerfs et ses colères imprévisibles.

Ce jour-là, Momo Cinq crut avoir pris conscience en son for intérieur et d'une manière nébuleuse, qu'il devait, sans doute, grandir au-delà de son enthousiasme juvénile, de sa frustration d'adolescent désorienté, et qu'il devait aussi dépasser, transcender ce sentiment tyrannique d'exécuter, au nom du père et de toute la famille, une ancienne vendetta restée inassouvie pendant de longues années. Mais l'horreur de l'injustice et de l'arbitraire, d'un côté, et l'amour de la liberté et de l'équité, de l'autre, continuèrent de façonner et d'animer ce garçon écorché vif, toute sa vie durant. En effet, il vécut comme un personnage de fiction. Il fut, à la fois, rebelle indomptable, poète incompris, et iconoclaste tonitruant. Il ressemble à un Faune mythique. Tout en éprouvant une peur panique devant l'eau de la mer, par exemple, il se trouve, néanmoins, dans son élément naturel dès qu'il est lâché dans les champs, sur les collines, et à travers les forêts d'oliviers qu'il a héritées de son père et de sa mère, quelques années plus tard.

Momo Trois avait à peine six ans quand la mère Malika accoucha de Momo Cinq. A une heure tardive de la nuit, elle s'était mise à pousser des cris de douleurs et à faire les cent pas dans la chambre familiale qu'elle sillonnait de bout en bout en allant du grand lit parental au grand lit des enfants. Momo Trois sursauta dans son sommeil en percevant les cris maternels et les mouvements inhabituels dans la chambre. Il repoussa la lourde couverture de laine, se dressa sur son séant, et écarquilla les yeux. Deux de ses grandes sœurs, Fatma Première et Fatma Quatre, s'affairaient déjà autour de la mère Malika qui se tordait de douleur en se tenant le ventre à deux mains. La porte de la chambre était grande ouverte malgré le froid de décembre. Il faisait nuit noire. La mère Malika avait l'air d'être sur des charbons ardents ; elle suffoquait ; elle sortait de temps en temps dans le patio de la maison soutenue par deux de ses filles ; elle s'imaginait qu'elle allait rendre l'âme pendant la délivrance de son énième bébé. 'Je vais mourir ! Appelez la sage-femme ! Je vais mourir mes enfants,' gémissait-elle, à bout de force.

Bravant la peur, la nuit noire, et la bruine hivernale, Fatma Quatre, âgée de dix ans, partit comme une flèche chercher l'accoucheuse, Tante Mansoura et son fauteuil spécial. Le père Momo était absent, invisible, oublié, comme le veut la coutume en de telles circonstances. Il ne réapparaissait qu'un jour ou deux après l'accouchement, portant ses deux grands couffins remplis de cadeaux et de courses spéciales, comme d'habitude, pour les mets spéciaux qui donneraient des forces à sa femme.

La mère Malika, aidée par Tante Mansoura, luttait, s'évanouissait, reprenait conscience, s'exténuait, suait à grosses gouttes malgré le froid hivernal, criait, gémissait, invoquait le Prophète Mohamed et Ali son gendre, selon le rituel ancestral qu'elle avait dû apprendre de la bouche de sa mère ou de celle de sa belle-sœur, Gazelle, qui l'avait élevée comme sa propre fille, après la mort précoce de ses parents.

Le nouveau-né s'accrochait obstinément comme s'il n'eût pas voulu venir au monde. En tout cas, sa légère hypertrophie céphalique posait un épineux problème à sa maman et à la bonne sage-femme. Cette petite anomalie faillit le tuer par asphyxie et tuer sa maman par hémorragie. Réveillée par les cris de la mère Malika en travail, la vieille voisine Faiza, qui est l'épouse d'un oncle paternel, accourut, elle aussi, comme elle le faisait souvent en de telles circonstances, tête nue et prête à aider. Après une lutte acharnée mêlée de courage et de patience, la mère Malika accoucha dans la douleur et le sang. La délivrance de Momo Cinq presque inespérée s'accompagna de l'évanouissement instantanée de sa maman et des youyous de soulagement et de joie de Faiza et de Mansoura, toutes deux presque aussi éreintées que la mère Malika. Le soulagement des enfants réveillés mais restés blottis bien au chaud sous les lourdes couvertures de laine dans le grand lit était aussi visible sur leurs visages détendus et souriants.

Plus tard, les langues fourchues disaient que Momo Cinq incarnait une abomination, une malédiction, une erreur génétique. Sa conception et sa naissance furent intimement liées au crime de Dr S. A. contre le père Momo. Il serait venu au monde telle une fatalité que la famille Momo avait dû subir aux détours des péripéties d'une histoire ancestrale dont les personnages représentatifs, souvent hauts en couleur, furent tour à tour, guérisseurs, marabouts, thaumaturges, devins, janissaires, baroudeurs, derviches, arquebusiers, douaniers, Poilus, saltimbanques, acteurs, professeurs, oléiculteurs, laboureurs, artisans, marins pêcheurs, et autres. Qui sait, peut-être que Momo Cinq eût incarné certains côtés de la mosaïque bigarrée de ces personnages ataviques ? Momo le sage, Momo le fou !

Chapitre XXXVI
(Autres effets secondaires de l'affaire Dr S. A.)

Désormais, le chapitre de Dr S. A. est une affaire close, un dossier classé.

Ce fut sans doute une affaire classée en ce qui concerne le père Momo et tous les membres de la famille. Mais ce n'était pas le cas pour l'un des fils, en l'occurrence Momo Trois, que le destin et ses études en Angleterre et en France préparèrent à devenir professeur d'anglais à l'université, plusieurs années plus tard.

Pendant ses cours de littérature britannique moderne, il ressentait une attraction spéciale pour une scène particulière, à savoir, la tirade de la fin du deuxième acte que le personnage Aston, l'un des trois personnages principaux dans la pièce *The Caretaker* (*Le concierge*) de Harold Pinter, débitait dans un contexte émouvant et particulièrement évocateur.

C'est un passage que Momo Trois ne pouvait s'empêcher de lire à haute voix en cours. A chaque fois qu'il lisait ce long et triste monologue, un silence incroyable régnait dans la salle de classe, sa gorge se nouait, et des larmes mouillaient ses joues. Il s'excusait tout de suite à ses étudiants médusés et embarrassés par son épanchement sentimental. Ensuite, il ouvrait la discussion, sollicitait les questions et les commentaires de ses étudiants, tout en essayant de dominer sa gêne et son embarras jusqu'à la fin du cours.

Mais, comme il lui était impossible de maîtriser son émotion à chaque lecture du même passage, devant ses étudiants, Momo Trois s'intéressa un jour à en comprendre les raisons, car ses larmes qui remontaient silencieusement et spontanément du fond de son âme risquaient de remettre en question la crédibilité et même l'efficacité pédagogique de son enseignement. En dépit du respect et de l'amour quasi-inconditionnels que ses étudiants avaient pour lui, Momo Trois ne devait pas laisser la situation perdurer. Il devait trouver rapidement un moyen de mettre fin à son épanchement émotionnel pour ne pas devenir ridicule en classe et perdre l'estime et l'écoute de ses étudiants. Cependant, il attendait presque avec un malin plaisir et délectation ces moments étrangement dramatiques et émouvants.

Un beau jour, en finissant de lire le même passage et en séchant ses larmes comme d'habitude, une révélation soudaine s'imposa à lui comme l'explication absolue de ses épanchements puérils. Il comprit subitement que la lecture de cette scène de la pièce de Pinter évoquait en lui, inconsciemment, un drame familial vieux de soixante-six ans, au centre duquel figuraient son père en victime, Dr S. A. en bourreau, Ahmed Ben S. en traître, et l'hôpital psychiatrique de La Manouba en arrière-plan du drame. Il décida alors, hardiment et scrupuleusement, d'en révéler à ses étudiants le fond et la cause de ses émotions incontrôlées afin de s'expliquer et de s'excuser, d'abord, et de souligner ensuite, les effets traumatisants de l'injustice et de la traîtrise en général. Qu'elle soit fictive ou vécue, ancienne ou récente, l'injustice est insupportable. Elle doit être dénoncée et combattue, concluait-il en accord avec ses étudiants.

De proche en proche, il se rendit alors compte que l'internement psychiatrique injustifié de son père représentait la version vécue de l'histoire du personnage fictif de Harold Pinter. Une singulière confluence se produisait alors à chaque fois qu'il lisait le monologue poignant de Aston, entre l'injustice subie par ce dernier, d'une part, et l'internement abusif de père Momo, d'autre part. Les paroles de du personnage de Pinter semblaient mettre en scène dans le subconscient du professeur Momo Trois, tout à la fois, l'absence prolongée et la séquestration abusive de son père, l'angoisse vécue dans la loge du concierge de l'asile, et les larmes de soulagement pendant le retour nocturne à la maison familiale. Ainsi, était devenue claire et limpide la corrélation entre l'admission forcée de Aston du *The Caretaker* (*Le concierge*) dans un asile psychiatrique dans les environs de Londres, à la suite d'un malentendu ou d'un complot – le texte laissant planer une zone d'ombre à ce niveau-là – et l'internement abusif de père Momo à La Manouba à la suite d'un appel téléphonique traître.

Ce discernement eut un effet de catharsis thérapeutique immédiat et bienfaisant sur Momo Trois qui, désormais, pouvait lire et relire à ses étudiants la même tirade du personnage pinterien sans avoir la gorge nouée et sans verser de larmes incompréhensibles devant ses étudiants désemparés. Il continuait à éprouver, néanmoins, une intime intelligence des paroles du personnage théâtral que l'expérience carcérale avait traumatisé, marginalisé, et désorienté. Aston et le père Momo sont en effet des contestataires de l'ordre établi qui n'a de cesse que de les broyer par tous les moyens ! Momo

Trois concluait son explication de ce texte dramatique par dire à ses étudiants que les tortionnaires de son père et du personnage de la pièce théâtrale, *The Caretaker*, se ressemblent étrangement. Ces bourreaux incarnent en effet la méchanceté absurde et inexpliquée d'une partie de la société humaine contre laquelle nous ne pouvons pas faire grand-chose. On se sent assujetti à un sort sisyphéen douloureux. Mais, on ne doit pas baisser les bras. La destinée humaine semble être le jouet de la spirale du mal et du bien, absurdement et éternellement tiraillée et conditionnée par une dialectique binaire effroyable. Ni science, ni conscience, ni sagesse, ni progrès, n'ont jamais pu mettre fin à la guerre, à la famine, et à l'injustice dévastatrices que connait la race humaine depuis la nuit des temps.

Chapitre XXXVII
(La mort de grand-mère)

Grand-mère rendit l'âme au printemps, pendant les vacances de Pâques de la même année où naquit le dixième et dernier Momo de notre famille composée de dix garçons et de cinq filles.

Il faisait un temps doux lorsque l'une des sœurs, Fatma Quatre, vint nous voir dans le grand jardin, vers le coup de midi, pour nous dire qu'on devait rester là et ne pas rentrer à la maison, car grand-mère venait de s'éteindre dans son lit et que les visiteurs et les proches ne tarderaient pas à affluer vers chez-nous et ils se mettraient sûrement à se lamenter, à pleurer bruyamment, et aggraver notre peine.

Encore enfants ou à peine pubères, nous étions choqués de ne pas pouvoir rentrer vite voir grand-mère sur son lit de mort et lui faire nos adieux avant l'arrivée des voisins et des proches. Surpris, désemparés, et tristes, nous errâmes dans le jardin en cherchant des nids d'oiseaux par-ci et en cueillant quelques amandes vertes et acidulées par-là, que nous mangions sans appétit. Vers le milieu de l'après-midi Fatma Quatre revint nous voir sous l'amandier ombragé du paternel avec un grand couffin dans lequel la mère Malika nous avait envoyé une grande casserole de ragoût et plusieurs miches de pain pour le déjeuner. Grande fut notre surprise de constater que le repas était spécial, contenant de la viande de mouton cuite dans une sauce de tomate avec des pommes de terre, des oignons, et des pois-chiches. On ne savait pas que rendre hommage à Douja qui venait de trépasser, la famille devait préparer un bon repas le jour même. Ou peut-être, était-ce là encore une de ces décisions peu orthodoxes de père Momo, sa façon très particulière de rendre hommage à l'âme de sa pauvre mère ?

On ne put rentrer à la maison familiale qu'à la tombée de la nuit lorsque la plupart des visiteurs étaient rentrés chez eux. Bien que la tristesse fût visible sur le visage de père Momo, de mère Malika, des frères et des sœurs aînés, le décès de grand-mère, qui avait été devenue de plus en plus grabataire au fil du temps, ne semblait pas avoir obscurci notre enfance outre mesure. On pensait que la mort d'un proche serait terrible !

La dernière fois que Momo Trois avait dit au revoir à sa grand-mère malade, avant d'aller prendre l'autocar de Sousse afin de retourner chez la famille où il avait été placé en pensionnaire logé, nourri, et blanchi, c'était un dimanche après-midi vers la fin de l'hiver. Il s'en souvenait clairement comme si c'était hier. Reposant sa tête aux cheveux blancs clairsemés sur un grand coussin bleu, grand-mère était allongée sur des peaux de mouton douillettes que la mère Malika lui avait soigneusement étendues dans un coin ensoleillé de la cour tout près de la cuisine.

En se baissant pour l'embrasser et lui souhaiter bon rétablissement, car elle se plaignait depuis longtemps de son rhumatisme, de ses genoux enflés, de sa tension artérielle, et d'autres choses encore, Momo Trois l'entendit murmurer des prières pour lui et pour ses frères et sœurs ; mais, il ne saisit pas très bien le sens de ce qu'elle disait sur un ton presque confidentiel, si ce n'eût été la présence de sa mère qui lui expliqua plus tard que sa grand-mère avait dit ce jour-là, 'Va mon petit ! Que Dieu te bénisse, toi, tes frères, tes sœurs, ton père, ta mère et toutes les personnes qui t'aiment !' Et la mère Malika de continuer, 'Grand-mère avait ajouté d'une voix très faible,' 'Qui sait, peut-être quand tu reviendras de Sousse samedi prochain, je ne serais plus de ce monde ! Adieu mon petit, va !' 'Et puis, elle se tût,' rapporta fidèlement la mère Malika.

Effectivement, grand-mère avait rendu l'âme quelque temps après, sans que Momo Trois ne l'eût revue après ce triste dimanche après-midi, car lorsqu'il était rentré de Sousse la fois d'après, elle était déjà très mal en point et ne quittait plus sa chambre à coucher où l'on n'osait plus aller. Seule la mère Malika y pénétrait pour lui faire son ménage, lui changer ses draps, vider et laver son pot de chambre en céramique bleu et blanc ; une ou deux des Fatma pouvaient également s'occuper d'elle de temps en temps quand la mère Malika était débordée et fatiguée. Grand-mère ne pouvait plus descendre du lit et ne parlait plus, quelques jours avant sa mort.

Momo Trois se souvenait du port altier de grand-mère Douja, de ses cheveux blancs teints au henné, de ses grands yeux noirs, de ses foulards multicolores ; mais aussi de sa taille voûtée appuyée sur une grosse béquille en bois d'ébène, du tintement de ses bracelets de chevilles en argent massif, de sa voix tantôt rugueuse et forte, tantôt douce et caressante, de ses encouragements, de ses querelles avec les ouvriers agricoles durant la cueillette des olives lorsqu'elle s'en chargeait à la place du père Momo absent, de ses colères contre ce dernier quand il essayait de lui confisquer son 'Nifri' et lui soutirer ses sous pour payer les frais de ses procès au tribunal, de ses va-et-vient incessants pour assurer un commerce avantageux avec les propriétaires des presses d'olives et les négociateurs d'huile, de ses manières sans-gêne d'uriner dans le jardin, à la manière d'une jument, en retroussant ses grandes robes devant ses petits-enfants qui rigolaient, de ses clins d'œil furtifs adressés à son fils, lorsqu'ils étaient en bons termes, pour qu'il la suivît discrètement dans sa chambre afin qu'elle lui servît un bon repas ou un petit gâteau au miel, loin de la curiosité des enfants à qui elle n'aurait pas pu offrir à tous de telles gâteries !

Le père Momo qui aimait à inviter des étrangers – souvent des touristes européens – à la maison pour un café, un thé, ou même un mets traditionnel quand sa bourse le lui permettait, rentra un jour accompagné d'un jeune couple d'Italiens en visite touristique dans la région de Monastir. Grand-mère était très embarrassée et même scandalisée de remarquer que le pantalon moulé de la jeune femme mettait presqu'à nu les parties intimes de celle-ci. Douja était si choquée qu'elle ne pût taire son indignation et s'exclama devant tout le monde sans la moindre gêne, 'La petite souris est sur le point de poindre son nez à travers la culotte de cette femme ! Quelle honte !'

En se cachant les yeux d'une main, elle tira brusquement son fils à elle, de l'autre, et le sermonna vertement. Elle lui lança en pleine figure 'Et toi, tu n'as pas honte d'inviter ces gens-là à la maison devant ta femme et tes enfants ?' Mais pour toute auto-défense, le père Momo se contenta de s'esclaffer bruyamment et lui expliqua que ces touristes étaient libres de s'habiller comme ils le voulaient et qu'ils avaient des habitudes d'accoutrement très différentes des nôtres qu'on devait respecter. Grand-mère continua à marmonner sa totale désapprobation avec force facéties, en présence de la dame et de son compagnon qui ne comprenaient pas un traître mot de ce qu'elle disait et encore moins pourquoi elle les regardait d'un air scandalisé.

Pieuse et un peu bigote, grand-mère mit longtemps à oublier cet incident scandaleux qu'elle racontait à qui voulait bien l'entendre. A chaque fois, elle s'en prenait à son fils de ne pas respecter les valeurs traditionnelles de la famille et de la société, et de continuer à ramener à la maison des étrangers aussi indécemment accoutrés, continuait-elle d'un air outré. Elle priait, enfin, Allah de la faire monter au ciel avant de voir le jour où ses propres petites-filles se mettraient à s'habiller comme les Européennes.

Chapitre XXXVIII
(Heidi ou la 'Sweet Molimolo')

Que le père Momo eût l'abord facile avec les étrangers et les touristes, tout le monde pouvaient en témoigner. C'était un trait de caractère inné que sa bonhomie naturelle et ses dons pour les langues étrangères rendaient encore plus enraciné et plus prononcé dans ses avenantes manières un tantinet théâtrales. Souvent, il abordait les étrangers européens pour les renseigner lorsqu'il remarquait qu'ils étaient un peu perdus, ou pour leur souhaiter la bienvenue, ou pour discuter avec eux autour d'un café ou d'un thé à l'estaminet du village, ou pour les inviter à prendre le déjeuner chez-nous lorsque son humeur et sa bourse le lui permettaient. Il adorait sympathiser, ne fut-ce que passagèrement et spontanément, avec les visiteurs étrangers qu'ils considéraient vraiment comme les invités d'honneur de la Tunisie.

Au cours de ces rencontres spontanées et passagères, le père Momo se lia d'amitié avec moult personnes des deux sexes ; mais deux d'entre-elles eurent un impact particulier et durable sur lui et sur sa famille. Il y avait avant tout la rencontre avec Heidi, une jeune américaine d'origine irlandaise, et puis celle avec un anthropologue anglais de l'université de Manchester, nommé Kenneth B., que les Médiouniens appelaient communément Ken, tout court.

Une parenthèse s'impose ici au sujet des Médiouniens qui sont singulièrement férus d'une lubie particulière dont les origines sont aussi lointaines qu'obscures. Ce passe-temps n'est autre que l'art taquin de coller des sobriquets aux uns et aux autres ! Il y a des sobriquets qu'on tait et d'autres qu'on divulgue. Ces appellations singulières, tantôt flatteuses, tantôt vexantes, couvraient des champs sémantiques variés et hauts en couleur. Il y avait les sobriquets aux relents politiques, animaliers, et surtout ceux désignant des tares physiques. Par exemple, un vieux tisserand communiste austère était connu sous le nom de Staline ; un vendeur d'eau potable dans un gros baril en fer galvanisé qu'il roulait devant lui à longueur de journée se faisait appeler Guizot. Un grand et maigre danseur-saltimbanque d'un âge incertain et au grand nez aquilin, qui se s'improvisait animateur lors des fêtes de mariages et de circoncisions pour gagner quelques sous de pourboire, était communément surnommé De Gaulle. Un vieux voisin, avocat de son état, conduisant une traction noire luisante était connu sous le nom de Bourguiba. Un autre voisin frisant la quarantaine, toujours tiré à quatre épingles et au chef couvert d'un impressionnant Fez rouge à longs pompons noirs, était pris pour le bon Dieu Tout-puissant, surtout par les jumeaux, Momo Six et Momo Sept.

Il y avait aussi la famille 'Lion,' la famille 'Chameau,' la famille 'Anon,' la famille 'Guénon,' la famille 'Coq,' la famille 'Poule,' la famille 'Matou,' la famille 'Huppe,' la famille 'Tortue,' la famille 'Scarabée,' la famille 'Moustique,' etc.

D'autres personnages non moins célèbres du fait de leurs sobriquets peu flatteurs étaient connus sous des surnoms comme 'Le Borgne,' 'Le Bossu,' 'Le Manchot,' 'Le Bicéphale,' 'Le Bègue,' 'Le Sourd,' 'L'Estropié,' 'Le Cul-de-Jatte,' et 'Le Pouilleux.'

Le père Momo et sa famille ne dérogeaient guère à la règle. Les Médiouniens, forts en la matière, leur attribuaient plusieurs sobriquets et appellations, en fait. Ceux qui parlaient de père Momo dans son dos le désignaient de 'Mogg,' un sobriquet hérité de son grand-père paternel qu'il n'avait pas connu et qui avait reçu ce surnom en servant dans l'armée ottomane pendant la guerre gréco-turque. Il signifierait en langue turque soit 'Mage Manichéen,' soit 'Adorateur de feu,' soit 'Pilier d'estaminet,' soit 'Brigand' et 'Bandit de grands chemins.' Mais ceux qui s'adressaient au père Momo directement à lui ou à ses proches, l'appelleraient 'Al Rafik' qui signifie en arabe 'Le Camarade,' ou 'L'Ami,' ou encore 'Le Compagnon de route.'

Fermons la parenthèse. Au début des années 1960, Heidi – la jeune américaine blonde et jolie d'origine irlandaise que les Médiouniens, fidèles donc à leurs habitudes ancestrales de coller un surnom à tout ce qui bouge, avaient vite adoptée et tunisifièrent son prénom, devenu Hédia, qui sonne d'ailleurs plus arabe et plus féminin – était venue passer quelque temps chez une famille du village, comme volontaire du Peace Corps. Les irréductibles soupçonneux – et il y en avait quelques-uns à Médiouna, l'avaient vite taxée d'espionne à la solde de la CIA, de Scotland Yard, et du Mossad nouvellement projeté sur la scène des assassinats politiques dans le monde arabe et ailleurs !

Le père Momo avait presque aussitôt sympathisé avec elle en considérant sa visite comme un enrichissement culturel et une excellente occasion d'ouverture d'esprit pour les jeunes de

Médiouna. Il ne manquait pas une seule de ses leçons d'anglais qu'elle donnait gratuitement dans une salle d'école du village. Il était l'unique adulte dans la classe de Hédia. Tous les autres élèves volontaires étaient des jeunes garçons et une ou deux filles.

Le père Momo se sentait parfaitement à l'aise, dès qu'il s'agissait d'être en compagnie de la jeunesse et de pratiquer une langue étrangère, spécialement l'anglais ou le français, et peut-être même un peu l'allemand ; quant à l'italien, il le pratiquait tant bien que mal en déformant subtilement les tournures françaises. Il ne se gênait nullement de voir son fils Momo Trois s'asseoir aux premiers rangs de la classe de Hédia. Bien au contraire, il semblait l'encourager d'assister aux leçons d'anglais en affichant une expression d'agréable surprise à chaque fois qu'il le voyait franchir la porte de la classe. Il l'accueillait toujours avec de grands sourires, en levant les sourcils très haut en signe de bienvenue et en faisant mine de feindre la surprise. D'un air bienveillant et fier, il considérait le jeune âge de son fils et son assiduité aux leçons d'anglais de Miss Heidi comme dignes de tous les éloges. Alors, il s'empressait à signaler à la maîtresse l'entrée de Momo Trois en arborant un sourire désarmant et en lui disant en un anglais passablement British, 'This is my son !' en montrant du doigt Momo Trois qui venait de prendre place, tout rouge d'embarras.

C'était ainsi que le père et le fils avaient appris au même temps un grand nombre de comptines anglaises et américaines qu'ils répétaient au rythme de la voix mélodieuse de Heidi-Hédia. Ils passaient des heures de fin d'après-midi à chanter en classe, par exemple, 'In Dublin Fair City where Girls are so Pretty I set my eyes on sweet Molly Malone,' que tout le monde prononçait 'Molimolo,' ou 'Twinkle, Twinkle Little Star How I wonder what you are,' ou encore 'Clementine' et d'entendre toute la classe chanter en chœur et avec entrain, sans comprendre un fichtre mot aux paroles, malgré les explications élaborées et patientes de Heidi, 'Oh my darlin Oh my darlin Oh my darlin Clementine you are lost and gone for ever dreadful sorry Clementine !' Clémentine n'était pas la seule à partir pour toujours – for ever – les beaux jours innocents aussi se perdirent à jamais. Peu de temps après, eut lieu également le départ définitif, de notre village, de la Miss américaine et du Peace Corps.

Le père Momo ne laissait passer aucune occasion sans rappeler à Hédia qu'elle était du signe du Lion, puisqu'il se connaissait en astrologie en tant qu'autodidacte et puisque c'était lui qui lui avait établi son signe zodiacal indiscutable, d'après ses propres calculs hermétiques. La joviale jeune américaine aux yeux bleu turquoise, aux cheveux blonds, au visage couvert de taches de rousseur, et aux lèvres toujours souriantes, semblait prendre grand plaisir d'entendre les bonhomies flatteuses de père Momo qui lui disait qu'elle était une personne pleine de courage, d'abnégation, et d'amour et qu'elle était éprise de vérité et de vie, quand bien même elle aurait des petits travers tels que la volonté de domination et l'audace risquée, qui caractérisent, entre autres défauts mineurs, le signe du Lion.

Comme Hédia aimait rencontrer les gens du village, elle acceptait souvent les invitations de ses élèves d'aller manger ou prendre un thé chez les uns ou chez les autres. Momo Trois se souvenait très bien de l'une des visites de Hédia chez-eux. C'était l'été, la mère Malika avait préparé à l'honneur de l'invitée américaine une grande salade tunisienne mixte contenant de la tomate, du concombre, de l'oignon, du piment fort, et de la pomme, le tout coupé en petits dés et assaisonné, et pour le plat chaud, elle avait fait mijoter à la vapeur un grand couscous à la daurade fraîchement pêchée dans la mer peu profonde de Médiouna. Au déjeuner, l'unique grande table – le bureau de père Momo et des enfants à l'occasion – avait été réservée pour l'invitée américaine, père, mère, et Momo Trois, car lui aussi était l'un des élèves de Heidi. Les autres frères et sœurs prenaient leur repas assis sur des nattes autour de deux grandes tables basses, l'une ronde et l'autre rectangulaire. Momo Trois, surexcité, ne voulait pas de salade et ne pouvait pas non plus terminer son plat de couscous malgré sa faim. Intimidé par la présence de sa monitrice américaine, il se sentait maladroit et mal à l'aise. Plus il se surveillait, de peur de paraître impoli ou grossier devant Hédia, plus il devenait gauche et maladroit, et moins il avait envie de manger son couscous. De la nourriture se répandait sur la nappe blanche devant lui gauchement, sa cuillère cliquetait parfois contre ses dents et l'embarrassait, et ses petits doigts s'engourdissaient et refusaient de s'attaquer au poisson de peur d'en avaler les arêtes et de s'étouffer devant Hédia. Il se rappela l'affreux incident de Momo Deux lorsqu'il s'était étouffé en avalant une arête de poisson et avait failli mourir. Une fois le danger passé, Momo Deux reprit son souffle en sanglotant longuement et en criant très fort, 'Ne dites pas que c'est mon père qui a acheté le poisson ! Ne dites pas que c'est mon père qui a acheté le poisson !' Il craignait sûrement de voir les gendarmes débarquer à la maison pour arrêter son père et le jeter en prison.

Pour Momo Trois, prendre son repas à la même table que la jeune américaine fut paradoxalement un vrai calvaire et un honneur inattendu. Quand sa mère voulut savoir pourquoi il ne mangeait pas sa daurade, il lui mentit en prétendant qu'il n'en avait pas envie, et il remit le morceau de poisson intact dans la grande assiette au milieu de la table.

Après le couscous, sa mère alla chercher un grand plat débordant de morceaux de pastèque que Hédia trouva délicieux. La mère Malika insistait pour que l'invitée en reprît à loisir comme si elle eût été chez-elle. Fidèle à son caractère, le père Momo, hâbleur enjoué, menait la conversation en remarquant que les Américains ne consommaient pas autant de pastèque que les Tunisiens. Hédia sourit en montrant ses belles dents blanches et le corrigea poliment en disant que dans les états du sud de son pays, la pastèque était un fruit très populaire et que d'ailleurs, il y en avait une espèce typiquement américaine qui était en passe d'envahir le reste du monde, y compris la Tunisie, tellement elle était appréciée en qualité et en quantité.

Une discussion bon enfant autour du sujet de la pastèque anima les convives. Le père Momo soutenait avec force détails qu'aucune autre espèce ne pourrait rivaliser avec la bonne pastèque tunisienne à la peau vert foncé, à la chair écarlate, et aux petits pépins noirs. Il haussait le ton légèrement, comme pour impressionner davantage et avoir le dernier mot dans cette discussion, et ajoutait 'Rien ne se perd avec la pastèque de chez-nous. Elle est délicieuse, rafraîchissante, et bourrée de vitamines ; sa peau charnue et ses petits pépins sont de très bons aliments pour les animaux de la ferme ; et les poules pondeuses s'en régalent. Par-dessus le marché, elle se vend, pendant la pleine saison estivale, à un prix si modique que même les familles les plus démunies peuvent en acheter en grandes quantités pour leurs enfants !'

La présence d'invités à la maison animait curieusement le père Momo et le mettait de bonne humeur. Il retrouvait sa verve de hâbleur, un peu saltimbanque, un peu thaumaturge, un peu philanthrope, et opposant politique qui avait des réponses à tout. Il se lançait souvent dans de grands discours sur le bonheur d'avoir une famille aussi nombreuse – sa fierté et son capital, soulignait-il – sur la vie sur terre, sur l'orchestration subtile de l'énergie stellaire, sur la poussière d'étoiles disséminée aux quatre coins de l'univers et partout dans les organismes vivants ; et de là, il rappelait à tout le monde les différents signes astrologiques de chacun en s'étalant particulièrement sur celui de la mère Malika – le Sagittaire qu'il appelait parfois 'La Clef de voûte,' 'Le Cintre architectural,' ou 'L'arc.' Il aimait taquiner la mère Malika, en lui lançant avec un sourire au coin des lèvres, 'Le Sagittaire avec son arc bandé supporte énormément la douleur, la tension, et l'injustice, mais lorsqu'il réagit, il se détend avec vigueur et sa flèche manque rarement sa cible' ; et d'ajouter à l'intention de ses enfants et de Hédia attentive, charmée, et souriante, 'D'ailleurs, avant de devenir ma femme à l'âge de seize ans, celle-là,' en désignant la mère Malika du regard, 'elle m'en a décoché une de ses flèches qui m'a transpercé le cœur de part en part et m'a laissé handicapé à vie.' Puis, il s'esclaffait bruyamment malgré l'air visiblement gêné de la mère Malika qui devenait rouge comme une pivoine. Mais, il continuait, lui, d'égrener les signes les uns après les autres y compris le Lion, celui de l'invitée en l'occurrence, qui, fière, flattée, et souriante, affichait un air impressionné en écoutant les explications savantes de père Momo. 'Tiens, le Verseau par exemple,' enchaînait-t-il, 'est le signe du benjamin Momo Dix dont le symbole est le seau qui est chanceux : vide descend-il au fond du puits, mais toujours plein en remonte-t-il,' concluait le père Momo fier de son analogie. Le père Momo était visiblement satisfait de son propre signe zodiacal, le Bélier, signe de feu, qu'il qualifie, malgré ses quelques défauts comme l'emportement et l'intrépidité, de courageux, de leader d'hommes, et de justicier.

En revanche, il faisait souvent des commentaires très négatifs au sujet de deux signes que, dieu merci, aucun n'en était dans sa famille. C'étaient le Cancer et le Scorpion, deux signes d'eau, que le père Momo n'aimait pas particulièrement, car le premier était caractérisé par sa perfidie et le second par sa volonté de destruction, maintenait-il. Mais, en présence de certains invités de ces deux signes-là, le père Momo nuançait énormément ses propos à leur sujet pour ne pas froisser leurs sentiments.

Lorsqu'il en arrivait au signe de Momo Trois, le Poisson, un autre signe d'eau, qui ne semblait pas être particulièrement flatteur ou apprécié par le père Momo qui rappelait toujours que ce signe était caractérisé par une ambivalence toute particulière. Le Poisson, continuait-il, 'tient de la même ambivalence que le poisson, le vrai ; c'est-à-dire, on aime bien le manger en appréciant sa chair, mais on le méprise à cause de ses arêtes et de sa forte odeur.' La peine d'entendre les explications peu flatteuses de son père à son endroit était la même pour Momo Trois qui semblait souffrir le martyre en silence et endurer les affres de se sentir prisonnier de son destin zodiacal.

Les propos peu flatteurs de père Momo au sujet du Poisson, avaient fini par éveiller en Momo Trois, par réaction sans doute, l'amour de plaire et d'impressionner par sa gentillesse et sa serviabilité, comme s'il eût voulu ôter les dures arêtes et escamoter les mauvaises odeurs liées à son signe et surtout à l'humiliante injure de son père qui le traitait parfois de 'Sar infecte !'

Pour finir le repas et en signe d'amitié, un thé à la menthe accompagné d'amandes sèches du grand jardin étaient servi à l'invitée américaine et aux autres adultes. Mais Momo Trois n'y avait pas droit. Il n'avait pas encore atteint l'âge de boire ni thé noir ni café turc ! Il avait à peine dix ans.

Chapitre XXXIX

(Kenneth et le massacre à Médiouna)

L'histoire de la rencontre avec Ken, l'anthropologue anglais, était tout autre. Le père Momo s'était en effet lié d'amitié avec ce dernier au milieu des années 1970, lors de son premier séjour d'étude en Tunisie. Dans le cadre de ses recherches et de son enseignement à l'université de Manchester, Ken devait faire une étude anthropologique du Sahel tunisien durant la première moitié du vingtième siècle sous le Protectorat français. Par hasard, Médiouna était son point de chute et la vie de ses habitants son cas d'étude.

Ken était grand, mince, aux cheveux bruns et aux yeux clairs et pétillants. Il souriait à tout le monde d'un air très courtois et chaleureux, contrairement à l'idée reçue sur les Anglais qui sont froids et flegmatiques. Il avait réussi à rencontrer presque tous les habitants de Médiouna et s'était lié d'amitié avec un grand nombre d'entre eux.

Le père Momo et le vieux barbier du village, mari d'une cousine maternelle de la mère Malika, figuraient parmi les amis les plus proches et les plus fréquentés de Ken. En effet, il se rendait souvent chez l'un ou chez l'autre. En tout cas, on l'invitait volontiers et avec grand plaisir chez le père Momo ou chez le barbier, pendant les douces soirées des deux familles réunies. Ken, de son côté, aimait aussi s'y rendre pour passer de longs moments agréables et édifiants avec les membres de ces deux familles autour d'un thé à la menthe accompagné de cacahuètes et d'amandes grillées préparé par les dames et servi par les enfants qui se réjouissaient énormément de ces grandes soirées estivales. Pendant ces soirées mémorables les convives parlaient de tout et de rien, et leurs sujets de conversations gravitaient autour des potins habituels sur des anecdotes anciennes ou récentes du village et de ses habitants, comme les fourberies désopilantes de l'incorrigible Bobo qui avait réussi à soûler son vénérable oncle avec de la Boukha, ou comme l'incroyable histoire d'un vieux neveu de la mère Malika qui était un grand buveur de vin et dont le fidèle ânon lui courbait littéralement l'échine pour lui permettre de grimper plus facilement sur son dos dès qu'il savait qu'il était ivre mort et incapable de rentrer chez-lui, ou encore comme l'incroyable vision mystique de la Tante Rekeia et son invraisemblable histoire du cierge et de l'épée dans la niche du mausolée de Sidi Messaoud.

Mais également, en compagnie de Ken, les convives soulevaient des questions plus sérieuses comme la Seconde Guerre Mondiale, Hitler, de Gaulle, Churchill, Staline, l'URSS, les Alliées, Cuba, l'occupation de la Tunisie, l'occupation de la Palestine par les Israéliens en 1948, la guerre de Juin 1967, la guerre d'octobre 1973, le Putsch militaire au Chili, la situation politique en Tunisie et la grogne des ouvriers, la diva égyptienne Oum Kolthum que le père Momo n'aimait pas beaucoup car il pensait que ses chansons qui duraient des heures étaient spécialement conçues pour endormir et maintenir les peuples arabes dans un état de transe passive. Cependant, elle est écoutée religieusement par les jeunes filles et les femmes à la maison, en particulier.

Fatma Quatre, par exemple, ne manquait jamais d'écouter les langoureuses chansons de la diva radiodiffusées sur les ondes du Caire tous les jeudis soir, en collant le petit transistor rouge et noir à son oreille avant de s'endormir. Les hommes, en revanche, ne semblaient pas très emballés par Om Kolthum, du moins en famille, car ils craignaient, sans doute, que leurs émotions ne les trahissent devant leurs femmes et leurs enfants. Mais, ils ne se lassent jamais de se griser avec les chansons émouvantes de la diva et la piquette bon marché consommée dans des bars miteux et dans des troquets improvisés à l'ombre d'un cyprès ou d'un caroubier loin des regards indiscrets des passants. Dès le deuxième verre, les convives épanchent librement leurs émotions les plus tendres en pleurant à chaudes larmes soit de transport soit de chagrin, en écoutant et en réécoutant sur leurs transistors grésillant la voix de celle qu'on surnomme 'l'Astre d'Orient' chanter avec ferveur, l'amour, la joie, la séparation, la tristesse, et l'espoir, comme dans le refrain, 'Hal ra'a al hobbou soukara mithlana ?' ('L'Amour, a-t-il jamais vu des amants aussi ivres que nous deux ?'), qui enchante et subjugue comme l'ensorcelant Boléro de Ravel, ou l'envoûtante mélodie de 'L'amour est un oiseau rebelle' de Bizet, ou encore, l'enivrant air de Shéhérazade de Rimski Korsakov. La cantatrice égyptienne semble être aux anges lorsqu'elle chante avec une voix claire et forte, en variant mélodieusement à l'envi, son spleen envoûtant :

'L'Amour, a-t-il jamais vu des amants aussi ivres que nous deux ?

Combien de rêves avons-nous imaginés ensemble ?

Nous nous sommes promenés dans un chemin éclairé par la
lune,
Où La Joie a dansé à notre rencontre.
Nous avons ri comme deux enfants ensemble
Et couru plus vite que l'ombre de nous deux.'

Ken qui comprenait et parlait couramment l'arabe, surtout l'arabe
égyptien, rapportait que, lors de sa première visite à Médiouna, le
père Momo lui avait une fois narré les événements tragiques que les
habitants du village avaient vécus pendant l'occupation nazie et
fasciste de la Tunisie en 1943.

Après des beuveries dans la raffinerie d'huile d'olive située au bord
de la mer, qui était la propriété d'un juif italo-tunisien du nom de
Joseph Lombrozzo, deux ou trois soldats d'un régiment italien qui
bivouaquait dans les oliveraies de Médiouna, avaient importuné,
paraît-il, des jeunes filles qui étaient en train de chercher de l'eau
dans un puits en contrebas du village près de la raffinerie d'huile
qu'on appelait communément 'L'usine rouge' à cause des tuiles
rouges de ses toits. Les jeunes soldats éméchés avaient tenté de
sympathiser avec les chercheuses d'eau en leur parlant dans une
langue qu'elles ne comprenaient pas du tout, ce qui leur permit de
donner libre cours à leur imagination d'adolescentes pudiques et
effarouchées.

Elles étaient sûres que les jeunes soldats italiens les avaient harcelées
en les traitant de 'danseuses du ventre' de mauvaise réputation.
L'une d'elles chuchota à l'oreille de ses copines, 'Vous avez

entendu ? Les soldats nous ont appelées Ragassa ?' Mais les Italiens leur avaient lancé de loin 'Bella ragazza' en les apercevant penchées au-dessus de la margelle du puits. 'Ragazza' en italien sonne comme 'Ragassa' ou danseuse du ventre en arabe tunisien. Ce banal malentendu purement langagier fut d'abord la cause d'une échauffourée entre les soldats et des jeunes villageois accourus au secours des demoiselles qui, prises de panique à l'approche des militaires éméchés et titubants, avaient hurlé et brisé leurs cruches, en s'égaillant comme une nuée d'oies sauvages.

Mais pire encore, la mauvaise interprétation de 'bella ragazza' causa ensuite une tuerie, une punition collective, à l'arme à feu ce soir-là à Médiouna où étaient tombés plusieurs victimes et où même les bêtes n'avaient pas été épargnées par les tirs des soldats italiens descendus à la rescousse de leurs deux ou trois camarades pris à partie par des jeunes Médiouniens. La vendetta semblait interminable ce soir-là ; elle dura jusqu'à une heure tardive de la nuit pendant laquelle les villageois se barricadaient chez eux ou chez les voisins, derrières des portes très vulnérables aux balles, aux coups de crosses, de baïonnettes, et de bottes des soldats fascistes déchainés.

Pendant une grande partie de la traque nocturne tragique on n'entendait que des gémissements et de cris horribles des villageois, d'une part, et des sifflements atroces des balles et des cris barbares des soldats qui s'enthousiasmaient à tirer sur tout ce qui bouge, d'autre part, en hurlant sans arrêt 'Guerra agli arabi !' 'Guerra agli arabi !' 'Guerre aux Arabes !' 'Guerre aux Arabes !'

Ceux qui avaient survécu à cette nuit de feu et de sang se souvenaient de 'guerra agli arabi' comme d'un cauchemar inoubliable qu'on devait raconter aux jeunes générations pour se souvenir. On en faisait même de l'humour noir, à l'occasion, comme par exemple, lorsqu'on voulait dénigrer un certain monsieur Tahar, le malheureux propriétaire de l'une des presses d'olives qui avait été estropié par une cartouche reçue en plein genou, certains esprits mal tournés maintenaient qu'il avait plutôt glissé dans une flaque d'huile fuitée de ses cuves en mauvais état et avait cassé une jambe. Ou encore, lorsqu'on évoquait la mort tragique du jeune tisserand trouvé couché sur un tas d'ordures au petit matin dans la maison de sa voisine avec trois trous rouges dans la poitrine causés par les tirs italiens, on plaisantait sarcastiquement que c'était plutôt le mari cocu qui l'avait surpris en flagrant délit avec sa femme et l'avait assommé avec un vieux trident de pêche. Ou bien encore, lorsqu'on parlait de l'une des autres victimes de cette tragédie, une quinquagénaire du nom de Latifa qui s'était fait amputer d'une jambe criblée par les balles italiennes, et qu'on lui avait remplacée par une prothèse en bois dont le grincement lugubre et rythmé fascinait les gamins du village, on disait qu'elle faisait de la musique avec sa jambe en bois pour passer le temps et oublier son triste sort.

La pauvre Latifa, devenue folle à la suite de cette attaque, s'imaginait désormais qu'elle pouvait jouer de la flûte à l'aide de sa béquille dont elle collait l'extrémité aux lèvres en guise d'un instrument à vent fantasmé, ce qui surexcitait les gamins les plus turbulents et les plus espiègles et les encourageait à la taquiner en lui demandant toujours et encore de leur jouer l'air d'une chanson avec sa flûte improvisée. Elle se trémoussait risiblement à la demande des gamins en ressentant une fierté étrange et débridée ; car très souvent, elle acceptait volontiers de leur faire plaisir en rejetant la tête en arrière, en gonflant les joues et, en allongeant les lèvres. Elle se mettait alors à souffler frénétiquement dans l'une des deux extrémités de sa béquille tout en imitant les sons aigus et nasillards du bignou. Après cet interlude absurde et désopilant qui durait plusieurs minutes devant des gamins riant aux éclats, qui en voulaient encore et encore de la musique nasillarde de Latifa, elle refusait, ce qui lui arrivait rarement, et se mettait à les maudire de toutes ses forces. Les chenapans, éberlués, s'égaillaient loin d'elle en courant et en criant à tue-tête, 'Latifa la possédée !' Latifa la maboula !' 'Guerra, guerra !' 'Tirra, tirra l'arabia !' 'Latifa la folle !' 'Latifa la maboula !' Et la pauvre femme de se mettre à les pourchasser, à leur lancer des cailloux, et à les maudire de plus belle, en vociférant de gros mots à faire rougir les passants ! Une fois suffisamment éloignés des projectiles de Latifa, les méchants garçons reprenaient en chœur leurs invectives habituelles d'une voix nasillarde et aiguë, comme pour singer les airs flûtés, farfelus, et hilarants de la pauvre femme, en hurlant encore 'Guerra, guerra,' 'Latifa la folle,' 'Guerra, guerra,' 'Latifa la majnouna !'

Au fil du temps, on ne sait quelle singulière corruption de langage transforma 'Guerra agli arabi' en 'Tirra, tirra l'arabia,' un télescopage, sans doute, entre 'tirra' et 'guerra !' En tout état de cause, le cri de guerre des soldats italiens s'était perdu à jamais dans

Médiouna, mais tous les Médiouniens se souviennent toujours de l'infâme et tragique 'Tirra, tirra l'arabia !'

Le père Momo avait pitié de la pauvre Latifa. Il disait qu'il avait un lien de parenté avec elle du côté de son grand-père maternel ; de plus, il était lui-même l'ami du fils unique de Latifa, prénommé Zadig. Quand il la trouvait chez-nous en train de bavarder avec notre mère dans le vestibule, ce qui arrivait rarement, il demandait qu'on préparât un bon café au chocolat bien sucré comme l'aimait Latifa, et en attendant, il lui causait gentiment, normalement tout comme à une personne sensée, ce qui nous intriguait drôlement car nous savions que tous les gamins du village se moquaient de 'Latifa la folle' et qu'elle avait cette manie saugrenue de jouer devant tout le monde avec sa béquille comme d'une flûte.

Le père Momo demandait de ses nouvelles, voulait savoir si l'Italie continuait à lui verser sa pension d'invalide de guerre et s'il fallait écrire une autre lettre pour solliciter une augmentation, etc. Latifa suivait tant bien que mal le fil de la conversation avec le père Momo qu'elle appelait son petit cousin, et lui, il l'appelait sa petite cousine. En tout cas, elle ne prenait jamais congé de nous sans que le père Momo ne lui demandât, à notre grande surprise d'ailleurs, de souffler un peu dans sa flûte et nous jouer un petit air, ce qu'elle aurait de toute façon suggéré de faire d'elle-même, spontanément, lorsque cela lui chantait, bien sûr, même si personne ne le lui demandait. C'était un moment fort que notre jeune âge nous faisait attendre avec impatience, non sans une appréhension diffuse, suspendus aux lèvres de Latifa et à la poignée arrondie de sa canne, tels des chatons affamés qui se lèchent les babines en regardant goulûment un poisson suspendu au-dessus de leurs têtes !

Alors, elle s'exécutait de gaîté de cœur en rejetant sa tête en arrière comme d'habitude, en portant sa flûte à sa bouche, en raclant sa gorge longuement, et en modulant sa voix selon l'inspiration du moment, pendant qu'on riait tous sous cape, y compris le père Momo qui faisait semblant d'allumer une cigarette et de toussoter bruyamment entre deux bouffées pour ne pas offusquer sa pauvre petite cousine Latifa !

- Tu es pire que les enfants, lançait la mère Malika, en s'adressant à notre père dès que Latifa eût le dos tourné.

- Hein ? Comment ? feignait-il de s'étonner en souriant légèrement.

- Tu ne t'es pas vu en train de te moquer de cette pauvre femme ? En ajoutant d'un air ostensiblement moqueur, 'Ta petite cousine ?!' tout en essayant d'imiter la voix légèrement enrouée de père Momo, en disant cela.

- Mais quel mal ai-je fait ? Au contraire, Latifa a l'air de bien se plaire en notre compagnie !

- Tu t'es moqué d'elle, voilà le mal que tu as fait ! Lâcha-t-elle et ajouta, 'Dieu te brûlera et te pendra de tes cils au jour du jugement dernier, voilà ! Continue de te moquer d'une pauvre simple d'esprit !'

- N'importe quoi ! S'exclama-t-il. J'essaie de l'aider, de la réconforter. Je lui ai même proposé mes services pour relancer ses demandes écrites, si elle le voulait. J'essaie d'alléger sa souffrance, la pauvre, voilà tout.

S'expliqua-t-il, sans grand espoir de se faire entendre par la mère Malika qui avait entre-temps fini de débarrasser la table basse, et était déjà partie dans la cour de la maison pour vaquer à ses autres tâches ménagères de la matinée.

Les paroles de la mère Malika allaient droit dans nos cœurs et nos petites âmes d'enfants et nous terrifiaient. On n'arrivait pas à nous imaginer comment le Dieu Tout-puissant prendrait les pécheurs par leurs cils et les pendrait très haut au septième ciel ou au-dessus des flammes de la Géhenne pour les brûler vifs. Cela nous faisait tellement peur, mais au même temps, ce châtiment nous semblait fort improbable car on était incapable de voir comment quelqu'un se ferait prendre par les cils !

Le père Momo clôturait souvent de telles arguties en s'esclaffant très fort tout en émettant d'étranges bruits gutturaux, comme s'il avait eu l'air de s'étouffer, en lançant ensuite son habituel adage, 'Parler à quelqu'un qui ne te comprend pas raccourcit la vie !'

Le père Momo se souvenait de cette nuit tragique à Médiouna pendant la Seconde Guerre Mondiale. Lui et l'un de ses cousins venaient de terminer leurs travaux des champs environnants quand tout à coup, ils entendirent les clameurs et les bruits de guerre remonter de leur village en bas de la colline où ils étaient. Ils prirent peur et durent se cacher dans un grand caroubier. Ils se terrèrent là, à la campagne, durant toute la nuit en entendant le sifflement insupportable des balles et les cris horribles qui leur parvenaient du patelin terrorisé par les tirs des soldats italiens qui n'épargnèrent ni les habitants ni les animaux. Le père Momo avait très peur pour sa mère et sa femme restées seules à la maison. Sa fille aînée, Fatma Première avait moins de deux ans et son premier bébé garçon, Momo Premier, venait juste de naître pendant les événements tragiques de la vendetta italienne.

Le bilan de cette vendetta absurde allait s'alourdir encore, s'il n'y eût l'intervention musclée, paraît-il, de l'état-major allemand qui bivouaquait dans la cour de l'école primaire du village voisin situé à deux kilomètres de là, et que certains rescapés avaient imploré de sauver urgemment Médiouna de la démence des soldats fascistes, amis des Allemands. Plus tard, une fois l'accalmie retrouvée et les esprits calmés, certains survivants de cette punition collective prétendaient qu'ils avaient même parlé à Rommel, le Renard du Désert en personne, pour qu'il intercédât en faveur des Médiouniens pour faire arrêter la sauvagerie des soldats de Mussolini.

Les événements sanglants de cette tragédie locale sont connus de tous les habitants de Médiouna et le père Momo crut bon et utile de les raconter à son ami Anglais Kenneth qui les rapporta fidèlement à son tour dans son étude sur le Sahel tunisien pendant la première moitié du XXe siècle durant le Protectorat français.

Chapitre XL

(Le cratère de la bombe)

Pendant l'occupation allemande et italienne de la Tunisie sous le Protectorat français, plusieurs batailles eurent lieu dans différentes régions du pays. C'était la Campagne de Tunisie. Bien que battant en retraite, Rommel infligea, tout de même à Kasserine, de lourdes pertes à l'armée américaine inexpérimentée et fraîchement débarquée dans le nord du pays. Mais son successeur à la tête de l'armée Nazie, le général von Arnim, ne put franchir la Ligne de Mareth à Matmata communément surnommée la 'Ligne Maginot du Désert.' Ce fut la débâcle pour l'armée d'Hitler et de Mussolini devant les forces alliées commandées par le Maréchal britannique Montgomery et le Général français Leclerc.

Pris en tenaille par le général américain Patton à l'ouest et la 8e armée britannique de Montgomery au sud, le front de l'Afrika Korps d'Hitler se brisa irrémédiablement en Tunisie en mai 1943, ce qui sonna le glas de la Deuxième Guerre Mondiale. La reddition des forces de l'Afrika Korps se solda alors par la prise des prisonniers de guerre allemands et italiens par centaines de milliers que les Alliés refoulèrent en Europe par voie maritime en partant du Cap-Bon tunisien où ils étaient rassemblés.

Le père Momo, en témoin oculaire et comme érudit aussi, continuait de brosser à l'attention de l'anthropologue Ken un tableau détaillé de certains événements de la Deuxième Guerre Mondiale dans nos contrées.

Pendant le bombardement des positions ennemies, un des avions de la Royal Air Force britannique avait largué par erreur deux obus dans la mer de Médiouna en causant la panique des petits marins pêcheurs et des habitants. L'une des deux bombes échoua à quelques brasses de la côte, tout près de l'endroit où poussaient quelques touffes d'algues parsemées formant une sorte de clairière où aimaient à se baigner habituellement nos mères, grand-mères, et voisines âgées, qui, accroupies ou assises en tailleur dans l'eau, se rafraîchissaient agréablement dès l'aube chaude et moite de juillet et août, entourées de leurs enfants en bas âges qui gambadaient, plongeaient, sautaient, et s'amusaient à faire des vagues dans les eaux calmes et peu profondes de la mer qui nous arrivaient à la taille. Par miracle, les bombes de la RFA n'avaient tué personne, ce jour-là.

Mais, quand nous voulions aller à la mer pour nous baigner en compagnie d'autres enfants du quartier, nos mères s'affolaient et s'y opposaient fermement à cause du danger que représentait 'le cratère de la bombe' échouée tout près de la plage. Elles nous rappelaient toujours la tragédie de la petite Fatiha, la fille d'un pêcheur de poulpes, morte noyée, avalée, happée par le trou de la bombe, qui bouillonnait, tourbillonnait, et attirait dans ses tréfonds tout baigneur qui se hasardcrait trop près du cratère. La peur de nos mères était d'autant plus grande que le trou et son tourbillon, croyaient-elles, se déplaçaient constamment le long du littoral comme des baïnes, et que personne ne pouvait prévoir exactement à quel endroit ils pourraient réapparaître du jour au lendemain. Une chose était sûre quand-même, la noyade mortelle, dans le cratère de la bombe, de la petite Fatiha à l'âge de six ou sept ans avait eu lieu à quelques mètres de la terre ferme. Tout le monde déplorait cette tragédie qui nous terrifiait d'autant plus que le corps de la noyée n'avait jamais été retrouvé.

Nos longues escapades maritimes se soldaient souvent par des punitions, des privations, et des grondements plus ou moins sévères selon l'humeur de nos mères inquiètes. Parfois les sœurs aînées se mettaient de la partie, elles aussi, avec plus de véhémence que leurs mères. La colère très justifiée des mamans et des sœurs indignées par notre désobéissance retombait presque aussitôt dès qu'on jetait à terre d'un geste boudeur et fier quelques poulpes, des crabes, des bigorneaux, ou des coquilles saint jacques – mais rarement des poissons – qu'on venait de pêcher dans l'eau peu profonde de la mer au bout d'une baignade en groupe, tapageuse et amusante. Le cratère de la bombe qu'on devinait toujours en frissonnant sans jamais le voir était pourtant à quelques mètres de notre plage favorite. Il nous fascinait, effrayait, subjuguait, attirait, et repoussait comme un aimant puissant ou un fantôme insaisissable ; mais on ne s'aventurait jamais dans ses eaux interdites à cause de la tragédie de la petite Fatiha, une énième victime, tristement collatérale, de la Deuxième Guerre Mondiale dont le théâtre fut aussi notre petit patelin du Sahel tunisien.

Chapitre XLI

(Portrait de père Momo brossé par Kenneth)

Dans une étude ultérieure de Médiouna et de père Momo pris comme cas d'études, Kenneth racontait que notre village était comme une 'théière bouillante,' c'est-à-dire, une vraie poudrière prête à s'embraser à chaque instant, et que le père Momo, son compagnon à lui, était un homme versatile et 'irrésistible.' Convaincu du principe que si 'On n'est pas capable de décrire convenablement un personnage, on ne pourra pas décrire une société objectivement,' l'anthropologue Kenneth essaya, comme témoin oculaire, de brosser un portrait vivant et contrasté de père Momo.

Ken rapporta ceci : Par un beau soir d'été tandis que nous – quelques hommes, le père Momo, et moi-même – étions réunis autour d'un verre de thé à la menthe devant la fabrique de filature du magnat H. Malek, ce dernier insinua que le père Momo avait été l'ami des Allemands pendant la guerre, et par conséquent l'ami des soldats nazis à Médiouna. Le sang de père Momo ne fit qu'un tour et sa vive réaction aux insinuations ne se fit pas attendre. Pour un vieux communiste comme le père Momo, ces accusations à peine voilées représentaient un affront et une provocation intolérables de la part de H. Malek. Ken continua d'écrire avec plus de détail :

'Quand j'ai regardé [le père Momo] son visage s'est rembruni. Mais on ne pouvait pas lire facilement son expression faciale car sa peau était devenue presque noire à cause de sa participation continue cet été-là dans le tournage des films de Monthy [*sic*] Python dans lesquels il avait joué… Depuis sa première participation comme figurant dans le film *Jésus de Nazareth* de Zaferelli [*sic*] (dans lequel il apparaît dans les messes des Pharisiens dans le Temple de Jérusalem), [le père Momo] avait bien amélioré son look biblique. Il avait maintenant une belle barbe blanche, une peau hâlée et ridée, et il portait comme d'habitude une tunique sahélienne. Il ressemblait à un patriarche, à notre ancêtre Abraham.'

Ken ajouta qu'il ne se souvenait plus des mots exacts employés par le père Momo pour répondre aux insinuations de H. Malek, mais il résuma ses propos ainsi : 'C'est vrai. J'ai travaillé avec les Allemands que j'ai connus ; quelques-uns parmi eux m'ont plu ; et j'ai même appris à parler un peu leur langue. Mais je n'avais aucune illusion. J'ai vu dans leurs yeux que je n'étais pas plus Aryen que Mr. [Ken] par exemple, ici présent. Les Allemands n'ont pas plus de sympathie pour moi que pour quiconque de la race sémite.'

Le père Momo s'arrêta de parler un court instant et reprit son discours en concluant d'une manière lapidaire : 'Si les Allemands en avaient eu les moyens, ils nous auraient, par conséquent, fait subir le même sort fatal.'

Ken conclut que le puissant et richissime H. Malek et les témoins oculaires de cette discussion tendue ne dirent un mot après l'exposé sincère et auto-disculpant de père Momo.

L'anthropologue anglais confessa par la suite que la scène fut gravée à jamais dans sa mémoire et regretta énormément que cette soirée-là eût été la dernière passée en compagnie de père Momo, son irrésistible compagnon tunisien. Ils ne s'étaient plus jamais revus après. Mais, ils continuèrent de s'écrire assez régulièrement. Dans l'une de ses lettres rédigées en anglais, le père Momo écrivait à Ken les dernières nouvelles de sa famille et de ses enfants, en les nommant un à un. Il faisait allusion à son procès gagné contre son fils aîné, Momo Premier, qui refusait de lui verser sa pension alimentaire mensuelle. Il louait en revanche son fils Momo Deux qui s'acquittait volontiers de sa dette envers lui. Il écrivait aussi que Momo Trois qui étudiait à l'université de Bordeaux III, allait repartir en Angleterre pour des recherches sur les syndicats ouvriers britanniques.

Dans la même lettre citée intégralement par Ken, le père Momo mentionnait tous ses autres fils ainsi que sa fille cadette, Fatma Cinq, qui travaillait durement sur son métier à tisser des tapis pour acheter son trousseau de mariage, car elle allait se marier cet été-là probablement, écrivait-il. La mère Malika vaquait à ses tâches ménagères comme d'habitude. Les cinq autres Momo cadets, faisaient la navette en bus entre Médiouna et le lycée de Monastir. Les jumeaux, Momo Six et Momo Sept, avaient décroché leur ceinture jaune au karaté qui était devenu très en vogue auprès des jeunes grâce aux films de Bruce Lee et de Jackie Chan. Momo Quatre faisait des études de restauration et d'hôtellerie dans un institut supérieur de la banlieue nord de Tunis. Quant à Momo Cinq, lui qui avait quitté l'école depuis belle lurette, était appelé sous les drapeaux, ce qui allait sûrement représenter une grande perte, bien que provisoire, pour toute la famille, et pour le père Momo en particulier ; car il comptait foncièrement sur lui pour s'occuper des travaux des champs et des oliveraies.

Ken citait longuement ce qu'avait dû être la dernière lettre de père Momo rédigée dans la langue maternelle de Ken, qui à son tour avait auparavant écrit en arabe au père Momo. Dans la même lettre citée, le père Momo espérait recevoir de la part de Ken une réponse en français, ce qui ne devait pas être très difficile pour son illustre ami anglais, ajoutait-il. Voici la lettre intégrale dans sa version originale, rédigée, *a priori*, par le père Momo, mais que l'un de ses fils au lycée aurait fort probablement soit corrigée, soit améliorée, soit même rédigée de A à Z sous la dictée de son père :

My dear brother Kenth [sic],

After thanking you for your second letter in my language [arabe], I want to try to write to you this letter in your language [...] We are healthy...

The gallant [Momo II], who as you know is educated in Great Britain, is really very far from his elder brother [Momo I] in this domain, and on the contrary, he finds himself very happy to repay me without any complaint against him the sum of 35 dinars monthly with great regularity.

[Momo III], who is as you know at Bordeaux in France, will soon go to England to prepare there his Masters on the Trade Unions.

The other children -- [Momo X, IX, VIII, VII, and VI] are continually going back and forth between Médiouna and Monastir where they are studying in secondary school and where Momo VII and VI, the twins, have both got the yellow belt in Karate.

As for [Momo V], he will on 3 January '79 place himself under the flag (enter the army), while [Momo IV] is studying the restaurant business at the Tourist Institute in Sidi Dhriff which is in the vicinity of Carthage Hannibal.

[Fatma V] is always at her carpet (weaving) and her mother always at their household (chores). Regarding [Fatma V], it seems to me that her fiancé will be ready by the summer to get married with her because he is building his future home.

About me : I have passed 45 wonderful days as an actor with the celebrated cinema artist Mister Terry Jones in his film named 'The Life of Brian,' where you can see me sometimes with a beard and sometimes without one and in which I was undertaken to play many roles including singing the song which begins 'Always look on the bright side of life' and finishes 'Just remember that the last laugh is on you,' and in which I have made acquaintance of many lovely English friends like you.

Finally, we are very happy to know that all of you are in good health, and we hope the same for this new year…

Your brother [Le père Momo] … who sends to you all along with all of his family their best wishes and salutations.

N.B. Looking forward to reading you soon in French which is not hard.'

[Le père Momo]

Et Ken de conclure dans son étude anthropologique sur Médiouna et le père Momo, 'Comme cela se voit dans sa lettre, mon ami [Le père

Momo] fut un compagnon irrésistible, et 'du côté brillant de la vie' à plus d'un titre.'

Chapitre XLII

(Le tout dernier procès de père Momo)

Aggravée peut-être par le caractère audacieux et légaliste de père Momo, l'ironie du sort voulut qu'il réservât, quelques mois seulement avant de monter au ciel, son tout dernier procès à l'encontre de son fils aîné, Momo Premier.

Opposant politique notoire, le père Momo se trouvait souvent dans l'incapacité de garantir à sa famille des revenus réguliers. Il dut subir tout au long de sa vie une impitoyable persécution semblable à une guerre d'usure que pratiquait le régime petit-bourgeois autoritaire de Bourguiba l'éclairé contre toute voix discordante. Souvent, le père Momo était arrêté, jugé sommairement, jeté en taule, libéré pendant quelque temps, arrêté de nouveau, jugé, emprisonné, relâché, et ainsi de suite. Ces exactions se conjuguaient à tous les modes et à tous les temps, et se répétaient interminablement sans laisser aucun répit à la famille Momo. C'était un véritable cercle vicieux et un calvaire insupportable, surtout pour les enfants qui ne comprenaient pas et ressentaient de la honte devant leurs camarades de classe.

Comme il n'avait pas travaillé suffisamment longtemps, du coup, il ne jouissait de pratiquement aucune couverture sociale, pas même d'une modique pension à l'âge de la retraite. Deux de ses plus jeunes filles tissaient à la maison des tapis de laine traditionnels qu'elles vendaient au marché local de vendredi, après les avoir fait estampiller et agréer par un expert dépêché exprès à Médiouna une fois par semaine. Elles étaient souvent fières d'obtenir le label

'Premier Choix' pour leurs tapis qui se vendaient à bon prix. Elles partageaient leurs maigres profits entre le budget familial et leur trousseau de mariage, et avec le reste de l'argent, elles s'approvisionnaient en laine et en trame pour la fabrication d'autres tapis, et ainsi de suite. Les fils aînés de père Momo, eux, dès qu'ils touchaient leurs tout premiers salaires, ou même leurs bourses d'études, se mettaient à aider la famille financièrement – à chacun selon ses moyens – en versant à leur paternel une petite pension alimentaire mensuelle. Tous s'acquittaient bien volontiers de cette dette quasi-sacrée vis-à-vis de leurs parents et de la famille ; sans oublier, toutefois, de glisser discrètement quelques billets supplémentaires dans la main bénite de leur douce et généreuse maman qui les couvrait de ses tendres baisers et comblait de ses mille et une prières, à chaque fois.

Tous les enfants avaient grandi en pensant sincèrement que l'aide financière à leurs parents est une abnégation indiscutable et un acte d'honneur envers la famille tout entière. Ils envoyaient, donc, régulièrement à leur père le fameux mandat mensuel tant attendu. Mais voilà que Momo Premier, entre-temps marié et devenu lui-même père de famille, commençait à rechigner, à renauder, et à trouver mille et une excuses pour mettre fin à sa longue contribution financière à ses parents. Ses mandats-poste se faisaient attendre ; devenaient de plus en plus rares ; leur montant diminuait sans aucune explication ; s'effilochaient au fil des mois ; jusqu'au moment où, au grand désarroi du père Momo, ils cessèrent d'arriver tout bonnement.

Au début, le père Momo cherchait à comprendre ces fluctuations et ces interruptions. Il trouvait même des excuses plus ou moins valables au comportement bizarre de son fils aîné et à sa forfaiture en rapport à ses engagements à l'égard de la famille. 'Les dépenses pour élever ses deux enfants en bas âge et le loyer exorbitant à Tunis, l'obligent sans doute à nous couper les vivres,' se disait le père Momo en son for intérieur pour se rassurer en quelque sorte. D'autres fois, lorsqu'il avait un pressant besoin d'argent, le refus de Momo Premier de lui envoyer son mandat le mettait dans l'une de ses colères noires et le faisait éructer des jurons dignes d'un postillon de fiacre contrarié.

Le père Momo maugréait à longueur de journée à propos de l'avarice de Momo Premier, 'Il jouit de deux salaires, l'ingrat, le sien et celui de sa femme, professeur au lycée, et il me laisse sans le sou ! C'est un fils indigne ! Un poltron ! Un renégat ! Il me doit des explications, ce salaud, ce fumier ! Ah, que sa femme le mène par le bout du nez, ça ne m'étonnerait pas. Elle ne nous a jamais portés dans son cœur, celle-là ! Je mettrais ma main au feu que c'est bien elle qui lui interdit de nous envoyer de l'argent !' s'emportait à la cantonade le père Momo contre son fils aîné et sa belle-fille.

Parfois, la mère Malika, sentant la colère plus ou moins justifiée de son mari et surtout la gêne dans laquelle se trouvait la famille, se mettait de la partie, elle aussi, en rajoutant d'un air tout à fait prosaïque ct sans appel, 'Oui, il a complètement changé, mon fils. Je ne le reconnais plus. Il n'est plus le même envers nous depuis qu'il l'a épousée, celle-là. Auparavant, il était si généreux, si affectueux, si sensible. Il nous offrait des cadeaux à tour de bras à tous, et me donnait de l'argent sans que je ne le lui demande. Ne m'a-t-il pas promis plus d'une fois avant de se marier, 'Maman je te couvrirai d'or et de lumière dès que je toucherai mon premier salaire ?' Mais là, on dirait qu'il a tari comme une source mise à sec, subitement,' concluait amèrement la mère Malika.

Hors de lui, le père Momo excellait dans l'invective et le dénigrement des plus incroyables. Même en temps normal d'ailleurs, il a tendance à utiliser un langage idiomatique très imagé, fleuri, et choquant. Il parle rarement sans se servir de figures de style des plus variées et des plus originales. Pour faire passer son message important à ses enfants et à ses interlocuteurs, il se sert souvent de dictons populaires, de métaphores, d'expressions ironiques, et même de mots savants en français ou en arabe. Bien au fait de l'expérience de Pavlov, le père Momo rappelait, par exemple, que, 'Qui prend l'habitude de manger ta nourriture, celui-là a faim dès qu'il te voit.' Pour prévenir contre le surmenage, surtout en présence de Momo Premier dont l'hyper sensibilité le prédisposait à souffrir de graves crises nerveuses, le père Momo martelait par exemple, 'Trop cogiter dans la tête refroidit les coudes et les genoux,' et ainsi de suite.

Par un autre côté, il lui arrivait de lancer des jurons à tout va, en tout lieu, et en présence de n'importe quelle personne étrangère à la famille ou proche, chose qui horrifiait et mortifiait ses enfants et les laissait empêtrés, embarrassés, et honteux. C'était le calvaire le plus pénible pour tout le monde. Ses jurons sont aussi blessants que saugrenus. Souvent à la suite d'un geste maladroit ou d'un mot déplacé ou incorrect de l'un de ses enfants, il criait très fort sur sa victime et l'assommait d'injures telles que 'Tu es un onagre avec deux longues oreilles. Voilà ce que tu es, imbécile heureux !' Et de continuer d'un geste menaçant envers Momo Trois et Fatma Quatre, que l'insulte 'onagre avec deux longues oreilles' fit s'esclaffer indiscrètement, 'et ça vous fait rigoler espèce de mauvaises graines, œufs pourris, et, toi aussi sar infecte ?' en agitant le bras par-dessus la tête comme pour cogner. Mais, le père Momo talochait des bourrades hésitantes et molles plus qu'il ne donnait de vrais coups de poing, des coups de pied, ou des gifles cinglantes à ses enfants polissons !

De longs mois s'étaient écoulés sans les mandats tant attendus de Momo Premier. Après lui avoir envoyé plusieurs lettres, à la fois conciliantes et menaçantes, afin de le raisonner et le faire honorer ses engagements familiaux, le Père Momo fut bien obligé d'intenter un procès auprès du tribunal. Il savait pertinemment bien que la loi tunisienne punît tout fils qui a des moyens financiers suffisants pour subvenir aux besoins de ses parents nécessiteux et refuse de le faire. Fort de cette disposition juridique, le père Momo porta l'affaire devant le juge du tribunal de première instance.

C'était l'ultime et dernier procès de père Momo !

Dès que Momo Premier reçut la convocation au tribunal, il se mit dans tous ses états et jura solennellement qu'il n'adresserait plus la parole à son père. Pour sa défense, il prit un avocat, Maître Baragouin, qui était l'un des plus chers auprès de la cour d'appel, et que les rumeurs cataloguaient comme véreux et malhonnête.

Le père Momo râlait contre Momo Premier. Il allait et venait nerveusement en tirant sur sa cigarette et en répétant à l'envi :

- Ah ! La fripouille, le vaurien, l'escroc ! Il trouve bien les moyens de prendre un avocat pour le défendre. Il a dû le payer les yeux de la tête ; mais à moi et à sa mère, il refuse de nous envoyer le mandat de notre pension alimentaire ! Je l'aurai ce malheureux. Il ne m'échappera pas ! Il oublie que j'ai tout sacrifié pour lui ; ma jeunesse, ma santé, ma fortune, mes livres. Il oublie que je l'ai tiré de la gueule d'une mort certaine entre les rails du maudit train de la Goulette. Il oublie que je l'ai arraché des griffes de la démence à Sainte Anne. Il oublie que je l'ai envoyé au lycée de Sousse et payé son trousseau complet d'interne. Il oublie que ses frères sont encore à l'école et qu'ils ont besoin de réussir leurs diplômes comme lui. Je l'ai élevé comme un prince parmi ses quatre premières sœurs. Il s'en fout ! Après moi le déluge, hein ? Voilà ce qu'il pense. Il sera content de voir ses frères dans la rue, renvoyés de l'école, chômeurs, sans diplômes, sans travail, miséreux, rejetés par tout le monde. Il ne me battra pas au procès. J'aurai sa peau, c'est moi qui vous le dis. J'aurai sa peau, ce fils indigne. Le juge n'est pas bête. Il doit bien les connaître ces fils indignes qui n'aident pas leurs parents et qui continuent à vivre au-dessus de leurs moyens. Je le lui dirai tout, au juge. Je lui dirai que mon fils prodigue vit à Tunis et loue une grande villa au Bardo pour la somme de 150 dinars par mois. N'a-t-il pas honte de jeter l'argent par la fenêtre ? N'a-t-il pas les moyens de m'envoyer mes 30 dinars mensuels à moi ?'

Le père Momo termina sa longue tirade en allumant une deuxième cigarette qu'il grilla en un clin d'œil et en ralluma une troisième presque aussitôt en toussant bruyamment et en se raclant la gorge. Il but une gorgée d'eau du pichet avant de s'assoir l'air exténué, en proie à une colère noire.

Lors du procès, Maître Baragouin plaida longuement en faveur de son client qui, dit-il, entre autres choses, 'Est père de famille, lui aussi ; et ça ne l'a pas empêché de verser régulièrement une pension alimentaire à ses parents pendant de nombreuses années. Seulement, il a le devoir de subvenir aux besoins de ses enfants et de sa femme, d'abord, d'autant que la moitié de son salaire est happée par le loyer. Mon client travaille et habite à Tunis où il vit une maison de location avec femme et enfants. Je dis bien dans une maison de location, Monsieur le juge,' martela-t-il, en ajoutant, 'Car mon client n'a pas les moyens de s'en acheter une pour lui et sa famille.'

Dans sa longue plaidoirie emplie d'emphase, l'avocat de Momo Premier avait évidemment passé sous silence le fait que l'épouse de son client gagnait, elle aussi, sa vie comme professeur de lycée, qu'elle avait cotisé à la mutuelle d'enseignants pour acquérir, grâce à une offre préférentielle, un appartement haut standing dans la banlieue huppée de Tunis, et qu'elle touchait un salaire non des moindres dans les circonstances actuelles de l'affaire.

Le père Momo, séance tenante et *illico presto*, n'hésita pas une seule seconde à attirer l'attention du juge d'une voix claire et forte sur le fait que Maître Baragouin ne disait pas toute la vérité quant à la situation matérielle aisée de Momo Premier et de sa femme. De plus, le père Momo se lança dans une longue plaidoirie, en pensant accabler définitivement son fils, spoliateur de ses droits et privilèges de père avisé :

- Monsieur le Juge, comme vous pouvez le constater dans ma plainte, j'ai temporisé pendant plusieurs mois en espérant que mon fils se rendrait à l'évidence tout seul pour s'acquitter de son devoir sacré envers moi, et m'épargner la peine et l'embarras de le poursuivre en justice, mais en vain. Monsieur le Juge, je suis père de quinze enfants, cinq filles et dix garçons. Je m'entends très bien avec tous mes enfants et aucun d'eux ne m'a jamais fait le moindre tort, à l'exception de l'aîné, celui-là même contre qui je me plains, le prénommé Momo Premier, celui-là même à qui j'ai donné le prénom de mon feu père !'

En s'avisant de l'attention et de l'écoute particulières du juge à ce stade de sa plaidoirie, le père Momo enchaîna de plus belle. Il s'emballa en donnant libre cours à sa verve habituelle :

- Monsieur le Juge, je vous prie de bien vouloir noter que ce radin de fils indigne n'hésite pas à passer les trois mois de vacances d'été avec femme et enfants chez-moi. Ils vont et ils viennent comme si c'était chez eux. Ils se font entretenir à l'œil pendant tout l'été. Ils occupent les lieux, si je puis dire, en s'accaparant à eux seuls une pièce entière de la maison familiale. Il n'a pas honte de faire des économies sur mon dos et aux dépens de ses frères plus jeunes ? Hormis le lait pour ses deux filles, il ne dépense rien, pas un sou pendant son séjour chez-moi.

Qui a payé pour sa nourriture, ses vêtements, et son éducation quand il était plus jeune ? Qui l'a lancé dans le monde en l'encourageant durant toutes ces années-là ? Qui c'est qui l'a aidé à décrocher le Prix Présidentiel ? Qui c'est qui a fait de lui un homme pour qu'il serve de bon exemple à ses frères cadets ? N'est-ce pas moi, son père, qui ai tout sacrifié pour son bien-être ! L'imbécile et l'ingrat qu'il est devenu, oublie tous les sacrifices que j'ai faits pour lui afin qu'il ne manque de rien et vive comme un prince ! Maintenant, il me renie. Il renie sa mère qui le vénère comme un dieu et qui donnerait sa propre vie pour lui. Il renie ses frères, ses sœurs, et toute la famille. Il ...'

Le juge interrompt le père Momo d'un geste éloquent, courtois, et ferme. Après quelque péroraison hermétique, un semblant de messe-basse, et des apartés soufflés à l'oreille de ses assistants installés à droite et à gauche, le magistrat cria d'une voix forte qui résonna dans toute la salle d'audience, 'La séance est levée !' Le gardien-huissier cria plus fort encore aussitôt après le juge, 'Levez-vous ! La séance est levée !' La Cour se retira pour délibérer à huis clos.

Quelques jours après, la cour rendit le jugement. Momo Premier fut inculpé de manquement à ses devoirs envers ses parents. Il dut payer une amende d'un millime symbolique, s'acquitter de la fameuse pension alimentaire mensuelle de 30 dinars, et payer tous les arriérés qui s'élevaient à 330 dinars à la date du procès. Momo Premier s'exécuta sans autre forme de procès malgré lui et en dépit de sa mauvaise humeur qu'il n'arrivait pas à contrôler. Quand il n'envoyait pas son mandat par la poste, et devait remettre l'argent à son père en main propre, il paraissait extrêmement contrarié et tendu. Il ne se gênait même pas de montrer sa hargne ridicule. Il boudait comme un enfant immature en tendant l'argent à son père tout en lui tournant le dos et sans lui adresser la parole.

En se rendant au tribunal, le père Momo apprit la bonne nouvelle le jour-même où elle était rendue publique. Il s'en réjouit sans entrain particulier et n'éprouva ni gloire ni bonheur à cette issue favorable du procès contre-nature. Il appréhendait le scandale qui allait sans nul doute faire jaser tout le monde et éclabousser la famille dont le prestige ancestral était reconnu et envié par tous. Et pourtant, il se rassurait qu'il n'eût pas eu tort d'avoir cherché à se faire justice, car non seulement la loi autorise l'un des deux parents à porter plainte contre son fils, mais aussi ce genre de contentieux intrafamilial est très courant de nos jours, et le père Momo et son fils ne font pas l'exception. En vérité, un grand nombre de pères nécessiteux et désappointés trainent souvent leurs fils aînés devant les tribunaux pour les obliger à leur donner une aide financière régulière.

De son côté, la mère Malika était, elle aussi, soulagée que le procès eût ainsi pris fin et que le tribunal ait rendu justice à la famille. Cependant, elle ressentait en son for intérieur une grande tristesse indicible et une peur diffuse de perdre à jamais son fils aîné, la prunelle de ses yeux, comme elle aimait à l'appeler.

Là encore, en ce qui concerne les procès à répétition de père Momo, le sort semble bien s'amuser malignement, mais amèrement. Après avoir perdu contre l'usurpateur Dr S. A., contre le perfide Secrétaire d'Etat à la Santé Publique, et contre le véreux maire du village, Momo le père a gagné son tout dernier et ultime procès contre Momo le fils, quelques temps seulement avant de mourir !

Chapitre XLIII
(La mort de père Momo)

Momo Trois, le même petit bébé que ses sœurs revenues de Tunis avaient risiblement stigmatisé 'Moche !' avait entre-temps grandi, étudié, et voyagé. Il eut beau essayer de cultiver une belle allure en laissant pousser une épaisse moustache et de longs cheveux à la Frank Zappa, Momo Trois n'en paraissait pas plus attrayant aux yeux de la plupart des jeunes anglaises et françaises qu'il eut l'occasion de rencontrer durant les nombreuses années de sa vie de bohême. Momo Trois n'était, en fait, ni beau ni laid. Mais il avait 'l'air charmant,' ou 'charming looks,' comme disent respectivement les Français et les Anglais.

Des années plus tard, ayant obtenu le poste d'enseignant auxiliaire d'anglais au collège de Latresne près de Bordeaux, et ayant mis de côté un peu d'argent pour voyager, Momo Trois voulut faire plaisir au père Momo avant de rentrer en Tunisie pour y passer les grandes vacances d'été. Il lécha longuement les vitrines des magasins de chaussures pour acheter une paire de nu-pieds pour son père qui n'aimait porter que des sandales pendant l'été et jamais des babouches 'Ali Baba' comme la plupart des habitants de son village. Des nu-pieds, il y en avait dans tous les genres et dans toutes les couleurs, et Momo Trois était dans l'embarras du choix ; il remit donc l'achat d'une paire à plus tard.

Le lendemain après-midi, en rentrant chez-lui après la kermesse de fin d'année scolaire, Momo Trois trouva cloué à la porte de son studio un télégramme funeste envoyé de Tunisie par l'un de ses frères cadets – Momo Quatre, qui le sommait en ces termes inouïs : 'Rentre vite. Père décédé.' Momo Trois n'y comprit rien de rien. Il ouvrit la porte machinalement, laissa tomber son cartable sur la moquette du vestibule-coin-cuisine, s'affaissa sur une chaise, l'air hébété. Il dut lire et relire les quelques mots du télégramme plusieurs fois sans comprendre. Même s'il parvenait à y saisir brumeusement quoi que ce fût, il se disait au fond de lui-même que c'était peut-être une mauvaise blague de la part de son frère qui chercherait à le pousser à rentrer en Tunisie cet été-là, après une absence qui avait duré sept longues années devenues sans doute insupportables à la mère Malika et à toute la famille qui s'inquiétaient sur son sort. 'Non, ce n'est pas possible ! Son frère ne jouerait pas à ce jeu funeste,' se disait-il, au même temps.

En proie à d'horribles inquiétudes, il alla frapper à la porte de son voisin du palier qui était un ami tunisien, pour lui montrer l'incroyable télégramme et lui demander s'il pouvait utiliser son téléphone pour appeler en Tunisie ; mais ce dernier n'était pas chez-lui. Momo Trois quitta le petit immeuble et courut chercher une cabine téléphonique. Il s'engouffra dans la première cabine à la Place de la Victoire et appela plusieurs fois, mais en vain. Le répondeur automatique s'obstinait à répéter sans arrêt :

'Désolé. Ligne encombrée. Votre appel ne peut aboutir. Rappeler ultérieurement !

Désolé. Ligne encombrée. Votre appel ne peut aboutir. Rappeler ultérieurement !

Désolé. Ligne encombrée. Votre appel ne peut… !'

Momo Trois raccrocha d'un air désespéré. Il traina chez-lui abattu, désorienté, ne sachant que faire ni à qui s'adresser. Il passa une nuit blanche. Il se laissa tenter par le tabac en grillant plusieurs cigarettes bien qu'il eût arrêté de fumer depuis longtemps.

Ce n'était que le lendemain après-midi, vendredi 28 juin 198., qu'il réussit à joindre son frère Momo Quatre à Médiouna, depuis le téléphone de son ami tunisien. Dès qu'il entendit la voix fatiguée, chevrotante, et déprimée de son frère au bout du fil, il saisit tout de suite toute l'ampleur de la tragédie. Ce n'était point une blague de mauvais goût, pensa-t-il en son for intérieur. Complètement ébranlé, il s'effondra sur le divan. Il pleura comme un enfant battu, étouffé par ses sanglots qui faisaient trembler tout son corps. Il entendait vaguement les paroles consolatrices de son ami tunisien et de sa femme, Catherine, qui disait de temps à autre d'un air détaché, 'On ne pleure jamais la mort de quelqu'un, aussi proche soit-il. Mais on pleure toujours sur soi-même, en fin de compte.' Le commentaire de Catherine, qu'il trouvait injuste et blessant en ces moments douloureux, le fit souffrir doublement. Il s'excusa d'avoir pleuré en leur présence. Ils essayèrent de le consoler et de le retenir pour passer le reste de l'après-midi chez eux, mais il s'excusa encore une fois, prit congé, et rentra chez-lui pour mettre un peu d'ordre dans sa tête et préparer son retour au pays au plus vite.

Le père Momo, lui, semblait bien pressé de monter au ciel sans les sandales que son fils n'eut même pas le temps de lui acheter.

Durant toute sa vie, le père Momo étudiait les astres et rêvait de leurs effets sur la vie, la nature, la terre, les humains, leurs humeurs, et leurs caractères. Comme il est né sous le signe de Mars, en bon Bélier, mercurien, leste, fonceur, sociable, et impatient, il choisit de s'en aller chaussant plutôt les sandales d'Hermès. Un accident du myocarde, ou une embolie pulmonaire, ou un accident vasculaire cérébral – les médecins ne pouvant pas trancher d'une façon définitive – avait mis une fin subite à l'aventure terrestre de père Momo. Toutefois, plusieurs villageois pensèrent que la mort de père Momo était suspecte, fort probablement provoquée par les islamistes qui commençaient à monter en flèche en Tunisie au début des années 1980. Le père Momo et ses dix fils ne figuraient-ils pas en tête dans les listes noires de ces barbus enturbannés, les soi-disant fous d'Allah, que le pétrodollar qatari et les agents de la CIA avaient propulsés sur la scène nationale et internationale du terrorisme et des assassinats politiques, depuis la guerre d'Afghanistan, afin de combattre le communisme ou tout autre système qui mettrait en danger l'hégémonie des USA ? Ces islamofascistes escomptaient liquider physiquement tout opposant à leur Charia. Le père Momo qui n'avait jamais mis les pieds dans une mosquée, mais qui luttait cependant pour la justice sociale, pour l'égalité, et pour la fraternité entre les peuples, représentait depuis quelque temps une cible prédestinée pour ces bandes de fanatiques religieux, dont l'un des leurs aurait, à l'insu du serveur, instillé ce soir-là de la ciguë dans le verre de thé à la menthe que le père Momo avait l'habitude de boire au café du marché.

Le soir de son trépas, le père Momo était en effet resté au café du marché jusqu'à minuit. Il sirotait tranquillement son thé en jouant à la 'Chkobba,' un jeu de cartes très populaire. Il aimait se faire entourer des jeunes villageois qui s'amusaient beaucoup en le voyant jouer des parties animées, ponctuées de ses blagues, de ses commentaires, de ses proverbes imagés, et de ses coups de poing sur la table pour exprimer sa joie, sa victoire, ou, rarement, sa perte à la 'Chkobba.' La plupart des jeunes Médiouniens aimaient beaucoup sa compagnie parce qu'il était très différent de leurs propres pères souvent très conservateurs, parce qu'il les passionnait avec ses idées politiques progressistes, et parce qu'il leur transmettait son vaste savoir et sa grande expérience avec bienveillance et respect.

A minuit, le père Momo rentra à la maison à pied comme d'habitude. En se préparant pour aller dormir à la belle étoile dans le patio, comme il le faisait toujours pendant l'été, il s'était tout à coup senti mal, très mal. Il étouffait. Transporté en urgence à l'hôpital régional de Monastir dans la camionnette de Moldi, l'un de ses gendres, et accompagné de trois de ses fils cadets réveillés en sursaut, le père Momo ne put résister plus longtemps. Sa main droite agrippée au rebord de la fenêtre de la camionnette lâcha prise et son bras retomba sourdement sur le siège. Momo Huit, assis juste derrière lui, compris l'espace d'une seconde de panique fulgurante que son père agonisait. Il se jeta sur lui et lui fit un bouche-à-bouche désespéré en lui donnant des coups de poings répétés dans la poitrine sous les regards affolés et incrédules de ses deux autres frères et de Moldi qui roulait à cent à l'heure. Mais, le père Momo rendit l'âme avant d'arriver à l'hôpital à une heure du matin quelque part entre Médiouna et Monastir. Les médecins urgentistes ne pouvaient rien faire pour le sauver. Ils établirent un constat formel du décès et consolèrent ses enfants endeuillés.

Ultérieurement, pendant le repas funéraire où la famille était réunie au complet, Momo Deux fit, en guise de consolation générale de la mort de notre père, le commentaire en arabe suivant : 'Il est mort debout !' Momo Trois qui venait de rentrer de Bordeaux, et qui avait un peu oublié sa langue maternelle et ne saisissait que vaguement le sens de l'expression idiomatique employée par son frère, fut très intrigué et presque gêné par l'image insolite de son père 'mort debout.' Momo Deux, très lucide et pragmatique, ajouta sans trop donner de détails, 'Maintenant, il faut que chacun paie sa quote-part des frais engagés dans les funérailles et l'enterrement.' Après une légère hésitation calculée de sa part, Momo Deux justifia en insistant sur la portée symbolique de sa proposition, 'En s'acquittant de son dû, chacun de nous participe en quelque sorte à faire le deuil de feu notre père.' Momo Trois pensa que les paroles de son frère étaient fort raisonnables, et n'hésita pas à payer en franc français sa quote-part des frais, et glissa dans la main de sa pauvre mère endeuillée, une petite somme d'argent supplémentaire pour son usage personnel. Pour une raison indéfinissable, mélange de sentiments de piété devant la mort et de culpabilité, peut-être aussi, à cause de son absence pendant l'enterrement de son père, Momo Trois eut brusquement souvenance de la très chrétienne prière 'Notre Père qui es aux Cieux,' entendue il y avait si longtemps de cela, au début des années 1970 à la veille de Noël, dans une petite chapelle perdue au fin fond d'une bourgade du Lancashire où il avait été nommé comme 'French Assistant.' Momo Trois crut entendre la voix mélancolique du prêtre anglais prier mélodieusement :

'Our father Who art in Heaven,

Hallowed by Thy Name…'

Momo Trois eut des larmes aux yeux et enchaîna mentalement :

'Pardonne-nous nos offenses

Comme nous pardonnons aussi

À ceux qui nous ont offensés… '

En son for intérieur, il songeait, sans doute, au père Momo connu populairement sous l'appellation 'Le Compagnon ou Le Camarade' qui avait été offensé, ulcéré, et persécuté de son vivant, et qui, en dépit de toutes les avanies et les méchancetés de ses semblables, avait continué de jouir du bon côté de la vie, et réussi à pardonner à ses nombreux bourreaux, quelque temps avant sa disparition. Le père Momo avait sûrement voulu oublier ses procès contre Dr S. A., le maire du village, ses adversaires politiques, et son propre fils Momo Premier.

Le père Momo s'en alla à l'âge de soixante-huit ans, entouré d'une foule innombrable d'inconsolés. Il vécut la tête haute, aimé de tous, et fier de ses quinze enfants. Il incarna un mélange fascinant de plusieurs personnages aussi fictifs que réels. Il eut l'allure, tour à tour, d'un Socrate incorrigible, d'un patriarche biblique, d'un prêtre mazdéen, d'un pâtre berbère, d'un scribe phénico-punique, d'un sénateur romain, d'un cheikh arabe, d'un poète andalou, d'un janissaire ottoman, d'un intellectuel français ; mais aussi la dégaine d'un Don Quichotte intrépide, d'un Charlie Chaplin désopilant, d'un gentleman-farmer sur le tard, d'un farceur imprévu, d'un Jean Jaurès sacrifié, d'un Père Fouettard, et enfin sans oublier, d'un honnête homme de théâtre chez les aliénés de La Manouba...

Il avait, cependant, réussi à marier ses cinq filles très convenablement, à éduquer ses dix garçons et à les aider à se lancer dans le monde, dont le benjamin qui venait de décrocher son baccalauréat deux semaines avant la mort de son père.

De son vivant, le père Momo disait souvent que l'être humain peut choisir le moment de sa mort... Il pressentait, lui, sans doute, que l'heure de la sienne était proche. Il appréhendait de vieillir et de passer ses derniers jours, grabataire dans une triste chambre d'hôpital. Le truisme 'Un quart d'heure avant sa mort, il était encore en vie' sied parfaitement au père Momo. Car en effet, il jouait aux cartes sur la terrasse d'un café jusqu'à une heure tardive de la nuit, par une belle soirée d'été, plaisantait avec des jeunes autour de sa table, riait de son rire sonore et gai, commentait les signes manifestes d'une fin imminente du règne de Bourguiba, et tenait entre ses doigts colorés par la nicotine, une cigarette, sans savoir qu'elle serait sa dernière – la cigarette du condamné. Le père Momo, qui n'avait jamais courbé l'échine devant personne de son vivant, 'est mort debout.'

Fini, les procès !

Reliques épistolaires de père Momo

Tunis le 23/2/1957

A Monsieur
Le Dr S. A. (26 El Jazira – Tunis)
Cher Docteur et ami,

J'ai l'honneur de vous confirmer très respectueusement ma lettre recommandée sans enveloppe que j'étais obligé de vous adresser à la suite de votre réponse du 22 courant plus décevante encore que les précédentes puisque vous prétendez maintenant que mon Etude Médicale se trouve soit chez le Dr Bessis, soit chez le Dr Maréchal alors qu'à la veille vous m'en avez promis la restitution dès que je vous rejoindrai à l'Hôpital de Manouba. –

Etant donné la contradiction mystérieuse de vos diverses déclarations et l'arrogance non moins bizarre dans l'attitude de votre Secrétaire-Infirmier je suis amené à vous demander une réponse cette fois écrite dans le délai de 4 jours à partir de la présente date à mon adresse sus-indiquée afin que je puisse connaître le sort définitif de ma dite Etude Médicale en question. – (à. r. s. v. p)

Je dois aussi vous annoncer dès aujourd'hui que mon entrée à l'Hôpital Farhat Hached pour une intervention chirurgicale à l'Estomac fût prévue par la Haute Compétence du Dr A. El Okbi pour le 18 Fév. Courant. –

324

Par conséquent je tiens à vous préciser que vous m'avez non seulement fait venir à Tunis à tort mais que vous m'imposez d'y séjourner au détriment de ma santé. –

Il s'en suit que votre réponse écrite devient donc comme (omission) le voyez si décisive et qu'en pareilles circonstances votre mutisme ne sera que de nature à vous faire assumer toute la responsabilité de la plus moindre (sic) complication de ma situation sanitaire qui pourra découler d'une telle prolongation forcée de séjour dans la Capitale pour obtenir la dite satisfaction sans oublier d'autre part tous les dommages qui en résulteront y compris également ceux qui me seront imposés le cas échéant par votre poursuite judiciaire. –

Dans l'espoir que vous ne tarderez pas à m'écrire votre mot sur le sort exact de ladite Observation Médicale, dans le délai précité, je vous promets d'avance que votre réponse à son sujet contribuera dans une large mesure à détruire une assez importante fraction de la souffrance que vous m'avez si injustement engendrée pour me préparer à une attente amicale de ladite restitution à laquelle je ne renoncerai jamais. –

Dans cette attente de votre si apaisante réponse, je vous prie, cher Docteur, de vouloir bien agréer, l'expression de mes fraternelles salutations des plus distinguées ainsi que celle de mes plus vifs remerciements d'avance. – (Signature illisible lettre écrite à l'encre mauve)

Huit jours plus tard, le père Momo surpris par les 'tergiversations' de Dr S.A. revenait à la charge et lui expédia la lettre suivante tout en gardant espoir de récupérer son manuscrit :

Tunis le 3/3/57

A Monsieur
Le Dr S. A. (26 Rue El Jazira – à Tunis)
Cher Docteur,

Vu qu'après tant de tergiversations et d'atermoiements vous vous êtes enfin décidé à me révéler que mon Observation Médicale est entre les mains du Dr Maréchal en France où ce dernier l'avait emportée avec lui après l'avoir minutieusement étudiée à Tunis en présence d'autres Docteurs avec lesquels il en a fait l'analyse. –

Vu que dans ce sens vous m'avez remis la somme de 1000F pour frais de voyage de Tunis à Sousse afin d'aller me rassurer de votre bonne intention auprès de l'honorable Dr A. Razgallah qui s'est trouvé du premier jour notre seul intermédiaire. –

Vu que vous m'avez déclaré en avoir pris au préalable une copie et que cette copie existe dans votre bureau à l'Hôpital de Manouba :

Je viens vous demander alors de me livrer au moins cette copie que vous m'avez enfin révélée en dernière minute en attendant que me soit rendu l'initial dès que vous l'aurez fait venir de France. –

326

Dans l'espoir d'obtenir cette légitime satisfaction provisoire d'ici le (à. r. s. v. p.) 8 courant, je tiens à vous faire noter, que depuis le 20 février 1957 vous m'avez injustement soumis à la perte inévitable de mon temps, de mon argent et surtout de ma santé qui se trouve gravement compromise par un recul forcé de la date de mon admission à l'Hôpital Farhat Hached qui était pourtant fixée pour le 18 du mois écoulé. –

Dans cette attente qui comme vous la voyez m'est fort préjudiciable, j'espère recevoir cette copie le Mercredi prochain à 18H devant votre bureau de la Rue El Jazira et vous délivrer en échange un reçu signé par moi.

En vous priant d'exécuter généreusement cette réparation si équitable et si partielle, je me permets de vous en remercier d'avance.

Deux jours après :

Mardi le 5/3/57

A Monsieur
Le Dr S. A. (26 El Jazira)
Docteur

Je viens par la présente vous faire part que votre secrétaire infirmier qui est d'ailleurs si miraculeusement assagi, vient de me conseiller en toute sérénité que je ne dois pas avoir peur d'entrer dans votre Bureau ou de vous rejoindre à l'Hôpital de Manouba car dit-il vous ne nourrissez aucune arrière-pensée envers moi et qu'à mon égard vous ne souhaitez que du bien puisque vous comptez effectivement me rendre ma documentation médicale dans ces deux lieux mais jamais ailleurs. –

En raison de cette déclaration archi-étrange émanant de votre secrétaire infirmier sans que je la lui demande, j'estime que mes appréhensions au sujet de ladite restitution de mon Etude Médicale en question sont en train de se justifier chaque jour davantage et qu'en l'occurrence il m'est devenu tout à fait dangereux de me présenter moi-même dans votre bureau ou ailleurs pour obtenir ladite satisfaction. –

Dans cette nouvelle conjecture je me vois par conséquent obligé de vous demander l'expédition de cette copie de mon Etude précitée à mon adresse sus-indiquée. –

En attendant cette réception jusqu'au 8 courant, veuillez agréer mes salutations les plus distinguées. (Signature illisible lettre rédigée à l'encre mauve).

Trois jours après :

Tunis le 8 Mars 1957

*A Monsieur
Le Président du Conseil de l'Ordre des Médecins à la « Maison du Médecin » 25 Avenue de Paris à Tunis
Monsieur le Président*

C'est en signe de respect pour la Science la plus humaine et pour ses honorables adeptes que je viens solliciter de votre Haute et Bienveillante Compétence, en votre qualité de Président du Conseil de l'Ordre des Médecins, de vouloir bien intervenir en ma faveur auprès du Docteur S. A. en vue de le décider à me livrer amicalement au moins la Copie textuelle de ma Documentation Médicale intitulée « La Médecine Moderne à la Lumière du Tempérament » qu'il paraît avoir passée au Docteur Maréchal qui se trouve actuellement en France, dans l'attente de me restituer l'Initial dès son arrivée. –

Dans l'espoir d'obtenir le plus tôt possible cette copie dont j'ai le plus grand besoin d'achever par mes récentes découvertes, comptant ainsi pouvoir la mettre prochainement en publication en bonne et due forme. –

Je vous prie de vouloir bien considérer, Monsieur le Président, que ma présente requête ne constitue qu'un devoir élémentaire envers votre si éminente Conseil de l'Ordre des Médecins que je ne peux jamais outrepasser dans une question purement Médicale pour laquelle il peut être à la fois le Juge et l'Intéressé. –

Dans l'attente que votre noble entremise si Compétente puisse enfin mettre un terme à tout le tort dont je suis victime de la part non pas d'un étranger à la plus vénérable Science mais bel et bien de la part de l'un de ses fils qui n'était pourtant que l'un de mes intimes. –

En l'occurrence je tiens à vous faire noter que le gardien de l'immeuble N° 26 (Rue El Jazira) m'a proposé de recevoir une lettre que lui a donnée le Docteur S. A. et pour la réception de laquelle je devrais signer dans le papier blanc qui l'accompagnait. –

Pour toute réponse j'avais refusé cette offre qui était fort douteuse puisque le Docteur S. A. n'ignore pas mon adresse. – Cette scène s'est passée le Jeudi sept mars courant vers 14h alors que je passais la Rue El Jazira à proximité de sa Clinique. –

En vous priant de vouloir bien connaître le contenu de cette offre si mystérieuse, je vous remets ci jointes les 4 copies de mes lettres recommandées sans enveloppes que j'avais adressées au dit Docteur depuis qu'il m'a fait venir à Tunis pour me restituer ma documentation Médicale précitée. –

Dans l'ultime espoir que votre Haute Générosité veuille bien intervenir auprès de ce Docteur pour lui faire entendre le langage de la raison et le rappeler à l'ordre en me restituant amicalement ce qui m'est solennellement et équitablement dû :

Je vous prie de vouloir bien agréer, Monsieur le Président du Conseil de l'Ordre des Médecins, l'expression des sentiments les plus respectueux et les plus reconnaissants de l'un de meilleurs amis et apôtres de la Science la plus bénie.

Cinq jours après, le père Momo, n'en pouvant plus d'attendre plus longtemps, expédia, coup sur coup, trois lettres dont deux, très identiques, et une troisième légèrement modifiée, au Président de l'Ordre des Médecins, à deux adresses différentes, la première à Bab Mènara – Tunis, et les deux autres au numéro 25 Avenue de Paris - Tunis.

Tunis le 13/3/57

A Monsieur

Le Président du Conseil de l'Ordre des Médecins
(5 Boulevard – Bab Mènera – à Tunis)

Monsieur le Président,

C'est après les meilleures marques de respect qui vous sont dûes (sic) que j'ai l'honneur de vous remettre ci-jointes les deux copies conformes de la lettre et du succint (sic) extrait de' ma Documentation Médicale en question que j'ai reçus de la part du Docteur S. A. par l'intermédiaire de la Poste à la date du 11 Mars courant. –

Dans l'attente de votre réponse qui sera certainement décisive en ce qui concerne la restitution par le Docteur précité de mon Etude Médicale sus-dite <u>à laquelle je ne renoncerai jamais</u>.

Je vous prie de vouloir bien agréer, Monsieur le Président du Conseil de l'Ordre des Médecins, l'expression de mes sentiments les plus reconnaissants. (Signature illisible encre noire)

…………

Tunis le 13/3/57

A Monsieur
Le Président du Conseil de l'Ordre des Médecins
25 Avenue de Paris (à Tunis)

Monsieur le Président,

C'est après les meilleures marques de respect qui vous sont dûes (sic) :

Que j'ai l'honneur de vous remettre ci-jointes les deux copies conformes d'une lettre accompagnant un extrait le plus succint (sic) de ma Documentation Médicale en question que je viens de recevoir de la part du Docteur S. A., par l'intermédiaire de la Poste à la date du 11 ~~Mars~~ courant. –

J'estime que je dois vous ~~mettre~~ informer au ~~courant~~ (sic) de tout ce dont je suis victime de la part du dit Docteur qui m'a fait venir à Tunis à tort puisqu'il déclare dans sa lettre avoir une connaissance de ce que ma Documentation précitée se trouve bel et bien en France sans esprit de retour. –

Dans l'attente que vous voudriez bien me répondre à mon adresse sus-indiquée au sujet de la restitution de la dite Etude Médicale à laquelle je ne renoncerai jamais.

J'espère que votre si efficace intervention la plus fraternelle sera de nature à mettre un terme à toute la souffrance que m'a suscitée ce Docteur précité. – Et vous prie de vouloir bien agréer, Monsieur le Président du Conseil de l'Ordre des Médecins, l'expression de mes sentiments les plus reconnaissants.

Le même jour, au même destinataire, la même lettre (mais légèrement modifiée) :

Tunis le 13/3/57

A Monsieur

Le Président du Conseil de l'Ordre des Médecins
25 Avenue de Paris (à Tunis)

Monsieur le Président,

C'est après les meilleures marques de respect qui vous sont dûes (sic) :

Que j'ai l'honneur de vous remettre ci-jointes les deux copies conformes du plus succint (sic) extrait de ma Documentation Médicale ainsi que la lettre qui l'accompagne, reçus de la part du

Docteur S. A. par l'intermédiaire de la Poste à la date du 11 Mars 1957. –

J'estime que je dois vous mettre au courant de tout ce dont je suis victime de la part de ce Docteur qui m'a fait venir à Tunis à tort puisqu'il connaît déjà que ma Documentation Médicale en question est bel et bien emportée par le Docteur Maréschal sans esprit de retour. –

Par conséquent, je crois que le mieux que je puisse faire avec cet ancien ami, en pareilles circonstances, est de lui accorder un délai suffisant qu'il fixera lui-même, en vue de faire parvenir cette Documentation de France et me la restituer en votre présence dès qu'elle arrive. –

En espérant que votre si fraternelle intervention sera de nature à faciliter cette juste restitution à laquelle je ne renoncerai jamais, je vous prie de vouloir bien m'en informer le plus tôt que possible à mon adresse sus-indiquée. – Dans l'attente de votre réponse que j'espère affirmative et très heureuse en tant que suprême détente d'un long clavaire, veuillez agréer, Monsieur le Président du Conseil de l'Ordre des Médecins, l'expression de mes sentiments les plus reconnaissants.

Cinq jours après, le père Momo écrivait à nouveau au président de la STSM :

Tunis le 18/3/57

A Monsieur
Le Président de la Société Tunisienne des Sciences Médicales
25 Avenue de Paris (à Tunis)

Monsieur le Président,

C'est en vous adressant ma reconnaissance la plus profonde pour l'heureux résultat de votre intervention en ma faveur auprès du Dr S. A. que j'ai l'honneur de vous transmettre le fruit dans les deux copies ci-jointes concernant le plus infime extrait de ma Documentation Médicale en question ainsi que de la lettre qui l'a accompagné. –

Je crois que ces deux documents sont susceptibles de vous donner plus de lumière sur la justesse de ma revendication de l'initial étant donné que vous êtes maintenant bien fixé sur son degré d'importance à travers cet aveu du Dr S. A. lui-même. –

Dans l'espoir que vous voudriez bien m'accorder encore une fois de plus votre appui dans la récupération prochaine de mon Observation Médicale complète :

Veuillez agréer, Monsieur le Président de la Société Tunisienne des Sciences Médicales, l'expression de mes plus vifs remerciments (sic) d'avance.

Ci-après est la deuxième copie – copie conforme – de la même lettre recommandée expédiée à Dr S. A. :

(6ème LR sans enveloppe Copie conforme)

335

-La dernière avant la poursuite éventuelle-
Par la voie de la Justice ! – [à l'encre rouge]

A Monsieur
Le Docteur S. A.
6 Rue El
Jazira - à Tunis
Docteur,

Cette 6ème lettre recommandée est assurément la dernière que je vous adresse sans enveloppe et si je vois encore la nécessité et l'urgence d'agir ainsi ce n'est nullement :

Pour vous annoncer l'approche du 20 Mai courant qui signifie bien la date d'expiration du délai que vous avez vous-même fixé à 2 mois et que vous avez demandé à Mr. le Président du Conseil de l'Ordre des Médecins en vue paraît-il de me restituer mon Etude Médicale complète sitôt que vous l'auriez rapatriée de France. –

Ni pour vous conseiller de faire honneur à cet engagement afin que je puisse oublier hélas ! toute la gamme de souffrances à laquelle vous m'avez si cruellement assujetti depuis que vous vous êtes emparé frauduleusement de ma dite Etude Médicale sous le prétendu prétexte d'information amicale en l'occurence (sic). –

Ni pour vous réaffirmer qu'à défaut de la restitution de ce dû que vous m'avez pourtant soustrait, je serai en mesure d'user de mon droit de vous traduire en Justice sans la moindre négligence. –

336

Ni pour vous rappeler avant qu'il ne soit trop tard qu'en (à r. s. v. p) pareille circonstance je me verrai alors obligé de relater tout l'abus de confiance dont je suis malheureusement victime de votre part avec tout ce qu'il m'a comporté de préjudices et d'inévitables offenses. –

Ni pour vous reprocher d'avoir osé, en dépit de tout bon sens, me refouler arbitrairement à l'Hôpital de Manouba dans le but de me forcer à renoncer à mon dû avec plus de tranquillité et d'assurance. –

Ni pour vous apitoyer sur mon triste sort en vous décrivant toute la ruine que vous m'avez causée depuis que je me suis senti effectivement frustré de mon Etude Médicale avec sérénité et sans véhémence. –

Ni pour vous énumérer toutes vos multiples et combien douloureuses tergiversations, vos fausses promesses si cruelles ainsi que vos intrigues les plus criminelles dont vous m'avez en fin de compte accablées avec autant de mépris que d'indifférence. –

Ni pour vous répéter que tout ce triste tableau reflète très bien le si peu de cas que vous attachez à mon existence puisque vous êtes déjà avisé que toute votre démence ne/ s'exécute qu'/au détriment de ma santé, de mon temps et de mon argent et que vous êtes préalablement tenu d'en supporter toutes/ les lourdes conséquences. –

Mais pour vous exposer uniquement la raison fondamentale de ma conviction d'obtenir finalement gain de cause dans cette affaire d'usurpation de mon Observation Médicale qui n'est en somme qu'une thèse Médicale des plus approfondies et des plus rénovatrices de la Médecine Moderne. –

En effet, n'est-ce pas dans le sens de l'encouragement à la recherche Médicale par ceux qui sans être Médecins se voient néanmoins/ tout particulièrement enclins à faire progresser la plus humaine des Sciences, que notre Illustre Président du Gouvernement s'est exprimé comme suit et en substance dans son discours Officiel qu'il a prononcé le 23 Fév. 1957 au cours de la Séance inaugurale de la Société Tunisienne des Sciences Médicales ?

« *Le Gouvernement est décidé à aider la recherche* (ceci est écrit à l'encre rouge)

(Lettre inachevée rédigée intégralement à l'encre mauve)

Fin